suhrkamp taschenbuch 4934

Wer den schönsten Augenblick sucht, kommt rasch auf den Höhepunkt der Höhepunkte: den Orgasmus. Wiewohl Dauerthema in den Medien, ist die sexuelle Erfüllung mitnichten eine einfache Sache. Sie ist biologisch und kulturell, sinnlich und symbolisch, fleischlich und geistig, emotional und kommunikativ. Und weiblich und männlich, mithin zutiefst menschlich. In ihr treffen die Naturgeschichte und die Evolution auf die großen Erzählungen vom menschlichen Glück, einer emanzipierten Gesellschaft, einer reifen Liebeskultur und eines befreiten Geschlechterverhältnisses, kurz: eines guten Lebens.

Das Staunen über den Orgasmus erhält in diesem Buch eine Philosophie, die Wissenschaft mit Kunst, Literatur, Film und Musik, die intellektuellen Diskurse mit Alltagserfahrungen und die politische Frage mit der Utopie einer leidenschaftlichen und erfüllenden Glückseligkeit verbindet.

Claus-Steffen Mahnkopf, Jahrgang 1962, studierte Musik und Philosophie, u.a. bei Jürgen Habermas. Er ist Komponist mit einem umfangreichen Werk in allen Gattungen sowie Autor zahlreicher Bücher. Er gibt die Zeitschrift *Musik & Ästhetik* heraus und lehrt als Professor für Komposition an der Hochschule für Musik und Theater Leipzig »Felix Mendelssohn Bartholdy«.

Claus-Steffen Mahnkopf

PHILOSOPHIE DES ORGASMUS

Suhrkamp

2. Auflage 2020

Erste Auflage 2019
suhrkamp taschenbuch 4934
Originalausgabe

Umschlaggestaltung: Brian Barth, Berlin
Umschlagabbildung: StockGood/iStockphoto
Druck und Bindung: CPI books GmbH, Leck
Printed in Germany
ISBN 978-3-518-46934-7

Inhalt

Vom Blitz getroffen ...

»Un éclair ... puis la nuit! – Fugitive beauté
dont le regard m'a fait soudainement renaître«
Charles Baudelaire

Jeder kennt ihn. – Fast.

Jede kennt ihn. – Leider nicht wirklich.

Und die ihn nicht kennen, wollen ihn kennenlernen. Wer ihn kennt, möchte ihn wiederholen. Wer ihn nicht kennt, ahnt vielleicht, dass sie oder er etwas verpasst hat.

Um ihn hat sich eine ganze Industrie, ein ausschweifender Diskurs gebildet. Er ist präsent in Film und Fernsehen, in Zeitungen und Journalen, auf dem Buchmarkt und auf Internetplattformen. Seine biologische Funktion ist längst einer großen kulturellen Praxis gewichen.

Die Rede ist vom sexuellen Höhepunkt.

Er ist so gegenwärtig in unserer Lebenswelt, in unserem Denken, Fühlen, Träumen, in unseren Sehnsüchten und Wünschen, dass es einen verwundert, warum die Philosophie, die doch so ziemlich alles zwischen Himmel und Erde reflektiert, gerade um ihn einen Bogen macht. Ist es die Scham, welche die Denkerinnen und Denker zurückhält? Ist es die fehlende Fachsprache, welche die Zahl seriöser Texte so klein hält? Ist es der Respekt vor der Intimität in unserer immer öffentlicheren Öffentlichkeit? Der mediale Diskurs freilich kennt diese Scham nicht; dort wird zu viel über ihn geredet, berichtet, geschrieben und gesendet. Hier scheint es, als habe er eine Bedeutung, die ihm quantitativ und qualitativ gar nicht zukommt.

Doch jene vornehme Zurückhaltung muss nicht das letzte Wort behalten. Sexualität und darin vor allem ihre Klimax sind ein Allzu-Menschliches. Sie verdienen es, philosophisch betrachtet zu werden. Philosophisch heißt, den Phänomenen über ihre wissenschaftliche Erklärung hinaus auf den Grund zu gehen; dass mithin Alltagsbeobachtungen und ästhetische Erfahrungen nötig sind, um den sexuellen Höhepunkt in seiner ganzen Tragweite zu verstehen. Freilich wäre eine Philosophie im akademischen Sinne diesem Gegenstand völlig unangemessen. Sie wäre – *horribile dictu* – gänzlich unerotisch. Philosophien müssen in ihrem Stil sich an die Themen anschmiegen, von ihnen den Duktus der Darstellung gleichsam empfehlen lassen. Und so wird dieses Buch erst im dritten Teil philosophisch. Es geht um eine Interpretation des sexuellen Höhepunkts unter zwei Aspekten: dem des guten Lebens und dem seines Sinns in einer allgemeinen Theorie der Welt.

Über ihn kann nur schreiben, wer ihn kennt, aus eigener Erfahrung. Das ist womöglich einer der Gründe, warum die Philosophen so still sind. Sie müssten über eine eigene Erfahrung sprechen. Wer beispielsweise niemals eine mystische Erfahrung gemacht hat, kann über die *unio mystica* nicht wirklich sprechen. Obzwar der sexuelle Höhepunkt eine höchst subjektive Sache ist, sind Untersuchungen mit einer objektiven Einstellung durchaus möglich. Es mangelt nicht an wissenschaftlicher Forschung, vor allem nicht seit den spektakulären Arbeiten von William Masters und Virginia Johnson aus den 1950er und 1960er Jahren. So wurde neuerdings ein kopulierendes Paar in den Kernspintomographen geschoben, um ein dreidimensionales Bild der Penetration zu erhalten. Was gemacht werden kann, wird auch gemacht. Aber reicht das, um dem Wesen des Orgasmus auf den Grund zu gehen?

Möglich ist es, das Phänomen an sich selbst zu beobachten und dann an einem Partner. Doch das ist alles andere als repräsentativ. Und anderen dabei zuzuschauen, ist auch keine Lösung, denn wer geht schon gerne auf Sexpartys oder in Swingerclubs, um Material für ein Buch zu sammeln? Der eigene Bekanntenkreis kommt dafür ebenfalls nicht in Frage. Bleiben noch die Filme. Aber diese sind gestellt, gleich ob pornografisch oder simuliert. Ohne eigene Erfahrung geht es also nicht – und auch nicht ohne ein Gespür für den Zeitgeist, nicht ohne politisches Interesse, wissenschaftliche Neugierde und nicht ohne ein philosophisches Staunen.

Aber wie über eine Philosophie des schönsten Augenblicks schreiben? Es fehlt schlicht der philosophische Diskurs, eine Intellektuellensprache hat sich nicht herausgebildet, auch nicht in der bewegten Zeit nach 1968, und der Beitrag der Poetik ist, wie wir sehen werden, bescheiden. Einer der bekanntesten Autoren deutscher Sprache, Peter Sloterdijk, sah sich genötigt, einen erotischen Briefroman zu verfassen, um sich zur Sache zu äußern; eine Philosophie des sexuellen Höhepunkts hat er nicht vorgelegt.

Wie spricht man über den schönsten Augenblick, die Begegnung der Geschlechter, die Erkundung des eigenen Körpers, über das Intimste und Privateste? Sachlich-nüchtern, wissenschaftlich, lehrbuchartig, zotig, verklemmt, humorvoll, augenzwinkernd, poetisch, intellektualisierend, umgangssprachlich, familiär, vulgär, in Andeutungen, derb und frontal oder verquast und verkopft?

Die Sprache, die den sexuellen Höhepunkt zur Anschauung bringt, muss mehreres leisten: geschmackvoll sein, aber doch direkt und klar in der Sache; nicht nur technisch, sondern auch poetisch. Die Darstellung sollte kritisch sein, aber nicht in Diskriminierung abrutschen. Hinzu kommt ein besonders prekärer Punkt: das Verhältnis zwischen den Geschlechtern. Hier kann man – Mann und Frau – eigentlich nur alles falsch machen.

Dieses Buch bezieht sein Wissen vor allem aus anderen Büchern. Ihnen ist viel eher zu trauen als anderen Medien. Denn seit den Pionieren Alfred Kinsey mit seinem berühmten zweibändigen Report sowie Masters und Johnson wird das öffentliche Gerede über Sexualität immer stärker überzeichnet von einer gezielten Vermarktung, die Wirtschaftsinteressen und nicht etwa einer Volksaufklärung folgt, und einer medialen Inszenierung, die sich zunehmend verselbständigt und sich damit von ihrem Aussagewert entkoppelt. Was tagein, tagaus in den Massenmedien über das Thema kolportiert wird, ist mehr als fragwürdig. *Sex sells.* Das öffentliche Bild von der Sexualität ist dadurch verzerrt. Die kommerziellen Interessen auf der einen Seite und die voyeuristischen der Leser und Leserinnen auf der anderen Seite dominieren. Es ist ein Pseudodiskurs entstanden, bei dem andauend irgendwelche Statistiken aufgerufen werden, wiewohl Statistiken doch grundsätzlich zweifelhaft sind. Nicht zuletzt deshalb, weil wir nicht wissen, ob die Befragten ehrlich antworten. Wer gäbe beispielsweise freiwillig zu, erotisch völlig desinteressiert oder gar pädophil zu sein? Oder wer wäre nicht versucht, bei bestimmten Fragen zu prahlen? Überdies kennen wir nicht die Fragekriterien, ganz abgesehen davon, dass die meisten Fragen ohnehin suggestiv sind. Außerdem werden die Befunde mit einer trügerischen Wertneutralität feilgeboten, wo doch kritische Distanz vonnöten wäre. Und was bedeuten denn die vermeintlichen Ergebnisse? Sprechen sie von einer gesunden oder gesundeten Sexualität, oder sind sie weiterhin Ausdruck einer neurotischen Gesellschaft und eines verzerrten Geschlechterverhältnisses? Inwieweit ist Macht im Spiel, wo beginnt denn wahre Freiheit?

So scheinen das Sicherste immer noch die Bücher zu sein. Deren Entstehung – die Niederschrift, die Drucklegung und die Verbreitung – nimmt Zeit in Anspruch und bewahrt sie so vor Übereiltheit. Und die Künste in ihrer jahrtausendealten Weisheit. Dort ist zu suchen. Freilich stets mit Vorsicht. Denn auch Bücher sind nicht unproblematisch. Eines über enthemmte Deutsche listet allerlei Praktiken jenseits des Gewohnten auf. Diese mögen fraglos stimmen, aber sind sie typisch für unsere Gesellschaft, ja für Deutsche?

Einstweilen hilft der gesunde Menschenverstand, somit Skepsis. Man halte Augen und Ohren offen, lese, was zu lesen lohnt, spreche, mit wem es sich anbietet, vertraue aber der eigenen Intuition, sprich dem eigenen Misstrauen, und behalte dabei stets eine prinzipielle Distanz.

Um ein einigermaßen sicheres Bild über die Sexualität auf unserem Planeten heute zu zeichnen, müssten Abermillionen qualitativer Gespräche geführt werden. Davon abgesehen, dass sie in zahlreichen Ländern politisch unerwünscht wären, dauerte die Auswertung so lange, dass am Ende nichts mehr stimmte. Bei diesem Dilemma hilft die Philosophie, da sie zwar auf Erfahrung aufbaut, aber nicht ganz in ihr aufgeht. Sie übersteigt sie, indem sie die empirische Welt deutet, ihren Sinn – oder Unsinn – hinterfragt und die Art und Weise, wie sie zu denken sei, erst bestimmt. Es ist die Philosophie, die, einmal zu Klarheit gelangt, uns die Methoden bereitstellt, um die richtigen Fragen bei solchen Gesprächen zu stellen.

Dass dieses Buch das Augenmerk auf die Heterosexualität legt, ist in keiner Weise mit einer Herabwürdigung der Homosexualität oder anderer Formen der Geschlechtlichkeit verbunden. Die Zahl möglicher sexueller Identitäten nimmt Jahr für Jahr zu: lesbisch, schwul, bisexuell, transsexuell, intersexuell, »queer« – sie stehen quer zur Normativität der Heterosexualität, wobei zu fragen ist, ob diese wirklich normativ sei. Es ist nicht leicht, hier den Überblick zu behalten. Die meisten Überlegungen zu meinem Thema lassen sich auf diese Formen übertragen, die, das wissen wir heute, natürliche sind, sich auch im Tierreich finden und einen beträchtlichen Anteil der Menschen betreffen. Ziel dieses Buches ist das Verständnis des sexuellen Höhepunkts beim Menschen im Allgemeinen, über den Unterschied des weiblichen und des männlichen Orgasmus hinaus. Freilich ist die Differenz zwischen Frau und Mann im Folgenden ein großes Thema, es betrifft ja Milliarden und ist nicht irrelevant für den Fortbestand der Menschheit. Das Wort »man« steht im Weiteren für Menschen allgemein, »mann« für die männliche, »frau« für die weibliche Perspektive.

DER ORGASMUS
IM LEBEN

Das Staunen

Das Staunen gehört seit der Erfindung der Philosophie im Griechentum zu den vornehmsten Tugenden der lebendigen Existenz. Wer staunt, betrachtet die Dinge als nicht selbstverständlich. Er oder sie ist verwundert, beginnt zu fragen, aber auch sich der Sachen zu erfreuen, diese werden interessant, schlagen einen in den Bann. Was ist es? Was ist es genau? Woher kommt es? Wie funktioniert es? Ist es wirklich? Was steckt dahinter?

Kinder staunen, da ihnen öfter etwas widerfährt, was sie noch nicht gesehen, gehört, erlebt und erfahren haben. Kinder, so könnte man meinen, sind die besten Philosophen, genauer: die besten Anwärter für Philosophie. Andererseits ist ihre kognitive Entwicklung noch nicht reif für abstrakte Gedanken und ihre vielfältigen Verästelungen. Erwachsene sind Philosophen, wenn sie es denn sind. Erwachsene aber verlernen allermeist das Staunen. Es überkommt sie nur, wenn sie auf Reisen in eine ganz andere Welt tauchen oder wenn ein Schock das Leben erschüttert. Das sollte aber nicht sein. Das Staunen gehört zu den Grundfesten unser aller Existenz.

In Platons Dialog *Theaitetos* heißt es: »Das Staunen ist die Einstellung eines Mannes, der die Weisheit wahrhaft liebt, ja es gibt keinen anderen Anfang der Philosophie als diesen.« Heute ist Philosophie gemeinhin eine Spezialdisziplin, ein Beruf, eine professionelle Qualifikation. Allein, sie ist genauso Allgemeingut, die Liebe zur Weisheit, die jede Frau und jeden Mann, aktiv wie passiv, berührt. René Descartes unterscheidet in seinen *Leidenschaften der Seele* sechs ursprüngliche Passionen: Verwunderung, Liebe, Hass, Verlangen, Freude und Traurigkeit. Alle anderen sind ihm zufolge Vermischungen oder Unterarten. Die Verwunderung ist davon die erste, denn ohne sie würden die anderen Passionen gar nicht anheben. Der erste Kontakt mit etwas, das wir überhaupt lieben oder hassen können, ist das Staunen. Die Verwunderung ist erfreulicherweise wertneutral, es gibt keinen Gegenpart wie bei Liebe und Hass oder bei Freude und Traurigkeit. Wer sich nicht wundert, bleibt einfältig. Der es tut, wird klüger. Das Staunen ist relativ unhitzig, aber doch kraftvoll auf die Neugierde und das Erkennenwollen bezogen.

Freilich hat das Staunen heute keine Konjunktur, es steht nicht im besten Ruf. Viele scheinen für eine positive Haltung nur noch ein Wort zu kennen – »cool«. Kühle, emotionale Distanz, ja Unbeteiligtheit zeichnet unsere Gesellschaft aus. Coolness ist ein Abwehrreflex gegenüber einer überkomplexen Welt, einer medialen Dauerpräsenz und eines hypermoralischen Diskurses über Korrektheit auf den unterschiedlichsten Gebieten. Philosophie hingegen nistet sich ein in Nischen, abseits des Getöses, und sucht dort Ruhe und Klarheit. Unterscheiden wir einige Typen des Staunens.

Erstens das elementare Staunen eines Kindes, das etwas zum ersten Mal sieht oder erlebt und dafür keine Worte, keine Begriffe findet. Es wird irritiert und beginnt nach den ersten Erklärungen der Eltern sich an die Sache zu gewöhnen. Die Verwunderung hört auf. Zweitens das Staunen beim Anblick des Übergroßen, des Erhabenen. Fliegt jemand beispielsweise frühmorgens bei klarem Wetter mit einer kleinen Propellermaschine von Kathmandu, der Hauptstadt von Nepal, zum Mount Everest, kommt er an der Himalayalinie von Sieben- und Achttausendern entlang, an einigen heiligen Bergen, auf denen noch nie ein Mensch war. Ihr oder ihm fehlen die Worte.

Drittens das Nichtstaunen. Eigentlich müsste jeder verwundert sein, dass auf der Straße sich Gerätschaften namens Autos selbständig bewegen oder ein dünnes Ding wie ein iPhone uns ermöglicht, mit allem und jedem weltweit und in Echtzeit in Kontakt zu treten. Doch beide Dinge, und tausende weitere, sind uns selbstverständlich, und die Kinder wachsen mit ihnen gleichsam natürlich auf, so dass wir einen Sinn für dieses Außergewöhnliche erst gar nicht entwickeln. Wer darüber nachdenkt, staunt über dieses Nichtstaunen.

Viertens das Staunen gegenüber Akrobatik, im Sport ebenso wie im Zirkus oder bei Schnellratewettbewerben, bei Wunderkindern und anderen Phänomenen, die es eigentlich nicht geben dürfte. Fünftens das Staunen, das nicht vergeht. Liebhaber polyphoner Klaviermusik werden vom kanadischen Pianisten Glenn Gould niemals genug bekommen. Immer wieder von neuem, wenn die Plattennadel sich senkt, horchen sie ungläubig auf: »Das darf doch nicht wahr sein, so, wie er und nur er spielt.«

Das vornehmste Staunen ist indessen das *Trotzdem.* Obwohl wir alles über eine Sache zu wissen glauben, es immer und wieder erlebt haben, über Jahrzehnte, es demnach keinen Grund mehr für ein Staunen gibt, trotzdem noch zu staunen – das ist dessen höchste Form. Es endet nicht. Es verbraucht sich nicht. Und genau darüber beginnt man zu staunen. Das Staunen über das Nicht-Enden-Wollen des Staunens. Das Gegenteil von Coolness.

Genau hierhin gehört alles, was mit Liebe, Sexualität und erotischer Leiblichkeit zu tun hat. Dass Menschen einander lieben, begehren, attraktiv finden, miteinander verkehren – das ist so selbstverständlich, dass man sich immer wieder ins Bewusstsein rufen muss, wie wenig selbstverständlich genau dies ist. Fortpflanzung folgt aus dem Selbsterhaltungstrieb, der wiederum logisch aus dem Leben selbst folgt. Ist Leben einmal in der Welt, muss es sich verlängern und braucht dazu die entsprechenden Mittel. Aber Liebe, Gefühle, Emphase, Ekstase? Das ist nicht nötig und hat sich doch evolutionär herausgebildet.

Das trifft auch auf den sexuellen Höhepunkt zu. Nur wer, um es emphatisch zu formulieren, jedes Mal staunt, dass es ihn überhaupt gibt und wie er sich entfaltet, zeigt sich seiner würdig. Zum Orgasmus gehört nämlich das Überwältigtwerden, das Übersteigen einer rationalen Kontrolle, und das hat er mit den elementaren Formen des Staunens gemein. Wer nach dem Orgasmus hingegen in einem basalen Sinne befriedigt ist und froh darüber, ihn gleichsam hinter sich gebracht und die Erregung, die Anspannung abgebaut zu haben, und nun gleich zur Normalität zurückkehren will, frevelt in einem bestimmten Sinn am schönsten Augenblick.

Die Armseligkeit einer solchen Haltung hat der Filmemacher Quentin Tarantino in seinem Film *Jackie Brown* (1997) auf den Punkt gebracht. Dort hocken in einem Appartement ein Obergauner, ein Untergauner (Robert De Niro) und ein blondes Surfergirl. Nachdem der erstere die Wohnung verlassen hat, sagt dieses zum Untergauner ohne Regung und ohne ein ankündigendes Zeichen: »Willst Du ficken?«, worauf dieser, ohne zu zögern, zustimmt. Schnitt, Textbild: »Drei Minuten später«. Schnitt. Robert De Niro stöhnt von hinten auf die Frau den Orgasmus ein, er selbst angekleidet. Das Girl, mit entblößtem Hintern, geht ins Bad und meint: »Das war gut, das müssen wir wiederholen.« Was war das? Drei Minuten für Höschen-Runterziehen, Reißverschluss-Öffnen, Erektion, Penetration, Kopulation, Ejakulation. Keine Zeit für nichts, weder für Zärtlichkeiten noch für die Stimmung, weder für das Entkleiden noch das Vorspiel. Lustlos. Tarantino zeigt genau das. Diese Form von sexueller, überhaupt körperlicher und angeblich emotionaler Entspannung gleicht dem Harnlassen. Man(n) muss dringend und lässt es laufen. Danach ist man(n) erleichtert und hat eine Weile Ruhe. Der Untergauner hatte offenbar einen Höhepunkt, es ist zu hören, bei der Frau ist es unsicher. Aber was für ein Orgasmus war das? Während viele Männer davon träumen, so direkt von einer Frau eingeladen zu werden, kann der Untergauner einem geradezu leidtun. De Niro spielt auch niemanden Freudvollen. Sein Gesicht bleibt ein gequältes.

Nein, jedes Mal muss der Orgasmus als so überwältigend und einmalig erlebt werden, als komme er zum ersten Mal. Stets von neuem staunt man, dass es ihn überhaupt gibt. Immer wieder ist man verblüfft über dieses Erlebnis. Wer ihn als ein Alltagsgeschehen nimmt, als wöchentliche oder tägliche Verrichtung wie Zähneputzen oder den Gang zum Briefkasten, kann nicht staunen. Und deswegen entgeht ihm auch der Orgasmus. Er findet zwar statt, aber in einem defizienten Modus.

Die Alltagssprache ist voll der sexuellen Anspielungen. Der Italiener flucht »che cazzo« und meint den Penis, oder »che palle« (eine Anspielung auf die Hoden). Deutsche schimpfen eher mit Fäkalausdrücken, Amerikaner mit dem Four-Letter-Wort »fuck«. Ein französisches Erotikwörterbuch bringt es auf 1300 Wörter und Redewendungen für den Koitus und je 500 für die männlichen und weiblichen Geschlechtsteile. Der Orgasmus allerdings heißt Orgasmus. Der Duden nennt »Höhepunkt« und »Klimax«, doch damit lassen sich auch Filme und Musik beschreiben. Ernst Bornemanns *Der obszöne Wortschatz der Deutschen* – ein 700 Seiten starkes Buch – verzeichnet als Synonyme »Blitz, Granate, Grab in den Wellen, Tod in den Wellen«; nicht eben überzeugende Sprechweisen. Gebildete kennen die Poetisierung *petite mort*, »Kleiner Tod« – über diese subtile Dialektik wird später zu berichten sein. Wer den sexuellen Höhepunkt meint, dem bleibt nur *ein* Wort, und deswegen ist es so weit verbreitet. Extrem verwunderlich, bedenkt man, dass so viel Gewese darum gemacht wird.

Orgasmus ist altgriechischen Ursprungs; »orgasmos« heißt »heftige Erregung«, das entsprechende Verb »strotzen, glühen, heftig verlangen«. Ein Lexikon zu Beginn des 19. Jahrhunderts nennt ihn »das Aufwallen oder der heftige Reiz des Blutes und der Zeugungssäfte«, ein Konversationslexikon um 1900 »das Strotzen von Saft; dann heftige Kongestion nach wichtigen Teilen, Wallung, auch starker Trieb irgendwohin, Erregung, besonders sinnliche Erregung, also des Geschlechtstriebes«. Die letzte Edition des Brockhaus ist weniger schwülstig: »Höhepunkt der sexuellen Lust mit sich anschließendem Gefühl einer besonders angenehmen Entspannung (›Befriedigung‹)«. Hinter dieser so unscheinbaren Definition steht ein ganzes Bündel unterschiedlichster Aspekte: motorische, muskuläre, physiologische, hormonelle, psychische, geistige, symbolische, kommunikative, kognitive; für gewisse Menschen spirituelle, rituelle, religiöse. Für andere etwa, die sich der Keuschheit verpflichtet haben, bereitet er Gewissenskonflikte. Kreative lassen sich von ihm inspirieren.

Der Orgasmus kann, neben der Fortpflanzungsabsicht, in verschiedenen Funktionen erlebt und mit mehreren Bedeutungen belegt werden. Für die einen ist er einfach eine Erleichterung, gleichsam ein Abschütteln von Trieb und Drang, oder ein Herausschleudern von Ärger und sozialer Unbill; meist bei Männern. Andere sehen in ihm eine Grenzerfahrung, die Zugang zu metaphysischen Dimensionen gewährt. Oder als ein Kreativitätspool, der den Anschluss an die eigene Intuition ermöglicht, an das Nichts als dem Urgrund der Kreatürlichkeit und des Kreativen. Nicht selten ist er pure Lust, Spaß und dient der Gesundheit. Einige erreichen mit ihm Ekstase und damit den Eintritt in eine andere Welt. Und für nicht wenige ist er ein elementarer Beweis der eigenen Lebenskraft, eine Selbstbestätigung, und sei es nur, dass er zuweilen Freude darüber gewährt, dass man ihn überhaupt (oder überhaupt noch) erreicht. Orgasmusvirtuosen, heißt es, gelangen durch ihn zum Sein, dem Kosmos, ja Gott.

Die Wirkung ist – das kann verallgemeinert werden – überwältigend und wird grundsätzlich positiv erlebt. Deswegen wird er in regelmäßigen Abständen immer wieder aufs Neue gesucht. So sehr er Befriedigung verschafft, so sehr will diese Befriedigung wiederholt werden. Es gibt nicht den ultimativen, sozusagen perfekten Höhepunkt, nach dem das Verlangen für immer versiegt. Wiewohl zuweilen er so intensiv und grandios ausfällt, dass der Lebenswille fast dem Todestrieb erliegt und gewünscht wird, aus dem ewigen Kreislauf von Spannung und Entspannung einfach herauszutreten. Deswegen wird der Orgasmus auch der Kleine Tod – *petite mort* – genannt.

»Ich komme« – heißt es. Genauer müsste es heißen: »Es kommt, es kommt in mir«. Denn Aktivität schlägt in Passivität um, das Ich entledigt sich seiner selbst. Zunächst muss es sich anstrengen, dann geschieht ein Ankommen, ein Widerfahrnis, ein Zulassen, ein Er-Fahren. Die Frage ist, ob er oder sie das gleichzeitig beobachtet oder sich dem Taumel blind überlässt. Letzteres wäre das Ideal. Denn wer im Orgasmus ist, kann ihn schwerlich beobachten, er oder sie müsste heraustreten, ihn sehen, doch dann würde der Höhepunkt nur zur Hälfte erlebt, mithin gerade falsch beobachtet. Sicherlich besteht der Wunsch, ihn anzuhalten, ihn zu greifen, doch es ist rasch zu spät. Erst in seinen letzten Sekundenbruchteilen scheint ein kognitives Erwachen möglich.

Das Wort Orgasmus lädt ein zu allerhand Neologismen. Wir werden verwenden den Filmorgasmus, Musikorgasmus, Pornorgasmus, Solorgasmus, Duorgasmus, die

Orgasmusindustrie, Orgasmotope. Einer dieser Begriffe sei an dieser Stelle erläutert. Der Duorgasmus ist der Höhepunkt zweier sich Liebender zur gleichen Zeit. Dass die Gleichzeitigkeit das Ziel sei, diesem Wunschbild wird Rechnung getragen in dem bestrickenden Film *Die fabelhafte Welt der Amélie*, in dem diese sich überlegt, wie viele wohl in einem Augenblick in Paris einen Orgasmus hätten. Es sind fünfzehn – viel zu viel, rechnet man nach. Die Filmsequenz zeigt ausnahmslos Duorgasmen – ganz unwahrscheinlich. Wie schön für Frankreich, für Paris, eben eine fabelhafte Welt. Doch wenn er eintritt, dann wie eine potenzierte Liebe. Henry Miller bringt es in seinem Roman *Sexus* auf den Punkt: »Bald würden wir aus dem Vollen schöpfen, ein einziger Orgasmus, wo es Pflaumen und Aprikosen vom Himmel regnete. Der letzte Stoß, eine Kaskade erstickter, weiß glühender Asche ... Ein schönes Finish: *Royal Flush*. Ich *erkannte* sie, und sie *erkannte* mich.« Der Systematik halber sei eingeführt, dass sich auch Begriffe wie Triorgasmus oder Quattrorgasmus bilden lassen, je nach Zahl der gleichzeitig Orgasmierenden. Es wird nur sehr schnell astronomisch unwahrscheinlich, wiewohl die Belletristik davon nicht lassen möchte.

Diese Philosophie des schönsten Augenblicks handelt von einem sehr spezifischen schönsten Augenblick. Nicht die Geburt eines Kindes, nicht die Liebe auf den ersten Blick, nicht die Verlobung, nicht der Triumph eines Weltmeisters oder einer gewählten Präsidentin, nicht die Kirchenglocken, die 1945 in Italien das Ende des Kriegs einläuteten, nicht das Gefühl, das den Mathematiker Andrew Wiles befiel, als er den Großen Fermatschen Satz bewies, eines der größten Rätsel der Zahlentheorie, das erst nach drei Jahrhunderten gelöst werden konnte; nicht die vielen Augenblicke, die im je persönlichen Leben der Menschen eine eminente, ja teilweise umstürzende Bedeutung gewinnen.

Diese Philosophie des schönsten Augenblicks handelt vom schönsten Augenblick, den uns die Sexualität schenkt, den sexuellen Höhepunkt. Dieses Buch bemüht sich um eine Systematik, allerdings nicht in einem akademischen Sinne; es ist kein Traktat oder eine wissenschaftliche Abhandlung. Es behandelt das Thema phänomenologisch – als ein fundamentales Staunen; evolutionstheoretisch und biologisch; ästhetisch; kulturtheoretisch; gendertheoretisch; politisch. Es streift religiöse und kosmologische Aspekte, bietet Exkurse in die Kunst, Musik, den Film und die Literatur. Der dritte Teil wird philosophisch im engeren Sinne und behandelt das Thema mit den Aspekten Ethik, Logik, Ökonomie und Ontologie. Das Buch ist allerdings kein Ratgeber in praktischen Belangen, weder medizinisch, therapeutisch noch esoterisch. Dafür gibt es andere in Hülle und Fülle.

Wir werden Wissenschaftler und Philosophen kennenlernen, uns Kunstwerken und Musikstücken zuwenden, Filme betrachten. Wir werden Fragen der Politik, des Feminismus und der Religion nicht ausweichen. Wir werden immer wieder naturwissenschaftliches Wissen mit kultur-, sozial- und geisteswissenschaftlichen Überlegungen konfrontieren. Es kommen die angeblich einfache Frau und der angeblich einfache Mann zu Wort. Wir werden Fragen stellen, denn das Staunen mag zu Erkenntnis führen, aber mindestens genauso zu weiteren Fragen und zu solchen, die so fundamental sind, dass sie nicht beantwortet werden können.

Was dieses Buch nicht leisten kann, ist eine Kulturgeschichte des Orgasmus. Hierzu nur: Da der sexuelle Höhepunkt wenn überhaupt nur versteckt Gegenstand schriftlicher Zeugnisse gewesen ist, wird es schwierig, ihn in den diversen Weltkulturen der letzten, sagen wir 5000 Jahre zu rekonstruieren. Erst im Zuge der Verwissenschaftlichung der Welt entstand das, was ein Fremdwörterbuch von 1870 die Ädöologie nannte, eine »Lehre von den Zeugetheilen oder auch Schamhaftigkeits- oder Anstandslehre«. Immerhin ist das Buch von Jonathan Margolis zu empfehlen, auf dessen Ausführungen wir zuweilen zurückgreifen.

Wir werden einige überraschende Thesen aufstellen, vor allem zur Masturbation, zum Ort des Orgasmus in unserem Leben, zum Versagen der Künste, warum der Orgasmus zur linken Mehrheitsphilosophie quersteht und weswegen er dem Wesen nach weiblich ist. Das heißt: Der Orgasmus kommt bei der Masturbation zu sich. Der Orgasmus ist ein Existential, das wesentlich zu unserem Dasein gehört. Sowohl die Popmusik als auch die Literatur ist uns bisher den Orgasmusroman (oder -gedicht) und eine Orgasmusmusik schuldig geblieben. Der Orgasmus ist eine Leerstelle der Negativitätsphilosophie. Und die Welt bedarf einer Feminisierung des Orgasmus. Damit setzen wir uns vom gängigen Diskurs ab, der wie selbstverständlich den männlichen Höhepunkt zum Ausgangspunkt der Überlegungen nimmt.

Der sexuelle Höhepunkt bietet auf vielen Gebieten reichlich Stoff zum Nachdenken. Phänomenologisch stellt sich die Frage, warum es ihn überhaupt gibt. Die Evolutionstheorie sucht nach einer Antwort darauf, wie er sich entwickelt hat. Die Biologie beschreibt die Funktion bei der Fortpflanzung und im biosozialen Leben. Medizin und Sexualtherapie kommen ins Spiel, sobald er Schwierigkeiten bereitet.

Die Ästhetik des Orgasmus umfasst drei Bedeutungen. Einerseits können wir nach seinem Aussehen, dem Geräusch, dem Geruch fragen, nach den sinnlichen Qualitäten, wie er sich anfühlt. Zugleich drängt sich die Frage auf, wie die Künste den Höhepunkt thematisieren, die Musik, die Literatur, vor allem die Lyrik, die Malerei, die Fotografie, der Film. Zuletzt die Überlegung, wie wir ihn gestalten, so dass er selbst zu etwas »Ästhetischem« wird.

Die Psychologie hingegen widmet sich seinen Erfahrungs- und Erlebnisqualitäten. Eng damit verbunden ist die Frage danach, wie wir über ihn sprechen. Ökonomisch (oder auch ökologisch) betrachtet wäre die Quantität von Interesse, also wie häufig er »kommen« solle, während bei der Frage nach Sittlichkeit und Moral eher der »richtige« Umgang im Fokus steht. Die politische Dimension geht dem Recht auf freie Sexualität, der Emanzipation der Frauen und Minderheiten nach; in diesen Bereich fällt auch die Frage nach der Rolle der Religion in einer modernen Weltgesellschaft sowie die nach einer angemessenen Sexualerziehung.

Betrachtet man den Orgasmus überdies philosophisch – so im dritten Teil dieses Buchs –, stellen sich Unterfragen. Gibt es eine Logik des Orgasmus? Was ist dessen »Sein«?, würde die Ontologie fragen. Wie ist der Orgasmus verbunden mit einer Physik der Welt oder spezifischer: mit der Kosmologie? Die Lebensphilosophie sucht eine Antwort darauf, welchen Sitz der schönste Augenblick in dem hat, was ein gutes Leben genannt wird.

Der Orgasmus ist, alles in allem, ein kleines, kurzes Ereignis, und doch mit einem Dutzend von Wissenschaften verbunden. Er mischt sich überall ein und erweist sich überdies als ein geeigneter Kandidat für eine eigene Philosophie. Wer hätte das gedacht? Auch darüber darf gestaunt werden.

Evolutionäre Logik

Auch im Alltag kommt man aus dem Staunen nicht heraus. Ein Bauherr bezieht die nagelneue Stadtvilla, lässt den Garten anlegen, mit Rollrasen, den ein Bewässerungssystem versorgt, mit einem Mähroboter, der das Grün automatisch pflegt. Er wähnt sich in Sicherheit und tritt eines Morgens auf die Terrasse, um unverhofft einen weißen Pilz mitten auf dem Rasen zu entdecken. Gestern war er nicht da, in wenigen Tagen wird er, verhutzelt zu einem braunen Sporensack, wieder verschwinden. Wie ist das überhaupt möglich? Oder er schaut in der Nachbarin Garten und entdeckt die Rosette einer Sonnenblume, deren Anordnung der Fibonacci-Zahlenreihe gehorcht. Wie kann das sein, fragt sich der Staunende?

In den rund 160 Jahren, seit es die Evolutionstheorie gibt, ist vieles erklärbar geworden. Diese äußerst erfolgreiche Theorie geht von einem einfachen Grundgedanken aus: Alles, was ist, ist ein Gewordenes, nicht nur als Individuum, sondern vor allem in seiner Art und Gattung: Pflanze, Tier, Mensch und eben auch Pilz. Das Gewordensein impliziert eine Vorgeschichte, eine lange, eine sehr lange, weswegen der Glaube fundamentalistischer Christen, ein intelligenter Designer habe vor ein paar tausend Jahren die Welt, so wie sie ist, geschaffen, Unfug ist. Das Smartphone, das wir täglich verwenden, enthält eine Technik, deren Bedingungen einer Physik folgt, welche die Evolutionstheorie bestätigt.

Was immer wir somit vorfinden: eine Blume am Straßenrand, das Zwitschern der Vögel, der Augenaufschlag einer verliebten Frau oder die Prahlsucht erfolgreicher Männer – all das muss erklärbar sein. Rational, mit guten Gründen. Alles, was wir vorfinden, ist aber ein Gewordenes, ein Resultat einer langen Kette von Vorläufern. All das existiert in einem Milieu, einem Bio- oder Soziotop mit sehr unterschiedlichen Bedingungen.

Zufällige Fluktuationen führen in der Natur zu Genmutationen und Veränderungen in den biologischen Räumen. Es entsteht eine Vielfalt von Adaptionen, die anpassungsfähigen werden begünstigt, dysfunktionale »bestraft«. Der Anpassungsdruck ergibt sich aus der Konkurrenz um Energieversorgung und Fortpflanzung. Die Entwicklung ist zwar allmählich, hinterlässt aber ein stetes und ständig anwachsendes Gedächtnis von Lebensformen. Eines baut auf das andere auf, wiewohl manches auch verschwindet. Tendenziell wird es komplexer. Das sieht man an der Ausdifferenzierung von Zelltypen, insbesondere bei Muskelzellen, Nervenzellen und der Sensorik. Das Leben ist zweckmäßig, es will sich aufrechterhalten. Nichts verfolgt wirklich ein konkretes Ziel, und doch ergibt die Evolution eine geradezu Hegel'sche Entwicklungslogik. Wir, am Ende dieser langen Kette, erkennen, dass die vielen Zufälle, Irrungen und Wirrungen der Naturgeschichte eine in sich schlüssige Folge bilden, die als Ganzes eben nicht zufällig ist.

Die Zeit zwischen 1850 und dem frühen 20. Jahrhundert war die geistig produktivste der neueren Zeit. Denn in diesen Jahren entwickeln vier Wissenschaftler Theorien, die unser Weltbild radikal verändern: Karl Marx, Charles Darwin, Sigmund Freud und Albert Einstein. Der eine bestimmt das Verhältnis von Gesellschaft, Politik und Geschichte neu und beeinflusst den geopolitischen Verlauf des 20. Jahrhunderts wie kein anderer; der dritte entdeckt das Unbewusste, die andere Seite des wachen Ichs, und begründet nicht nur eine Wissenschaft, sondern zugleich einen eigenen Zweig der Gesundheitsvorsorge – und revolutioniert unsere Sicht auf die Sexualität. Einstein formuliert den kühnsten Gedanken: Raum und Zeit seien flexibel, eine Einsicht, die so fraglos stimmt, wie sie uns weiterhin Kopfschmerzen bereitet. Diese drei sprachen deutsch und waren im Übrigen jüdischer Herkunft. Charles Darwin hingegen entstammt der angelsächsischen Welt, die bekanntlich nicht viel von Spekulation hält und sich dem Gegebenen zuwendet. Er ist der Vater der Evolutionstheorie, die inzwischen eine eigenständige Wissenschaft mit einem extrem weiten Anwendungsspektrum ist.

Der Physiker Lee Smolin beispielsweise wendet sie in seiner herausfordernden Studie *The Life of the Cosmos* (1997) auf die Entstehung von Universen an: Schwarze Löcher gebären unentwegt neue Universen, die besten überleben, pflanzen sich über Ewigkeiten fort und gelangen zu solchen, die Galaxien wie die Milchstraße und Sonnensysteme wie das unsere erlauben. Oder der Evolutionsbiologe Richard Dawkins, bekannt durch seine Vorstellung vom egoistischen Gen (1976), prägte den Begriff *Mem*, um ein Pendant in der geistigen und kulturellen Welt für Ideen,

Überzeugungen und Verhaltensmuster zu bezeichnen. Auch diese wetteifern und breiten sich nach ähnlichen Prinzipien wie in der Natur aus: durch Anpassung, Erfolge und Universalisierung. Zwischen *unserem* Urknall und der komplizierten Kulturgeschichte liegen die vier Milliarden Jahre der Entstehung des Lebens auf unserem Planeten bis zum heutigen Tag, an dem Menschen, Produkte dieser Entwicklung, darüber nachdenken, wie alles gekommen ist.

Vertreter der angewandten Evolutionstheorie suchen die Darwin'schen Prinzipien in der Anthropologie, den Sprachen, der Kultur, der Religion, in den Moralvorstellungen, ja in der Ästhetik. Sozialdarwinismus und Eugenetik sind dabei die Schattenseiten, also die Planbarkeit durch Eingriffe in die Erbsubstanz und durch das Recht des Stärkeren anstelle der Stärke des Rechts. Die Evolutionstheorie ist dort zwingend, wo sie überzeugende Erklärungen anbietet, insbesondere in der Zoologie und der Paläogeographie; heikel wird es bei der Übertragung auf Kultur, Geschichte, Weltanschauungen und einzelne Gedanken. Vollends abenteuerlich wird es, wenn sie benützt wird, um angeblich ewige Gesetze vom Unterschied zwischen Mann und Frau zu behaupten. Evolution ist eine ernsthafte Wissenschaft, aber allzu leichtfertige Anwendungen auf alles und jedes, wie sie häufig in Wissenschaftssendungen anzutreffen sind, bleiben fragwürdig. Man kann damit vielleicht den Erfolg von *50 Shades of Grey* erklären, aber nicht den Eigenwert von Beethovens *Fidelio* oder Bachs *Matthäuspassion,* vielleicht hochschäumende Gefühle bei Fußballländerspielen, aber schwerlich die Massenwirkung von *Harry Potter.*

Die Sexualität ist nun eine der zentralen roten Linien durch die Evolution, denn alles Leben musste sich über die vielen Jahrmillionen von Generation zu Generation fortpflanzen. Dies war und ist nur möglich mit einem sich selbst verstärkenden und stabilisierenden Mechanismus, der »gute« Lösungen bevorzugt. Vor diesem Hintergrund fragen wir: Warum gibt es einen Orgasmus? Es ginge zur Not auch ohne ihn. Zumindest bei der Frau. Aber auch beim Mann, denn die Ejakulation könnte genauso unspektakulär erfolgen wie der Stuhlgang oder lustlos wie ein Schluckauf.

Die schnelle Antwort auf seine Existenz wäre: Weil er »Spaß« macht. Täte er es nicht, würden wir uns nicht fortpflanzen, uns gäbe es also nicht. Diese Gedankenfigur ist nicht falsch, greift aber zu kurz. Denn: Was heißt denn Spaß-machen? Warum haben wir *daran* Spaß? Ist der Orgasmus immer Spaß? Betrachtet man beispielsweise die Hirsche, Elefanten, Löwen und andere männliche Tiere, die sich aufs Blut mit Rivalen messen müssen, nur um ein Weibchen in einem sehr kurzen Vorgang zu befruchten und danach völlig frustriert, so scheint es, in den alten Trott zu fallen, kommt zumindest der Zweifel auf, ob immer Spaß dabei ist. Bei uns Menschen allerdings wird der Orgasmus als eine tiefe Befriedigung erlebt, für die allermeisten macht er in der Tat Spaß.

Die beiden anderen Fragen lauten: Warum gibt es Mann und Weib und Weib und Mann? Musste das wirklich sein? Dabei die Unterfrage: Warum wurde der Penis entwickelt? Die andere: Warum sind die Menschen sexuell daueraktiv? Wären Kurzzeiten nicht sinnvoller? Die Unterfrage: Warum sind unsere Geschlechtsorgane so groß, der Penis, der herumbaumelt, solange die Unterhose nicht erfunden ist, und die Brüste, die tendenziell auch nach unten gravitieren und sich nicht zurückbilden, obwohl sie nur selten gebraucht werden?

Warum überhaupt geschlechtliche Fortpflanzung? Am Anfang des Lebens vermehrten sich die Bakterien durch Teilung, sie klonten sich. So hätte es bis heute weitergehen können, und bei bestimmten Arten wie den Pantoffeltierchen geschieht dies auch. Wer sich aber heterosexuell fortpflanzt, vermischt die Gene zweier verschiedener Individuen und erzeugt so ein neues, welches das genetische Material der beiden Eltern unterschiedlich gewichtet. Das stärkt das Immunsystem und lässt Spielraum für Fortschritte. Wäre dem nicht so, Flora und Fauna hätten sich nicht auf irdische Weise entwickelt – und den Menschen gäbe es sowieso nicht.

Verblüffend ist, dass die Natur, genetisch betrachtet, nur zwei Geschlechtstypen erfunden hat: weiblich und männlich, und zwar vorzugsweise ab einer bestimmten Stufe der Evolution, dann nämlich, wenn die Zellen komplizierter werden und einen Zellkern besitzen (Eukaryoten). Die geschlechtliche Fortpflanzung »kostet« mehr als ungeschlechtliche, »rentiert« sich aber aus den genannten Gründen. Das Konfliktpotential zweier Typen ist somit der Kompromiss, der sich bis heute verfestigte. Nur eine der beiden Geschlechtszellen, das Ei, vererbt die Mitochondrien, die notwendigen Energielieferanten, während die Samenzelle lediglich mit dem Nötigsten ausgestattet ist. Vermischten sich drei Geschlechtszellen, es würde »teurer« und unübersichtlicher, wie man mathematisch zeigen kann. Daher leistet sich die Natur nicht den Luxus zahlreicherer Geschlechtstypen, auch wenn die Biodiversität gesteigert würde. Die Evolution wird vom fundamentalen Prinzip der Energiesparsamkeit beherrscht, die ökonomischsten Lösungen obsiegen. Für die geschlechtliche Vermehrung werden genau zwei Sexchromosomen (X und Y beziehungsweise W und Z) benötigt, denn die Zweizahl bezeichnet den kleinstmöglichen Unterschied. Wie »sparsam« die Natur in ihrer physikalischen Logik operiert, zeigt sich auch daran, dass die Elementarteilchen Welle beziehungsweise Teilchen sind, aber nichts Drittes; die elektrische Ladung ist positiv oder negativ; die Welt besteht aus Energie oder Materie; es gibt Raum und Zeit, aber kein drittes Medium. Offenbar reicht die Zahl 2, um die Vielfalt der Welt zu erzeugen.

Ein drittes Geschlecht kennt nicht nur die Grammatik, sondern auch die moderne Wissenschaft und darin die Diskussion um Gender und sexuelle Identität. Danach bezeichnet dieser Begriff Personen, die sich weder dem einen noch dem anderen Geschlecht zuordnen lassen oder lassen wollen. Das dritte Geschlecht ist somit eine soziologische und rechtliche Unterscheidung, um auf sehr komplizierte medizinische und mentale Verhältnisse zu reagieren. Es ist ein Sammelbegriff für alles, was nicht eindeutig männlich oder weiblich ist. Das ist bereits in der Evolution vorgezeichnet. Die Naturgeschichte erzeugte eine komplexe Vielfalt mit allerhand Sonderheiten, auch ohne einen dritten Geschlechtstypus auszubilden: Zwitterwesen (Hermaphroditen), Geschlechtslose, Inter- und Transsexuelle sind Misch-, Wechsel-, Übergangs- oder Negationsformen innerhalb des Dualismus von männlich und weiblich.

Hat sich dieser Dualismus erst einmal etabliert, kommt

es zu dem, was der Biologe Geoffrey Parker die antagonistische Koevolution nennt. Die beiden Geschlechter – zum Glück nicht deren mehrere – liegen im Dauerstreit, in der Konkurrenz um den besten Genpool. Stets versucht das Männliche das Weibliche zu überlisten und natürlich auch umgekehrt. Es kommt zu einem höchst kreativen Anpassungswettbewerb mit immer überraschenderen Volten. Dass Menschen betrügen, morden, lügen, stehlen, vergewaltigen, täuschen, ja Kriege führen – der ganze Katalog des Strafgesetzbuchs –, ist in der Natur vorgezeichnet. Nicht einmal vor dem Infantizid, der Kindstötung, scheuen beispielsweise Löwenpaschas zurück, wenn sie eine Horde übernehmen. Das eigene Gen ist wichtiger als das Gen der Gattung. Entsprechend tarnen sich die Getäuschten, sehen sich vor, durchschauen, antizipieren. So ist die Naturgeschichte ein doppeltes Kampfgeschehen: innerhalb der Nahrungspyramide – fressen und gefressen werden – und zwischen den Geschlechtern – geliebt werden oder nicht.

Eine wichtige Frage lautet: Erleben die Tiere Lust? Wenn ja, ab welchem Entwicklungsstadium? Der Nerz verharrt bis zu acht Stunden in der Koitusposition. Was macht er dabei? Was empfindet er? Die Primaten sind dem, was wir unter Orgasmus verstehen, wohl am nächsten. Sie zeigen ähnliche physiologische Reaktionen wie der Mensch: Muskelkontraktionen, Erhöhung der Herz- und Atemfrequenz sowie des Blutdrucks. Schimpansen-, Bonobo- und Makaken-Weibchen umklammern den Partner. Sie sind uns ähnlich. Aber andere Tiere? Dass ein Hengst bei der Ejakulation jault, sagt nichts über sein Erleben. Es müssten die gleichen Glückshormone wie beim Menschen festgestellt werden. Es wurde aber bei der Vogelgruppe der

Büffelweber sonderbare Genitalien gefunden: ein Pseudophallus und das entsprechende Gegenstück beim Weibchen, die anscheinend einzig und allein der Lust dienen und nicht der Befruchtung.

Das Besondere der Homonisation ist, dass wir immer »sexueller« wurden. Äußerlich, indem wir nackt wurden und dabei unsere Geschlechtsmerkmale in Übermaßen betonten, so den Penis und die Brüste. Innerlich, indem wir daueraktiv wurden: Der Sexualtrieb hält uns die ganze Zeit auf Trab. Dabei haben sich körperlich Mann und Frau sehr weit ausdifferenziert, mehr als bei jedem anderen Tier. Desmond Morris hat bei der »nackten Eva« an 22 Körperregionen gezeigt, wie sehr die Frau zum Sonderfall des Tierreichs wurde: einzigartig, ausdifferenziert, schön – die Krönung der Schöpfung.

Bei den Menschen und der Partnerattraktivität für die Fortpflanzung spielen nicht nur äußere Kriterien wie Fitness, Gesundheit, Schönheit und Stärke eine Rolle, sondern auch innere, wie Charakter, Intelligenz, Liebesfähigkeit, Zuverlässigkeit und Treue, oder soziale, wie Beruf, Herkunft und Position in der Gesellschaft. Die Seelenverwandtschaft muss natürlich auch stimmen. Frau und Mann haben das gleiche Interesse an optimaler Aufzucht der Nachkommen. Genetische Informationen, die über den Geruch kommuniziert werden, sind dabei genauso wichtig wie das Verhalten und die Ansichten des möglichen Partners. Zum Glück sind die Menschen bereits genetisch derart unterschiedlich, dass kein Algorithmus die Durchmischung berechnen kann. Aber weil natürliche und soziale Faktoren gleichermaßen wirken, müssen die

Diskussionen, so sie sachlich sind, immer zugleich kultur- wie naturwissenschaftlich geführt werden.

Der Penis, der sich vor ca. 425 Millionen Jahren als Spermatransporteur etabliert hat, als etwas, was einen Körper penetriert, der Eier legt oder ausbrütet, lässt sich funktional erklären. Aber warum ist er bei Menschen so verhältnismäßig groß? Größe muss von den Weibchen in grauer Vorzeit bevorzugt worden sein, so dass sie sich besser vererbte als kleinere Geschlechtsteile wie bei unseren Primatenvorfahren. Auch die weiblichen Brüste müssen evolutionär erklärbar sein. Gebraucht werden sie nur zum Stillen. Im Tierreich bilden sie sich daher zurück, also in der allermeisten Zeit, und entfalten ihre Größe nur während der Schwangerschaft und danach. Beim Menschen vergrößern sie sich zwar auch in dieser Phase, ihre bald üppige, bald bescheidene Größe bleibt aber ein Leben lang erhalten. Eine eigentlich unsinnige Einrichtung und energieverschwendend. Und doch hat sich dieser Phänotyp über die Jahrmillionen ausgeprägt. Es muss also einen Grund geben. Die plausibelste Antwort ist der Blickfang. Die Frau läuft aufwärts. Ihr Gesäß rutscht in des Körpers Mitte, die Vulva wird versteckt. Für die Gesäßbacken braucht es Ersatz. Betrachtet man die Brüste, den Busen, das Dekolleté in all den kulturellen und geschichtlichen Facetten, vom Dirndl und den Hochglanzmagazinen, von der Brustanpassungsindustrie bis zum legendären Foto mit Angela Merkel aus Oslos neuem Opernhaus, dann beweist dies die überragende optische und ästhetische Qualität dieser milchspendenden Drüsen, die, wenn es spannend wird, etwas zum Anfassen, Begrapschen, Greifen, Beküssen, kurz zum Ort der beiderseitigen Lust wird.

Das ist die gängige Erklärung. Feministische Forscherinnen lehnen den Gedanken, die Brüste hätten sich um des Mannes willen entwickelt, ab und suchen nach physiologischen Gründen wie Fettpolster oder bessere Greifbarkeit bei den Neugeborenen. Aber sie übersehen, dass auch männliche Phänotypen (beispielsweise die Größe des Penis) sich um der Frau willen ausgeprägt haben. Die Brüste werden von ihr genauso als Lockmittel eingesetzt wie aufreizend rot gefärbte Lippen, die an die Schamlippen gemahnen. Der Unterleib, nun von Kleidung verhüllt, wird nach außen gekehrt. Auch Männer externalisieren ihre Potenz, aber weniger mit körperlicher Fitness als mit Statussymbolen wie sportiven Autos oder eben Frauen, die sich auf auffällige Weise schminken und sonst wie aufbrezeln.

Da die Männer in der Regel körperlich stärker sind und somit dominieren, entwickelten Frauen einen weiteren Sinn: Sie lernten, das andere Geschlecht zu durchschauen, und wurden unter der Hand viel schlauer, als sich Männer eingestehen wollen. Am Pfau lernt man, dass das schönere der beiden Geschlechter gewählt wird. Auf den Menschen übertragen, da die Frauen eindeutig schöner sind, könnte man meinen, die Männer wählen die herausgeputzten Damen. Anfangs mag das gestimmt haben, aber Frauen müssen das reflektiert und sich auf die Situation geschickt eingestellt haben. Es kommt zu einem evolutionären Doppelschlag, wie der Philosoph Christian Illies ausführt. Sie sind es, die wählen, indem sie dem Mann raffinierte Zeichen senden, dass er nun sie aussuchen dürfe. Der Mann fällt auf den Trick herein und ist stolz auf seine »Eroberung«. Danach sind beide Seiten, mehr oder weniger, glücklich.

Evolutionär lassen sich auch sexuelle Praktiken erklären, die nicht der Fortpflanzung dienen. So ist die männliche Masturbation sinnvoll, weil sie ältere Spermien entfernt, überhaupt deren stete Produktion aufrechterhält. Auch die Fellatio: Die Frau und ihr Immunsystem gewöhnen sich an fremde Sekrete und Gameten. Schwieriger zu erklären ist die rein männliche Homosexualität, da sie scheinbar gar nicht vererbt werden kann, es aber dennoch geschieht. Über die evolutionäre Logik der Homosexualität wird noch geforscht; will die Evolutionstheorie an ihrem Anspruch, ein universelles Erklärungsmodell zu sein, festhalten, muss sie auch dieses Rätsel lösen.

Überhaupt leistet sich die Natur eine erstaunliche Vielfalt. Es gibt Tiere, die nur als Weibchen existieren oder die das Geschlecht wechseln oder die die Männchen nach der Paarung auffressen. Libellen sind Transvestiten. Sadomasochismus trifft man bei männlichen Skorpionen an, welche die Weibchen stechen. Das Kuckucksei ist Ausdruck von Parasitentum. Nazcatölpel (eine Seevogelart) missbrauchen Kinder anderer Paare. Selbst Kannibalismus und die Geschwistertötung (Kainismus) fehlen nicht.

Pinguine sind monogam, die Polygynie (Vielweiberei) findet man bei Hühnern und Gorillas, die Polyandie (Vielmännerei) bei den Honigbienen, die Kombination (Polygynandie) bei den Bonobos, die später noch eigens zu besprechen sind. Homosexualität gibt es bei männlichen Orang-Utans, die sich gegenseitig oral befriedigen, Seekühe kennen homoerotischen Gruppensex, Seemöwen sind zuweilen lesbisch. Masturbation ist weit verbreitet, auch bei wirbellosen Tieren, und umso häufiger, je höher die Tierart steht. So bei Walen, vor allem bei Primaten, die so einfallsreich sind, dass sie sich sogar ihr eigenes Sexspielzeug basteln.

Der Mensch nun ist, neben der Ameise, die erfolgreichste tierische Lebensform auf Erden, doch anders als die Ameise hochintelligent und hemmungslos in radikale Vielfalt verliebt. Ergebnis einer äußerst verschlungenen Evolution mit einer irreduziblen Komplexität an Phänomenen. Die Uneindeutigkeiten bei den Geschlechtern des Menschen und alle seine »norm«-abweichenden Sexualpraktiken sind, so sieht es aus, in der Evolution vorgezeichnet. Die »Gender troubles«, von denen die Philosophin Judith Butler spricht, entbehren, so gesellschaftlich und kulturell wir sie auch erleben, niemals einer natürlichen Grundlage. Gerade die Evolutionstheorie und Biosexologie beweisen, dass nichts von dem, was in der politischen Diskussion für unerbittlichen Streit sorgt, »unnatürlich« ist. Man muss gar nicht extra die Veränderlichkeit der »sozialen Konstrukte« betonen, ein tieferes und breiteres Verständnis des vielfältigen Lebens auf diesem Planeten würde genauso für Aufklärung sorgen.

Die Evolutionstheorie erklärt auch die Entstehung des starken Gefühls, das wir Liebe nennen. Während Elefantenbabys sofort nach der Geburt auf die Beine kommen und lostraben, ist das Neugeborene beim Menschen völlig hilflos und braucht Jahre, um die elementarsten Dinge zu erlernen: laufen, sprechen, selbständig essen, Stuhlgang, von Nahrungssuche und Selbstverteidigung, gar Rechnen und Schreiben abgesehen. Das Gehirn braucht bald 20 Jahre bis zur vollständigen kognitiven Reife. So können Kinder zwar Klavier spielen, nicht aber zentralperspektivisch zeichnen.

Da aber das weibliche Becken des *homo erectus* zu klein ist für große Köpfe mit großen Gehirnen, wurde die Mutter oder auch der Vater für eine gleichsam zweite Schwangerschaft verpflichtet: die Aufzucht. Das Kleinkind klebt geradezu am Körper der Mutter. Hier hat sich evolutionär das gebildet, was wir Liebe nennen, die tiefe emotionale Bindung, das Verantwortungsgefühl für ein Wesen, das wie ein Stück Fleisch unser selbst ist. Ohne diese Vernarrtheit der Eltern in ihr Kind vermöchten sie nicht die unendlichen Strapazen auf sich zu nehmen, die eine Erziehung mit sich bringt. Hat aber Liebe erst einmal evolutionär das Licht der Welt erblickt, verselbständigt sie sich anthropologisch und später kulturell. Es kommt zur romantischen Liebe zum Partner, der gleichsam der Vorläufer der späteren Babys ist, und anderen Formen der Liebe zu Objekten wie Musik und Literatur, Vaterland und Muttersprache, aber auch Bierdeckeln und Briefmarken.

So hat uns die Evolution nicht nur zu einem nackten Menschen gemacht, der sexuell hochattraktiv und daueraktiv ist, sondern auch mit der Liebe ausgestattet, die forthin auf vielfältige Weise mit der Sexualität verwoben ist. Wieder zwei – und nicht drei – Pole, die zuweilen harmonieren, zuweilen gewaltige Konflikte auslösen.

Aber selbst wenn wir einmal alles über den Orgasmus wissen sollten, uns die Rationalität (und so auch die Banalität) der evolutionären Vorgeschichte bewusst gemacht und jedes Buch konsultiert haben sollten, wird unser Erleben, das Staunen, die Wirkung davon noch in keiner Weise berührt sein. Der Zauber wird bleiben. Das Staunen nicht abebben.

Die Sinnlichkeit des Orgasmus

Die Evolution hat für uns Menschen mindestens viererlei bewirkt. Erstens ist die Sexualität in unserem Leben übermächtig und kann schon deswegen nicht allein der Fortpflanzung dienen. Zweitens haben sich Mann und Frau stärker als im Tierreich ausdifferenziert. Das heißt für den Orgasmus: Es gibt einen männlichen und einen weiblichen. Und: Er wird, bei Mann und Frau,besonders intensiv erlebt, allein schon deswegen, weil er so häufig auftritt. Drittens wird der Lebens- und somit Fortpflanzungstrieb mit Liebe verbunden. Und viertens die unkalkulierbare und daher auch nicht wirklich normifizierbare Vielfalt von Formen der Liebe und der Sexualität. Die Kulturgeschichte hat der Naturevolution hinzugefügt, dass das sexuelle Leben zwischen den Menschen ein hochkommunikatives Faktum ist und insofern auch eines, das unsere Gedanken unentwegt beschäftigt: vom platten Verlangen und dem Tratsch über die anderen bis zu den feinsten Nuancen in der Kunst.

Das hätte nicht so kommen müssen. Es lassen sich außerirdische Gemeinschaften mit grundsätzlich schwacher Sexualität vorstellen. Bei *Star Trek* wurden sie ge-, also erfunden. Das Leben des Menschengeschlechts wäre ärmer, ja langweiliger, auch wenn wir es nicht merkten und nicht darunter leiden dürften. In Reinhard Jirgls Zukunftsroman *Nichts von euch auf Erden* »lieben« sich die Menschen, ohne sich zu berühren, um auf jeden Fall die »alten« Konflikte zu vermeiden. Da aber der Weltenplan höhere Komplexität anstrebt, ist es sinnvoll, dass er solche Mittel einsetzt, welche die Erotik des Lebens aufs Leidenschaftliche befeuern. Es ist nichts in Sicht, was das in den nächsten Jahrhunderten abschaffen oder ersetzen könnte.

Evolutionäre Produkte verselbständigen sich mit der Zeit und beginnen ein Eigenleben. Was zunächst ein biologisches Faktum war, wird zu einem menschlichen. Und das heißt zu einem psychischen, gedanklichen, symbolischen, kulturellen, gesellschaftlichen und, um es emphatisch zu sagen: zu einem geistigen Faktum. Das gilt für die Liebe. Entstanden ist sie in der tiefen Verbindung zwischen der Mutter und dem Neugeborenen. Die beiden können gar nicht anders als sich wechselseitig zu lieben. Die Mutter, die Eltern umsorgen, herzen, opfern sich auf, mühen sich ab, sind daueraufmerksam, idealisieren, sind verzückt. Wäre dem nicht so, das Kind wäre verloren, stürbe, von einem vollumfänglichen Großwerden ganz zu schweigen. Liebe ist somit ein unabdingbarer Teil der Fortpflanzung. Bei Menschen ist sie so intensiv, weil das Baby besonders bedürftig ist und das Heranwachsen so lange dauert.

Liebe auf diese Funktion zu reduzieren, wäre aber kurzsichtig. Ist sie einmal genetisch verankert, erweitert sie ihren Objektbereich. Geliebt werden nicht nur die oder der Geliebte, sondern verschiedentliche Dinge, Gedanken und geistige Entitäten. Das Verlangen, das Begehren hat dabei zwei Seiten: einerseits den Mangel, der durch gewonnene Nähe kompensiert wird (das betonen Philosophen wie Platon, Schopenhauer oder Sartre); andererseits die Kraft, das Vermögen (wie es Aristoteles oder Spinoza sehen). Man stelle sich das menschliche Leben ohne Liebe – aber auch ohne Hass – vor, als reine Funktionalität, so wie bei den erstaunlich komplexen Biosoziotopen der Bienen oder Ameisen. Die Schöpfung wollte das nicht. Sie erschuf eine

Tiergesellschaft, die Mangel und Intentionalität verbindet und dadurch sich eigenlogisch weiterentwickelt, gleichsam die Evolution in die eigene Hand nimmt. Genau das geschieht seit dem Beginn der Hochkulturen mit Stadt, Schrift, Religion, Kunst und Wissenschaft und beschleunigt sich in letzter Zeit mit den diversen »Revolutionen« (industriell, digital).

So ist auch der Orgasmus eine Verselbständigung eines evolutionären Vorgangs. Nötig wäre er nicht, es reicht die Begattung. Und doch hat sich das bewusste Erleben desselben seit der Menschwerdung immer weiter gesteigert, bis hin zur wissenschaftlichen Erforschung und der Dauerthematisierung in den Massenmedien. Erst die Liebe nobilitiert die primäre Körpererfahrung des Orgasmus durch eine weitere Dimension. Die romantische Liebe, verstanden als die Liebe um der Liebe willen, dürfte sehr alt sein und ist mitnichten eine Erfindung der Romantik. Vor über 11 000 Jahren wurde eine kleine Skulptur aus Kalzit angefertigt, die ein Paar engumschlungen beim Koitus zeigt; *Die Liebenden von Ain Sakhri* werden im Britischen Museum London ausgestellt. Berühmt sind auch *Die Liebenden von Valdaro*, zwei sich umarmende Skelette in einem Grab vor über 5500 Jahren, wobei allerdings strittig ist, warum sie auf diese Weise liegen. Wie auch immer, romantische Liebe, so sie genetisch und hormonell im Gehirn verankert ist, muss mehr sein als neuzeitlicher Luxus mit einem Hang zur Überschätzung, wie der Soziologe Niklas Luhmann mutmaßte.

Die Studie von Cindy Meston und David Buss (*Warum haben Frauen Sex?*) listet 237 Gründe auf. Auf der alle fünf Jahre stattfindenden Kunstausstellung *documenta* war

2017 eine ironisierende Liste an einer Wand angebracht mit Dutzenden dieser Gründe. Es beruhige und helfe dem Einschlafen, stabilisiere den Stuhlgang, vertreibe die Langeweile, diene der Meditation, stärke die Konzentration, nütze der Kontaktaufnahme, sei magisch, spirituell, finanziell einträglich, verjünge, sei ein wunderbares Geschenk für Geburtstage und Jahresfeier, zeuge neues Leben, wärme im Winter, lindere Schmerz besser als Aspirin, sei ein aerobicähnlicher Sport, verdränge Kopfschmerzen, ja Migräne, enthemme Schreibblockaden, inspiriere Künstler, überhaupt alle menschliche Kreativität, stärke das Herz-Kreislauf-System, schaffe Raum für Intimität, drücke Liebe aus, verbinde sich mit allen übrigen Emotionen, vermeide zu viel Arbeit, lasse den Jetlag vergessen und so weiter und so fort. Jede Frau und jedermann wird eine höchstpersönliche Sicht hinzufügen. Die Frage ist dabei: Sind auch die Orgasmen anders, werden sie auf verschiedene Weise erlebt, wenn sie unter diesen sehr unterschiedlichen Aspekten betrachtet werden? Gibt es einen Finanz-, einen therapeutischen, einen Kunst-, einen Fortpflanzungs-, einen Transzendenz-, einen sportiven Höhepunkt? Einen Tantra-Orgasmus? Inwieweit sind die weiblichen und männlichen Höhepunkte verschieden?

Vor allem dem weiblichen Orgasmus scheint keine biologische Funktion zu entsprechen. Aber bedeutet er deswegen weniger? Wäre er ein defizienter Modus? Der berühmteste Orgasmus der Filmgeschichte wurde von einer Schauspielerin gespielt, von Meg Ryan, die in *Harry und Sally* demonstriert, dass Frauen täuschend echt den Höhepunkt vorzuspielen vermögen, ohne dass der Mann es merkt. In der Tat ist das, was wir im Restaurant hören, kein echter, sondern ein fingierter. Die Hinführung dauert nicht lange genug und ist mit kaum einer Minute viel zu kurz; zudem wird der Höhepunkt nicht ausgekostet, nicht wirklich durchlebt. Meg Ryan stöhnt und schreit dann auf etwas zu, was sie weglässt. So dürfen wir uns vorgetäuschte weibliche Höhepunkte im wirklichen Leben vorstellen.

Kommen wir zu den Tatsachen. William H. Masters und seine Assistentin Virginia E. Johnson waren die Ersten, die in den 1950er und 1960er Jahren den sexuellen Verkehr – zu zweit oder allein – auf medizinische, physiologische und psychologische Weise systematisch untersuchten. Den Älteren sind sie bekannt aus der Zeit der sexuellen Revolution, als ihr Buch *Die sexuelle Reaktion* auf Deutsch herauskam (1967), den Jüngeren aus der TV-Serie *Masters of Sex*, die auf für amerikanische Verhältnisse erstaunlich feinfühlige Weise ein Sittengemälde der damaligen Zeit entwirft. Die beiden Forscher konnten nicht nur den Vorgang der Erregung, die Kurve hin zum Orgasmus und die Zeit danach objektiv beschreiben, sondern erkannten auch, dass die Sexualität etwas völlig Natürliches und Gesundes ist. Insofern waren sie Wissenschaftler und Aufklärer.

Ihr wichtigster Befund ist das Vier-Stufen-Modell dessen, was sie sexuelle Reaktion nennen, den sexuellen Reaktionszyklus. Dieser besteht aus der Erregungsphase, der Plateauphase, der Orgasmusphase und der Rückbildungsphase. Dieses Modell ist allgemeingültig und gilt gleichermaßen für Männer wie für Frauen. In der Erregungsphase werden die Geschlechtsorgane für den Akt vorbereitet. Der Penis wird zum Phallus, er erigiert. Bei den Frauen schwellen Klitoris, die Schamlippen und die Brustwarzen an, die Vagina wird feucht. Dabei spielt der Blutandrang, die Vasokongestion eine entscheidende Rolle. Die Plateauphase ist der Zeitraum der lustvollen Aktivität, der Kopulation, der oralen oder manuellen Stimulation. Hier weiten sich bei der Frau die äußeren Schamlippen und das äußere Drittel der Vagina; Sekrete werden abgesondert, bei der Frau wie beim Mann, bei ihm das Präejakulat. Am Ende steigert sich die Erregung bis zum *point of no return*, jenem Augenblick, an dem der Orgasmus nicht mehr zurückgehalten werden kann. Er kommt einfach, er wird zu einem nicht mehr steuerbaren Vorgang. Hier spielt der Körper verrückt: Hyperventilation mit erhöhter Atemfrequenz, Tachykardie mit rasenden Herzschlägen, erhöhter Blutdruck, häufige Transpiration, Kontraktionen der Vagina, des Uterus beziehungsweise des Penis und der Prostata, des Schließmuskels und der Beckenregion. In der Rückbildungsphase wird der Körper auf das Normalmaß geführt, die Herz-Kreislauf-Funktion auf den *Status quo ante* zurückgesetzt, und das geschlechtliche Spiel kommt zu einem Abschluss.

Freilich zeigen sich hier deutliche Unterschiede zwischen Frauen und Männern. Frauen ermüden in der Regel nicht und können gleich weitermachen. Für diesen Unterschied gibt es einen biologischen Grund, eine evolutionäre Erklärung. Mit der Ejakulation hat der Mann seine Aufgabe erfüllt, die Abgabe von Sperma an einen anderen Körper. Deswegen braucht es auch nur einen Orgasmus. Jeder weitere wäre Energieverschwendung. Will die Frau einen Orgasmus erleben, muss dieser vor dem des Mannes einsetzen, damit diesem Zeit für die Übertragung des genetischen Materials bleibt. Da ein zeitgleicher Orgasmus, ein

Duorgasmus beider Partner eher unwahrscheinlich ist, darf sie nach dem ihren nicht ermüden, weil sonst dem Mann sein Ziel verwehrt wäre und das ganze Treiben fortpflanzungstechnisch *ad absurdum* geführt würde.

Diese kleine funktionale Asymmetrie ist für das Verständnis der Geschlechterdifferenz äußerst wichtig. Denn sie versetzt die Frau in eine komfortablere Lage. Sie ist es, die von dieser Ungleichheit profitiert. Zumindest wenn der Mann nicht so schnell kommt, dass sie nicht mitkommt. Die griechische Mythologie erzählt vom Priester Teiresias, der erst Mann, dann Frau war und wegen dieser Doppelkompetenz von Zeus und Hera gebeten wurde, über das Lustempfinden der Geschlechter Auskunft zu geben. Er bekundete, die Lust der Frau sei neunmal größer als die der Männer. Diese Proportion steht seither in der abendländischen Kultur. (Aber nicht nur dort, denn ein indisches, 1500 Jahre altes Sprichwort bescheinigt der Frau, neben anderen Potenzen, eine achtfache Lust.) Vielleicht sollten wir eher von Lustfähigkeit, Lustbereitschaft, einem Lustpotential sprechen, um die Männer nicht gänzlich in ihrem Selbstbild zu verunsichern. Immerhin wurde den Frauen ihre unterstellte Lasterhaftigkeit, ihr nachgesagtes Hexenverhalten, ihre angedichteten Pakte mit dem Teufel und den Dämonen der Nacht zum Verhängnis. Doch beim Orgasmus mit der Fähigkeit zu Dauer und Multiplizität scheint die Frau von Natur aus in der Tat »gebenedeit«.

Der Orgasmus, der sich mutmaßlich vor 65 Millionen Jahren als physiologisches Geschehen herausbildete, kann bald als ein ganz einfaches, bald als ein kompliziertes Ereignis beschrieben werden. Einfach: Der Körper zuckt ein paar Mal, und das war's. Beide Geschlechter konvulsieren anfänglich in der exakt gleichen Frequenz von 0,8 Sekunden, bei der Frau normalerweise mindestens 3-5, maximal 10-15 Mal, beim Mann abhängig von der Ejakulationsmenge. Die zeitliche Ausdehnung ist bei beiden allerdings verschieden. Die in der Forschungsliteratur angegebenen Quantitäten schwanken. So besagt eine Studie, dass der Mann im Durchschnitt 12,2 Sekunden orgasmiert, Frauen gefühlt zwischen 7 und 100, empirisch bestätigt sind es zwischen 13 und 51 Sekunden. Männer gelangen schneller zum Höhepunkt als Frauen, sowohl allein als auch zu zweit. Kommt es zu mehreren Höhepunkten, ist beim Mann der erste der intensivste, bei den Frauen der zweite oder dritte.

Der Orgasmus ist bei Frau und Mann somit analog, aber im Detail verschieden. Ein Ratgeber unterscheidet bei Frauen zehn Arten beziehungsweise Körperstellen, um ihn zu erreichen: Klitoris, Vagina, G-Punkt, Harnröhre, Brust, Mund, After, Verschmelzung verschiedener Punkte, andere erogene Zonen und die Fantasie. Beim Mann jedoch hauptsächlich vier: Penis, Prostata oder After, Fantasie und Brustwarzen. Da verschiedene Nerven gereizt werden, werden die Regionen unterschiedlich erlebt. Der Mann ist einfacher gestrickt. Der erotische *Homo sapiens* scheint weiblich zu sein. Je nachdem, welche Körperregionen im Besonderen stimuliert werden, fällt der Orgasmus durchaus anders aus.

Das *Kamasutra* beschreibt Liebesstellungen, vorbereitende Handlungen sowie innere Einstellungen und ist zugleich ein Knigge für den Umgang der beiden Geschlechter. Eine komplette Liebeskunst mit immerhin 64 Unterkünsten, eine ganze Lebensphilosophie und auch eine Soziallehre mit Hinweisen zum Flirten, der Werbung, Heirat, dem Seitensprung und Hetärentum. Aber es beschreibt keine Orgasmustypen. Die Frage ist, ob die Höhepunkte wesentlich andere sind, wenn sie durch unterschiedliche Kopulationspraktiken herbeigeführt werden. Masters und Johnson bestreiten das. Die Freuden dürften die nämlichen sein, auch wenn die Wege unterschiedlich sind: »Aufgrund dessen«, heißt es im *Kamasutra*, »dass es neun Typen der günstigen Vereinigung gibt, von denen sich jede noch auf die Größe der Geschlechtsteile, die Stärke der Lust und die Dauer des Beischlafs (und die geschlechtliche Geschicklichkeit) bezieht, wird deutlich, dass es hunderte an möglichen Paarungen gibt, die Freude erfüllen.« Anatomie und Motorik spielen nur eine von vielen Rollen bei diesem Feuerwerk der Sinne.

Die allerorten betonte Sinnlichkeit ist wörtlich zu nehmen. Beim sexuellen Verkehr sind alle fünf Sinne im Spiel. Der Partner wird gesehen, gerochen, geschmeckt, gehört und natürlich taktil gefühlt. (Was ein Vorteil ist gegenüber der Solosexualität.) Die Liebenden sind nackt, schwitzen, die Küsse schmecken, die Atmung und das Stöhnen werden lauter. Das Gesicht verändert sein Antlitz, die Augen funkeln, der Tonfall wird intimer. Man spürt die Vereinigung im Unterleib und auch das Streicheln, Greifen, Zupacken, Aufeinander-Liegen. Nichts in der Welt reicht da heran, auch nicht intensiver Tanz oder eine berührungsintensive Sportart. Der Körper befindet sich im Erotikmodus. Sinnlich ist die sexuelle Aktivität, weil die motorischen und emotionalen Komponenten stärker beteiligt sind als die geistigen und intellektuellen. Gewiss, der Orgasmus spielt sich im Kopf ab, wie immer wieder unterstrichen wird. Aber die Anteile bei der Paarung sind andere als beim Schach. Bei diesem intellektuellen Strategiespiel mögen die Emotionen Ehrgeiz, Triumph und Resignation sein. Beim Tanz immerhin Hingabe, Führung und Fühlung, Sympathie, Empathie, Freude, Erotik. Und so beim Orgasmus: Körper – besser: der Leib –, Seele und Bewusstsein sind miteinander auf eine einzigartige Weise verwoben und bilden eine erlebnismäßige Einheit. Solch ein Dreiklang wird ansonsten selten erreicht. Vielleicht wenn zwei Menschen dem Tode entrinnen, gemeinsam einen Wettkampf gewinnen oder an zwei Klavieren im Takt spielen.

Für das emotionale *Royal Flush* sorgt ein Cocktail aus unterschiedlichen Hormonen. Die wichtigsten sind Dopamin für die Belohnung; Oxytocin, das Bindungshormon, das für Kuscheln, Wohlfühlen, Vertrauen sorgt und auch beim Gebären ausgeschüttet wird; Prolactin, das die Formbarkeit des Gehirns, dessen Neuroplastizität steuert und damit die Erinnerung an diesen einen Partner bekräftigt; Endorphine als Glückshormone; und das Testosteron, welches das Begehren und die Wollust anstachelt, nicht nur bei Männern. Sonderbar: Wir werden von Hormonen geradezu manipuliert. Was wir erleben, verdanken wir bizarren Makromolekülen, deren dreidimensionale Darstellung in Physiologielehrbüchern befremdlich auf uns wirkt. Sie sind es, die uns verliebt, glücklich, wuschig machen? Auch wenn es uns schwerfällt, wir müssen es glauben.

Was im Gehirn geschieht, kann erst mit fortgeschrittener Computertechnik erforscht werden. Angeblich ist das weibliche Gehirn beim Orgasmus so gut wie leer, während es beim Mann extrem durchblutet wird. Zumindest behauptete das 2005 der holländische Neurowissenschaftler

Gert Holstege. Das würde sich berühren mit der von Masters und Johnson schon damals aufgezeichneten Beobachtung, dass ihre weiblichen Versuchspersonen eine Einengung ihrer gesamten Sinneswahrnehmung angaben. Frauen wären gleichsam bewusstlos, was auch erklärte, warum sie sich am Partner oder sonstig Greifbarem festklammern. Sie suchen Halt und erleben ihre Depersonalisierung in viel reinerer Weise als der Mann. Wenn dessen Gehirn in der Tat hyperaktiv ist – wie kann das gedeutet werden? Als Omnipotenz, Geistesblitz, Schöpfertum, Bärenstärke, Kontrollwahn? Wie auch immer, diese Überwachheit weicht sofort einer ebenso eindeutigen Ermüdung, während die Frau aus ihrer Ohnmacht selig erwacht. Ausgleichende Gerechtigkeit.

Kayt Sukel berichtet hingegen in ihrem 2013 erschienenem Buch *Schmutzige Gedanken. Wie unser Gehirn Liebe, Sex und Partnerschaft beeinflusst* von anderen Untersuchungen aus den USA, die das Gegenteil zeigen und wonach bei beiden Geschlechtern der gesamte präfrontale Kortex deaktiviert werde. Wir alle werden folglich kurzzeitig denkunfähig. Inzwischen lässt sich der Gehirnscan beim weiblichen Orgasmus als einminütiges Video im Internet bestaunen: Das Gehirn ist hyperaktiv. Offenbar aktiver als beim Mann. Das zur Zuverlässigkeit der Gehirnforschung. Einstweilen bleibt der weibliche Orgasmus auch auf diesem Gebiet ein Rätsel.

Die Orgasmen fallen, wie man weiß, unterschiedlich aus. Es gibt kurze, episodische oder ausgiebige und überwältigende, abrupte und intensive, aber auch sanfte und weiche; unerwartete und planvoll herbeigeführte. Die Unterscheidung introvertiert und extravertiert sollte nicht mit flach oder tief verwechselt werden. Der introvertierte ist implosiv, zentripetal, richtet sich nach innen und bedeutet gleichsam nur für den Orgasmierenden etwas. Der extravertierte hingegen ist explosiv, zentrifugal und scheint für die ganze Welt gemacht. Beim introvertierten lächelt mann und frau in sich hinein, beim extravertierten schreit es nach außen. Halbherzige Orgasmen, seien sie mechanisch, holprig oder verkrampft, sind solche, die man vermeiden sollte. Präpubertäre Orgasmen, von denen immer wieder die Rede ist, sind schwer einzuordnen, da sie ähnliche körperliche Reaktionen zeigen, die entsprechenden Sexualhormone aber fehlen.

Ein mentaler Orgasmus wird der heiligen Teresa von Ávila nachgesagt, die ihr Erlebnis in einem mystischen Gebet beschreibt: »Der Schmerz war so stark, dass ich klagend aufschrie. Doch zugleich empfand ich eine so unendliche Süße, dass ich dem Schmerz ewige Dauer wünschte.« Diese Zeilen sind auch deswegen so berühmt geworden, weil der Barockbildhauer Giovanni Lorenzo Bernini mit der mamornen Frontalskulptur *Verzückung der heiligen Theresa* in der Cornaro-Kapelle der römischen Kirche Santa Maria della Vittoria (1645-1652) ein seltenes dreidimensionales Abbild eines entrückten weiblichen Gesichts schuf. Die sexuelle Komponente wird mit einem Engel unterstrichen, der einen Amorpfeil auf Teresa richtet.

Viele Mythen ranken um den multiplen Orgasmus. Die Frau kann ihn relativ leicht erreichen, weil die Rückbildungsphase langsam und im Verhältnis zum Mann verzögert einsetzt. Das berühmte Zitat von Galen von Pergamon, wonach jedes Tier nach dem Koitus traurig sei, hat in

Wahrheit eine Fortsetzung: »sive gallus et mulier« – »nur der Hahn und die Frau nicht«. Sie kann leicht auf die zweite Phase zurückfallen und ist damit für weitere Orgasmen empfänglich, so die Umstände es begünstigen. Masters und Johnson sprechen von einem nicht selten auftretenden *Status orgasticus*, der entweder aus einer Serie schnell sich wiederholender Orgasmen besteht oder eine einzelne, lang hingezogene orgasmische Episode bildet.

Es ist fast kein Geheimwissen mehr, dass das auch Männern gelingt, wiewohl die Natur das eigentlich nicht vorgesehen hat. Im Gegensatz zur Frau müssen sie bestimmte Techniken erlernen und jedes Mal bewusst anwenden. Es geht vor allem darum, die Ejakulation zurückzuhalten, mithin einen »trockenen« Höhepunkt zu erlangen, so dass die Rückbildungsphase nicht eintritt und die Lust von vorne beginnen kann. So können Männer wie Frauen diskrete Multiorgasmen herbeiführen oder einen kontinuierlichen Breitenorgasmus erleben. Freilich muss der Mann in den zwei Sekunden zwischen der Kontraktions- und der Expulsionsphase mit dem Pubococcygeus-Muskel (»PC-Muskel«, zwischen Schambein und Steißbein) den Samenfluss unterdrücken. Und das will geübt werden.

Fortgeschrittene Ratgeber geben darüber Auskunft. Dort wird auch informiert über den Spezialfall des sogenannten IVO, den »intensiven, verlängerten Orgasmus«, der mit »asiatischer« Einstellung gewonnen werden kann. Unterschieden wird zwischen »Polynesischem langsamem Sex«, der Tantra- und der Tao-Liebe. Die spirituell-sexuelle Praxis *Karezza*, bei der der Mann auf den Samenerguss verzichtet, wurde im 19. Jahrhundert von der amerikanischen Gynäkologin Alice Bunker Stockham erfunden, eine

Art »Coitus reservatus«; ihr Buch *Ethik der Ehe* wurde immerhin auf Veranlassung von Leo Tolstoj ins Russische übersetzt. Bei der Praxis des Kabbazah, auch Pompoir oder Schamlippenkuss genannt, verwöhnt die Frau den Mann auf eine besonders intime Weise; sie wurde vor tausenden Jahren im Nahen Osten entwickelt, Cleopatra soll eine Meisterin darin gewesen sein. Ziel bei all diesen Techniken ist die Intensivierung der Lust.

Die sinnliche Seiten – Motorik, Physiologie, der Tanz der Hormone, Gehirnaktivitäten, die Anatomie – lassen sich wissenschaftlich erforschen und beschreiben. Etwas ganz anderes ist es jedoch, wie der Orgasmus erlebt und welche Bedeutung ihm zugesprochen wird sowie welche Folgen er für das je individuelle Leben hat. Um das zu erfahren, muss die naturwissenschaftliche Sichtweise erweitert werden. Ohne den Blick auf Kultur, Kunst, das Alltagsleben, die gesellschaftlichen Diskurse, das Bild von Frau und Mann und ohne das Verständnis ihrer Psyche kann unser Staunen über diesen Glücksgriff der Evolution nicht untermauert werden.

Orgasmusindustrie

Der Orgasmus ist längst zum öffentlichen Thema geworden. Es vergeht kaum ein Tag, da selbst die seriösen Medien nicht über ihn berichten. Ein Artikel über den Orgasmusoptimierer während der Adventszeit 2016 fehlt ebenso wenig wie die Behauptung »Gruppensex stärkt Gemeinsinn« in einer dezidiert linken Tageszeitung am Tag vor Heiligabend. Der besonders vorwitzige Kolumnist Henryk

M. Broder rief zwei Tage zuvor sogar den Weltorgasmustag aus. Nicht nur zu Weihnachten gilt: *Sex sells, and so the orgasm.* Aber hinter diesen journalistischen Ergüssen steckt mehr als das billige Erheischen von Aufmerksamkeit oder eine kommerzielle Strategie, die Auflagen zu erhöhen.

Die Massenmedien geben die Sprache über Liebesangelegenheiten vor und haben dabei die vormalige Funktion der Belletristik abgelöst. So gehört die trendige Megakultserie *Sex and the City* zu dem, was so oder so eines Tages erfunden worden wäre: der wöchentliche Talk über libidinöse, amouröse, sexuelle und orgasmische Alltäglichkeiten. Sie ist zwar keine Literatur, prägte aber den öffentlichen Sprachgebrauch stärker, als es Bücher vermöchten. »Bento«, ein Ableger von spiegel-online, berichtet täglich, was unsere multikulturell-polymorphe spätmoderne Gesellschaft in Sachen Liebe und Sexualität alles zu bieten hat – nach eigenem Bekunden »ehrlich, direkt, nah am Leben«, in Wahrheit wenig repräsentativ, fast schon am Rande der Fiktionalität, manchmal unterhaltsam. Prosaisch, ohne jeglichen literarischen oder auch nur intellektuellen Anspruch.

Seit die Nachkriegsgesellschaft die Sexualität in Film und Fernsehen, in der Trivial- und gehobenen Literatur und im alltäglichen Gerede zum Dauerthema gemacht hat, fokussiert sich der Diskurs immer stärker auf dieses eine finale Phänomen und vernachlässigt zugleich die anderen vielfältigen Aspekte von Liebe und Sexualität. Der Orgasmus wird dabei zum *Pars pro toto.* Und er muss erreicht werden. Gelingt das nicht, so scheint es, war alles für die Katz. Er wird zum Beweis für die eigene Weltordnung. Ein schlechter Liebhaber, schlechter Partner, ja schlechter Mensch, wer es dem anderen nicht richtig gutgehen lässt. Die Leistungsgesellschaft soll auch im Schlafzimmer zum Zuge kommen. Nicht die Karriere, nicht der Kontostand, nicht die moderne Küche beweisen es, sondern am Orgasmus können alle erkennen, ob sie in unserer Gesellschaft erfolgreich sind. Dabei wird ein höchst legitimes Bedürfnis zweckmissbraucht, nämlich in der Tat einen Höhepunkt zu erleben, und das möglichst auf einem guten Niveau. Nicht zuletzt ist es die Orgasmusindustrie, die einen Fortschritt in der Sache verhindert, zumindest hemmt, nämlich dem Höhepunkt zu einem angemessenen Ort in einem guten Leben zu verhelfen.

Niemand muss Antikenmuseen besuchen, um zu wissen, dass Pornografie, die visuelle Darstellung sexueller Handlungen, nichts Neuzeitliches ist. Doch vor der Einführung moderner Reproduktionstechniken war sie auf weniges und wenige beschränkt. Erst mit dem Druck, dem Film, später dem Heimvideo fand sie größere Verbreitung. Heute, unbeschadet der rechtlichen Rahmenbedingungen, ist sie kraft des Internets allgegenwärtig. Sex und Popmusik, die selbst im höchsten Maße sexuell konnotiert ist, bilden die beiden Hauptsäulen des weltweiten Datenverkehrs. Das bedeutet, dass nicht nur Jugendliche in einem Alter, da es verboten ist, diese Bilder und Filme sehen, sondern dass überhaupt die Sexualität in allen Einzelheiten zum kollektiven Bildrepertoire und Konsumgut der Menschheit wird. Ob sie dadurch verroht, ist umstritten. Sicher ist, dass sie entzaubert, kommerzialisiert und trivialisiert wird.

Der Orgasmus in der Pornografie, die weitgehend für Männer produziert wird, ist unverzichtbarer Bestandteil, sozusagen der Beweis für den erfolgreich vollzogenen Verkehr. Da der weibliche weniger offensichtlich ist, konzentriert sich das Gewerbe auf den männlichen, genauer die Ejakulation, die entsprechend sichtbar wird und deshalb in der Regel außerhalb der Vagina stattfindet.

Der Pornorgasmus im engeren Sinne ist die Darstellung der Ejakulation in einer besonders obszönen Art. Die meisten Akte der Pornoindustrie enden mit ihm. Aber der Mann entlädt sich nicht einfach, es geschieht ins Gesicht der Frau, die dabei den Mund aufsperrt, als verdurste sie. Die Frau »fiebert«, bis der Mann es endlich geschafft hat; für ihn ist es anscheinend eine Höllenqual zu kommen, denn eigentlich will und kann er gar nicht, muss es aber berufshalber. Die Frau giert danach wie Jungvögel, welche die Nahrung aus dem Schnabel des Muttertiers empfangen. Insofern ist der Pornorgasmus archaisch, Relikt aus einer Zeit, da Nahrung knapp war. Die Frau jauchzt ob der reichlichen Nahrung und genießt das Nass mehr als ihre eigene Lust. Das zumindest ist ihr Rollenauftrag, denn das will der mehrheitlich männliche Kunde sehen. Biologisch gehört der Samen in die Vagina, bestimmte Filme handeln auch danach. Ob nun die nachgeholte Fellatio eine zivilisatorische Verfeinerung wie ein Dessert sei, bleibt eine offene Frage. Entscheidend ist, dass sich dieser Typus der bildlichen Darstellung des männlichen Orgasmus kollektiv verfestigt.

Vielleicht ist sogar, im realen Leben, das orale Ende am schönsten für den Mann und die Frau glücklich, wenn er es ist. Wer will das so genau wissen? Aber der Pornorgasmus ist in erster Linie eine Männerfantasie, bei der die Aktricen bald mehr, bald weniger lustvoll mitspielen. Pornografie ist in erster Linie Illusion, Fiktion, Schauspielerei, niemand möchte das ernsthaft verleiden. Gezeigt wird freilich nicht der »ganze« Orgasmus, da sonst der gesamte Körper gezeigt werden müsste, mit Gesicht, den Augen und der Mundpartie, sondern lediglich der »halbe«, sprich die Ejakulation. Die Industrie weiß um dieses Problem. Recht häufig wird der Kopf des Mannes kurz vor dem Samenerguss gezeigt. Man sieht, wie er unmittelbar vor der Explosion steht. Bei Frauen dagegen wird, in den besseren Filmen, der gesamte Körper und vor allem das Gesicht gezeigt, das sich in ein Lächeln auflöst.

Der gesamte Gefühlshaushalt von Ländern, Völkern, Städten und Landschaften könnte über den Konsum von Pornografie untersucht werden. Es gibt hochinteressante Studien zum Internetverhalten nach verlorenen Fußballspielen, die einen massiven Anstieg des Konsums belegen. Nicht nur Mann und Frau bewerten Pornografie anders, auch sind die kulturellen Unterschiede frappant. In den USA herrschen aufgeblähte Standard-Silikonbusen vor und ein permanentes verbales Anfeuern des Mannes durch die Frau, als gälte es, einen Marathon zu gewinnen. Ein deutliches Echo einer Leistungsgesellschaft, die sich andauernd lautstark anheizt. Sexualität ist Ökonomie und Leistungsbeweis. In Europa bemüht man sich hingegen um eine gewisse Authentizität. Die meisten Frauen stammen aus Osteuropa, Ungarn und Tschechien ragen heraus. Sicherlich werden auch diese vorher vorteilhaft zurechtgemacht, aber es bleibt ihnen doch eine Natürlichkeit, die in den USA nur auf Portalen zu finden ist, die ausdrücklich mit »Kunst«, »natürlich«, »Fantasie« werben, romantisierend, ästhetisch, mit viel Zeit und »weicher« Kameraführung.

Die ganze Bandbreite – vom erlesenen Geschmack bis zu den peinlichen Niederungen – entspricht der Käuferschaft und spiegelt damit im Großen und Ganzen die Welt, wie sie ist, wider. Eklige, frauenverachtende, im üblen Sinne obszöne Darstellungen finden offenbar ebenso ihre Kundschaft wie schlechtes Essen und billiger Fummel. Man schämt sich ein wenig, denn es ist zu vermuten, dass schlechter Geschmack auch etwas über die eigene Sexualpraxis aussagt, auch wenn empirische Studien dazu fehlen.

Welche Musik klingt zu einem Porno im Gonzo-Stil, also einem Streifen, in dem es nur um den Vollzug als solchen geht, ohne jede Geschichte und ohne alles Gefühl? Ein Liebeslied, Soul oder ein Schlager zum Mitschunkeln? Nein, es ist härtester Techno, eine Schallform am Rande dessen, was wir Musik nennen, stampfendes, hämmerndes Bum-Bum ohne Sentiment, Text, Melodik oder Harmonik. Konstante Motorik, wie die Stöße des penetrierenden Phallus. Technomusik ist das Endprodukt einer langen Geschichte der Pop-, Tanz- und Unterhaltungsmusik, die im 20. Jahrhundert unterstützt vom Schlagzeug die Rhythmik, den Beat, den Groove, den Swing in den Mittelpunkt rückte und mit der Erfindung elektronischer Rhythmusmaschinen diesem mechanisierten, und das heißt auch: dehumanisierten Schlag verfallen ist. Techno ist die Musik der Pornografie. Allerdings mit einer dialektischen Volte. Vor der sexuellen Revolution war das Tanzen häufig der Ersatz für den Verkehr, später dessen Vorspiel. Nach der sexuellen Liberalisierung wird dieses Vorspiel indes als überflüssig erachtet, und die Technonacht wieder zum Ersatz. Sie ist körperlich so fordernd, dass niemand mehr bei Kräften ist. Statt mit einem Partner zu kopulieren, ist es diese stoßende, nagelnde Musik höchstselbst, die die Tanzenden »rockt«, man kann auch sagen: durchvögelt. Die Tanzenden, ob Mann oder Weib, genießen die passive Rolle bei diesem akustischen Sex.

Von dieser gänzlich seelenlosen Soundkulisse bis zum triefenden Kitsch reicht die Palette der sogenannten U-Musik. So lässt sich umgekehrt fragen, welche Formen der sexuellen Verfilmung zu den so unterschiedlichen Musikformen passen würden. Bei gefühlvoller oder romantisierender Pornografie ist die Musik entsprechend »soft«. Aber die wirkliche Ekstase beginnt dort, wo die Popmusik aufhört. Ihre Mittel sind beschränkt, vor allem wegen der zu kleinen musikalischen Formate, der Konstanz des Tempos und der harmonischen Entwicklungsarmut.

Prinzipiell ist nicht ausgeschlossen, dass mit Mitteln der Popmusik ein Musikorgasmus dargestellt wird, welcher die vier Phasen des sexuellen Höhepunkts nachzeichnet, wie von Masters und Johnson beschrieben. Doch dafür müsste kompositorischer Ehrgeiz entwickelt werden. Die Musik müsste buchstäblich alle Register ziehen und weg vom Text kommen. Die Nacht oder etwas Schlüpfriges zu besingen, ist das eine, den Verlauf zum Höhepunkt nachzubilden, das andere. Immerhin wurde die Unterhaltungsmusik im 20. Jahrhundert, die weitgehend Tanzmusik ist, zunehmend körperlicher, lasziver, sexueller. Anders ließe sich ihre hypnotisierende Wirkung bei Jugendlichen nicht erklären. Verantwortlich dafür ist der Beat, der Grundschlag, das Bum-Bum, das immer penetranter und regelmäßiger wird, bis zu einem Punkt, da Maschinen und

Computer den Rhythmus übernehmen. Popmusik wurde immer mehr zur Popp-Musik, wie es nach der neuen deutschen Rechtschreibung heißen müsste. Freilich ist diese Sexualität ganz banal, basal geradezu, der motorische Apparat wird aktiviert, sonst aber kaum etwas. Techno ist musikalisch so einfältig, dass er niemals zu einem Kandidaten für die Darstellung des Orgasmus werden könnte. Obwohl sich auf YouTube »Orgasmus-Techno« finden lässt. Doch hier werden einfach Stöhngeräusche dem Beat untergemischt oder Einzelstöhner repetitiv aneinandergereiht – sehr männlich im Übrigen: Diese Quickies dauern keine Minute.

Gehen wir einige berühmte Beispiele aus der Popmusik durch. »I can't get no satisfaction«, tönte es 1965 bei den Rolling Stones. Keith Richards nutzte drei Töne, um seinen ganzen Frust an der Welt auszulassen. Der Song wurde über die Jahre zur Hymne des Ausbruchs aus einem spießigen Milieu, des Protests gegen die Auswüchse einer durchkapitalisierten Welt, aber auch des Wunsches nach sexueller Erfüllung. »Keine Befriedigung« war das ideale Wort für eine Zeit, in der die berühmte sexuelle Revolution sich durchzusetzen begann. Daher konnten auf solche Musik sexuelle Themen projiziert werden, die ihr genau genommen gar nicht innewohnen. Sexualität ist der Popmusik stets latent und doch in ihr nicht wirklich entfaltet. Das Musikvideo *Justify My Love* von Madonna zeigt eine Verführungsszene, die in Wirklichkeit prüde ist, weil alles so unnackt daherkommt wie das amerikanische Kino insgesamt; ein Kitzel, aber letztlich harmlos. Ähnlich *Naughty Girl* von Beyoncé, deren Stimme rauchig und mädchenhaft zugleich daherkommt, aber die rhythmische Schicht ist wie bei Madonna so gleichförmig, dass eine sexuelle Erregungskurve das Letzte wäre, was sich einstellte.

Freilich tauchen immer Berichte darüber auf, dass Popsongs Orgasmen auslösen, so Adeles im Internet rund eine Milliarde Mal angeklicktes *Someone Like You* oder *Wonderwall* von Oasis, der wenigstens auf 200 Millionen Klicks kommt. Doch an der Musik liegt es nicht, dass diese Musik verführt; es sind die – teils androgynen – Stimmen, in die sich die Fans verlieben, die nun in Ekstase geraten wie andere beim Anblick des Matterhorns. Auch Gruppen aus den 1970er Jahren mit eindeutigen Namen – wie die englische Punkband Sex Pistols – und Stücke wie *Get Up (I Feel Like Being a) Sex Machine* von James Brown oder *Orgasm Addict* (Orgasmussucht) der Punkrockband Buzzcocks versprechen mit den Wörtern und Namen, was sie musikalisch nicht halten können. Das gilt ebenso für das weltberühmte *Je t'aime* von Serge Gainsbourg, den Klassiker der Stöhnkuschelmusik aus dem sinnlichen Frankreich. Oder die anderen Kandidaten: *Love to Love You Baby* von Donna Summer, *Throb* von Janet Jackson oder *Ooh Ahh Just A Little Bit* von Gina G – Stöhnen macht noch keine Musik. Der deutsche Rapper mit dem marktschreierischen Namen »King Orgasmus One« ist gleichfalls nichts als ein übles Simulakrum. Und doch: In einer so sexsüchtigen und liberalen Welt sollte auch die Popmusik liefern, was in den anderen Bereichen der Kulturindustrie möglich ist.

Von psychedelischer Musik abgesehen – der Name bereits deutet an, dass sie sich auf die Psyche einlassen will –, enttäuscht die Popmusik gerade in der Frage der Sexualität und noch mehr beim Orgasmus. Warum ist das so, obwohl doch die Akteure – Musiker, Sängerinnen und Sänger, Tänzer und Tänzerinnen – wie einst die Gladiatoren hormonell angehimmelt werden? Die Antwort überrascht kaum: Diese Musik ist zu einfach gestrickt. Die zeitlichen Formate zu klein, die Melodik zu simpel, die Harmonik quasi inexistent, das Tempo unflexibel, die Rhythmik zu gleichförmig. So taugt diese Musik vor allem für eine präadulte Sexualität, die kaum mehr als den Trieb kennt.

Freilich kann niemand die gesamte Weltproduktion der Popmusik überblicken. Wer weiß, was sich alles finden ließe, theoretisch? Aber noch ist keine Orgasmus-Popmusik berühmt geworden. Gäbe es sie, sie wäre es in kürzester Zeit. So bleibt die »U-Musik« bis heute uns einen Musikorgasmus schuldig. Zu erwarten wäre er am ehesten von Rocksymphonien (so auf dem Niveau von Emerson, Lake & Palmer) oder von einer Improvisation eines mutigen, mit allen Wassern gewaschenen Jazzpianisten.

Die Pornografie ist ein gutes Beispiel für die Dialektik der sexuellen Revolution. Wenn die Sexualität befreit wird, muss es auch mit der Darstellung sexueller Handlungen in Wort, Bild und Film geschehen. Entsprechend wurde der Zugang für Erwachsene liberalisiert. Die entsprechenden Geschäfte öffneten, postalische Vertriebswege wurden ausgebaut, später wurde im Internet alles zugänglich gemacht. Auch wer sie nicht sehen möchte, kann nicht bestreiten, dass deren Konsum ein Menschenrecht ist. Zugleich argwöhnen Wortführer der sexuellen Befreiung, dass die Pornografie einseitig, das heißt männerorientiert und deswegen tendenziell frauenfeindlich sei. Aktivistinnen wie Alice Schwarzer sprechen sogar ein Pauschalurteil aus und bezeichnen jedwede Pornografie als Erniedrigung der Frau, somit als eine Verletzung der Menschenrechte. Was natürlich übertrieben ist, aber die Dialektik von Popularisierungen kennzeichnet. Rückt etwas in die Mitte der Gesellschaft, wird es zugleich kommerzialisiert und verliert die anfängliche Unschuld oder das subversive Potential. Das gilt beispielsweise für die einst avantgardistische Kunst, die heute ein Markt für Superreiche ist. Diese Dialektik wohnt dem Kapitalismus inne, der nichts auslässt, um Geld zu maximieren, und dadurch die Gesamtgesellschaft immer weiter zu einem großen Ganzen integriert. Beate Uhse dachte zu Beginn an Volksaufklärung und Lebenshilfe, heute ist die Orgasmusindustrie ein Markt, genauso wenig human wie Castingshows oder Wahlkämpfe.

Es schließt sich der Kreis. Die Pornografie, ein Produkt der sexuellen Befreiung, prägt junge Menschen unter 18, was dort zu sehen ist, wird nicht selten zur Wunschfantasie, etwa von Jungs Mädchen gegenüber. Der Pornorgasmus kann so zum Vorbild werden, zumindest setzt er sich in der imaginären Bilderwelt der Gehirne fest. Leistungsdruck erfasst beide Geschlechter. Vor dem berühmten ersten Mal war alles schon gesehen. Verlässliche Untersuchungen, wie Pornografie das Sexualleben in den Generationen verändert, fehlen. Naiv wäre aber zu glauben, alles werde einfach besser. Der Schlankheitswahn, der »Wunsch« vor allem weiblicher Teenager nach kosmetischer Chirurgie, die Standardisierung des US-amerikanischen Busens zählen zu den Negativfolgen der Sexualisierung der westlichen Welt.

Auch der Dauersexualdiskurs in den Medien hat etwas Zwiespältiges. Einerseits spricht nichts gegen ihn. Wenn unsere Geschlechtlichkeit etwas Alltägliches, Natürliches ist, warum soll darüber nicht genauso berichtet und gesprochen werden wie über Politik, Geld, Sport oder über die Prominenten? Andererseits ist die Absicht unverkennbar. Sie verstimmt: Prahlerei, Exhibitionismus, Voyeurismus, verquickt mit kommerziellen Interessen. Infantile Sexualität. Man spürt: Das Intime wird beleidigt, die Scham weicht zurück. Dabei gehört die Scham, die Privatheit zu den Persönlichkeitsrechten. Es geht die Nachbarn, das soziale Milieu, das Netz nichts an, was jemand treibt. Der Orgasmus ist kein öffentliches Geschehen.

Gegen die Dialektik der sexuellen Befreiung hilft dreierlei. Erstens eine Differenzierung im Dickicht der zahllosen Angebote. Nicht jede Pornografie ist frauenverachtend; nicht jeder Artikel oder Blog ist automatisch dumm. Es gibt gute Bücher zum Thema. Zweitens Gegenmodelle zur herrschenden Tabulosigkeit, wozu ich die Rettung des Schamgefühls zähle. Drittens eine genaue Analyse der Biopolitik. Diesen Begriff prägte der französische Historiker und Philosoph Michel Foucault, um den Einfluss der Gesellschaft – Diskurse, »Macht«, Rechtssystem, Wirtschaft – auf die Körper zu erklären. Lag in der klassischen Ideologiekritik das Augenmerk darauf, wie Weltanschauungen die Menschen prägen, wird nun danach gefragt, wie die Körper – die ganzheitliche Existenz – gesteuert, reguliert und kontrolliert werden.

Foucault zeigte, dass die Befreiung der Sexualität aus dem prüden 19. Jahrhundert, die Frauenemanzipation und schließlich die sexuelle Revolution dank der modernen Verhütungsmittel nicht automatisch zu weniger Kontrolle geführt haben. Der gesellschaftliche Diskurs um Sexualität, sprich die Sexualisierung der Bevölkerung, hat auch dazu geführt, die Körper ihrer Mitglieder gezielt zu steuern: über Moden, Leistungsansprüche, Rollenbilder und Konsumverhalten. Die Orgasmusindustrie ist davon eine Folge, mit allen Konsequenzen, insbesondere bei Jugendlichen. Die befreite und entfesselte Sexualität trifft auf eine Ökonomie, die die Leiber wieder kontrolliert. Daher ist eine zweite Emanzipation von dieser intensiven Biopolitik vonnöten. Der Diskurs der Sexualmoral, der sich lange um Masturbation, Ehehygiene und das Verbot von Minderheitenpraktiken drehte, war nach Foucault immerhin doppelsinnig. Er unterdrückte, er maßregelte, er normierte und standardisierte, aber zugleich machte er auch der Gesellschaft und den je individuellen Subjekten ihre Potentiale und Freiheitsbedürfnisse bewusst. Das ist ein doppelsinniger Vorgang. »Macht« ist schöpferisch, aber auch einengend. Und so auch die sexuelle Revolution: Sie individualisierte die Praktiken (und erweiterte deren Repertoire) und überzog zugleich die Gesellschaft mit einem Diskurs, bei dem sich ökonomische Interessen und aufklärerische Ziele immer weniger unterscheiden lassen.

Im Wettlauf der Medienartikel erklären die einen, wie Sexualität funktioniert, die anderen beeilen sich zu erläutern, warum alles anders sei als noch in der letzten Woche angenommen. Nun werde die Wahrheit versprochen, auf dass diese bald darauf von der nächsten Wahrheit abgelöst werde. Die *Erregte Gesellschaft*, von welcher der Philosoph Christoph Türcke in seinem gleichnamigen Buch (2002) spricht, versetzt sich bei diesem buchstäblich erregenden Thema in eine Art Dauerzittern. Zuverlässiges Wissen wird so kaum erlangt. Größte Vorsicht, ja Skepsis ist geboten. Namentlich die permanente Berichterstattung hat etwas zutiefst Unseriöses und tötet veritablen Erkenntnisgewinn ab. Sie desensibilisiert und zerstört den Feinsinn, der bei diesem sensiblen Thema nötig wäre. Es helfen, wie meist, gute Bücher, gedruckte, um den haptischen, sinnlichen Kontakt zum Inhalt nicht zu verlieren.

Wer glaubt, das freizügige Schreiben über Sexualität in den Massenmedien beweise ein erfülltes, lockeres, unverklemmtes, reifes Liebesleben der breiten Bevölkerung, sitzt einem Irrtum auf. Gewiss, dass nicht mehr hinter vorgehaltener Hand kommuniziert wird, ist der sexuellen Befreiung zu verdanken, aber das propagierte Bild ist auch ein Wunschbild. Insofern täte es dem öffentlichen Diskurs gut, er hielte sich zurück. Man stelle sich vor, das Wort Orgasmus tauchte für ein Jahr in keinem Medium mehr auf, umso mehr aber poetische Umschreibungen (wie in den Romanen der vergangenen Jahrhunderte), was würde das bei uns verändern?

Scham ist eine Grundemotion und regelt das Verhältnis zur Außenwelt, sei es bei einer moralischen Übertretung oder eines sozialen Fehlverhaltens, sei es angesichts der eigenen körperlichen oder seelischen Blöße. Scham ist ein legitimer Eigenschutz, der uns Menschen notwendig ist, weil wir nicht wie im angeblichen Naturzustand psychisch unschuldige Wesen sind.

Der Körper, der immer auch der nackte ist, und die Sexualität sind natürlich und daher eine Selbstverständlichkeit. Nichts spricht somit gegen ihre Darstellung in Bild und Ton. Als zentraler Bestandteil nicht nur des Lebens, sondern vor allem des alltäglichen Lebens ist das Menschenrecht der freien Meinungsäußerung auch hier in vollem Umfang anzuwenden. Nichts spricht also gegen eine möglichst weitreichende öffentliche Freizügigkeit in sexuellen Belangen. Und doch überzeugt das nur zur Hälfte. Nudisten campen an eigens ausgewiesenen Orten, im öffentlichen Raum gilt Bekleidungspflicht, Pornografie unterliegt, zumindest rechtlich, einer Altersgrenze, allzu derbe Einzelheiten über Liebespraktiken meiden das Mikrophon.

Es mag ja angehen, dass die beste Freundin oder der beste Freund nach der ersten Nacht fragt, wie er oder sie denn war – aber dieses vertraute Tuscheln ist selbst eine Form des Privaten und Schamhaften. Und so ist es die Scham, die dem medialen *dirty talk* entgegenwirkt. Scham ist nicht Sich-Schämen. Scham ist vielmehr ein primärer Affekt oder sogar ein Existential, welches das Außen-Innen-Verhältnis eines jeden Menschen reguliert. Sie ist ein Gegenregulativ, das uns davor bewahrt, die soziale Distanz zu verlieren oder von den sozialen Kräften zerbrochen zu werden. Sie hat eine elementare Schutzfunktion, sie bewahrt die zwischenmenschlichen Beziehungen und auch jeden Einzelnen vor Peinlichkeiten oder Schlimmerem. Nicht alles muss jederzeit und überall kommuniziert werden. Es muss nur prinzipiell kommunizierbar sein. Aber Möglichkeit ist nicht Wirklichkeit.

Und so ist auch der Orgasmus, der zum Zentrum des öffentliche Sexualdiskurses geworden ist, seinerseits zu schützen vor den Blicken, Diskursen, dem Fremdgewissen und den besserwisserischen Instanzen. Freilich zeigt sich hier eine Paradoxie der Scham. Einerseits brauchen wir sie; andererseits soll Sexualität doch ein Nichtverschämtes, etwas Selbstverständliches sein. Erst in einer wirklich befreiten Gesellschaft wird sich dieser Widerspruch lösen. Einstweilen muss jede und jeder die jeweilige persönliche Balance austarieren.

Sprächen wir andauernd und in aller Direktheit über die sexuellen Gedanken, die uns durch den Kopf gehen, zeigten wir spontan und freizügig unsere Erregung durch Stöhnen oder Entkleidung, es wäre peinlich. Der Grund ist nicht einfach nur praktischer Natur, das emotionale Tohuwabohu möchte niemand wirklich durchmachen. Nein, es erniedrigte auch den Körper und die Sexualität selbst, es würgte jede aufkeimende Stimmung ab, tötete jede Erotik. Es gehört zur Dialektik der Erotik, dass sie mit Abwesenheit spielt, sie inszeniert nicht nur ein Geheimnis, sie ist eines, ein Wechselspiel von Verhüllung und Enthüllung. Das gilt es zu verteidigen.

Die Kunst des Mittagsschlafs

Der französische Philosoph Thierry Paquot hat ein kleines, schönes Buch verfasst: *Die Kunst des Mittagsschlafs*, ein Plädoyer, eine Liebeserklärung, eine Notwendigkeitsstudie, ein Bekenntnis. Die Siesta, so sein Credo, ist der Höhepunkt einer Lebenskunst, eine Form des Glücks, die uns mit Wärme und Liebkosung umstreichelt. »Der Mittagsschlaf ist ein entscheidender Moment, um sich zu sammeln, nachzudenken, zu träumen, zu genießen – oder zu schlafen.« Nennen wir ihn Halbschlaf, mit verschatteten Träumen des Tages, Schlummer gegen die Kümmernis. Jemand nimmt sich Zeit, wirklich freie Zeit, die einzig und allein ihm oder ihr gehört, gewidmet der Eigenpräsenz.

Solche vorübergehende Abgeschiedenheit von der Welt, dieser Rückzug ist kein Luxus, sondern ein Gestaltungsmittel des guten Lebens, eine Möglichkeit, unsere zersplitterte Identität zusammenzuräumen. Der Mittagsschlaf, so Paquot, protestiert und rebelliert gegen die verrechnende Weltzeit der Globalisierung – eine Stunde, da das iPhone auf Flugmodus geschaltet ist. Ein Wechselschritt im polyphonen Tanz der zivilisatorischen Rhythmen, deren heilsame Korrektur. Lebensphilosophisch gesprochen: Er ist freie Zeit, und diese ist Voraussetzung für die Freiheit des Menschen, ohne Zwang, Belastung oder schlechtes Gewissen.

Wir brauchen solche Zeiten und Orte der Sammlung, des Zu-sich-Kommens, der Heimkehr, eines Zuhauses im emphatischen Sinne. Dort, da wir allein sind, allein in einem ungeteilten Sinne, nicht einsam etwa, sondern ungestört, unbeobachtet. Es kann ein Vollbad sein, ein Saunabesuch, ein Waldspaziergang, das Improvisieren auf dem Tasteninstrument – auf jeden Fall »a-sozial«, ledig unserer Vergesellschaftung. Der Mittagsschlaf ist dabei die passivste Option. Zumindest an der Oberfläche. Drinnen, im Geflecht aus Nerven, Adern, Lymphe und Verdauungssäften und im multidimensionalen Raum der Synapsen und Dendriten, geschieht umso mehr: die Neuorganisation des Selbst. Der erlebte Halbtag wird durchwalkt und, da der Schlaf nicht so tief wie der nächtliche, verknüpft mit den vorbewussten Figuren unserer Intuition. Daher ist der Mittagsschlaf so wichtig für Kreative. Er ist ein Lebenselixier. Dazu hilft die Wärme, die Wärme der Mittagssonne, die senkrecht steht, und der umhüllenden Decke, unter die sich verkriecht, wer die eigene Verletzlichkeit schützt. Hier wirkt die Bettleichtigkeit und schickt den Müßigschläfer in ein somnambules Abenteuer.

Gefragt ist nach dem Ort der Selbsterfahrung in ihrer höchsten intimen Form. Auf dem Bild *Die Schlummernde Venus* von Giorgione/Tizian liegt die linke Hand der Nackten auf ihrer Scham. Gut möglich, führt Paquot aus, dass sie sich zuvor selbst erfreute und nun den ganz Kleinen Tod genießt. Die Züge totaler Entspannung sprechen dafür. Anlass, den Mittagsschlaf und die Masturbation zusammenzudenken.

Welche sind die Orte der intimen Selbsterfahrung? Entspannung, Autogenes Training, Meditation, Yoga? Eine Achtsamkeit gegenüber dem Atem, der Haltung, den Bewegungen, eine intensive Körperbeobachtung. Teil dessen, was neudeutsch Stressmanagement heißt. Dazu gehört auch die Masturbation. Vor hundert Jahren war die Orgasmustherapie bei Frauen, für die der elektrische Vibrator erfunden wurde, darauf ausgerichtet, sie vor der »Hysterie« zu bewahren. Was der Arzt ihnen beibrachte, sollten sie zu Hause fortsetzen. Doch die Selbstbefriedigung ist nicht nur Entspannung, sie wäre sonst kaum mehr als Harnlassen. Masturbation ist kreative Gestaltung des eigenen Körpers, eine Art von Selbstmassage.

Die Selbstbeglückung ist natürlich älter als die berühmte Erwähnung Onans im 38. Kapitel des Buches Genesis (der im Übrigen gar nicht masturbierte), und doch wurde sie sexual- und mehr noch medizingeschichtlich erst im 18. Jahrhundert zu einem wirklich großen Diskurs. Sie war in der griechischen und römischen Antike gängige Praxis. Das talmudische Judentum sorgte sich mehr um die Effizienz des Samens bei der Fortpflanzung, als dass es die Masturbation zum eigenen Thema machte, wie der Historiker Thomas W. Laqueur ausführt. Das sexualfeindliche christliche Mittelalter wies die Onanie wie selbstverständlich zurück, behandelte sie aber erstaunlicherweise eher als Sekundärproblem. Denn jedwede Lust, die nicht der unmittelbaren Fortpflanzung dient, wurde zur Sünde erklärt und verdammt. In der Hierarchie der Laster war der »widernatürliche« Verkehr mit der Ehefrau am verderbtesten. Die Selbstbefriedigung war demgegenüber fast eine *Quantité négligeable.* Freilich war sie über die Jahrhunderte nie besonders angesehen, musste doch auf die Fortpflanzung der Menschheit geachtet werden. Unter Männern galt sie als eine Schwäche, zumal derer, die anscheinend bei Frauen keinen Erfolg haben. Bis heute gibt es das entsprechende Schimpfwort.

Um 1712 erschien ein Buch eines anonymen Autors, welches das Bild von der Masturbation für zweihundert Jahre bestimmen sollte. Der Titel bereits kündigt an, dass nun die verderbteste aller Sünden beschrieben wird: *Onania, oder die erschreckliche Sünde der Selbst-Befleckung. Mit allen ihren entsetzlichen Folgen, so dieselbe by Beyderley Geschlecht nach sich zu ziehen pfleget; Nebst Geist und Leiblichen Rath vor alle diejenigen, welche sich durch diese abscheuliche Gewohnheit bereits Schulden zugefüget haben.* Igittigitt. 1758 legte der europaweit hochangesehene Mediziner N. Samuel Auguste Andre-David Tissot nach, der Titel diesmal: *Onanismus: Die durch Selbstbefriedigung hervorgerufenen Krankheiten.* Durch die Verschwendung von Körpersäften, so die abstruse These, seien die schlimmsten und vor allem unheilbaren Krankheiten unvermeidlich. (Deswegen lehnte Tissot auch Verhütung sowie Oral- und

Analverkehr strikt ab.) Diese angeblichen Maladien beschrieben Schriftsteller wie Kleist oder Charles Dickens: schlaffe Glieder, kraftloses Haupt, bleiches Antlitz, tote Augen, eingesenkte Brust. Danach avancierte die Masturbation zur Quelle alles Bösen, Verderblichen, Asozialen und Sündenhaften. Alle beteiligten sich daran: Klerikale, Schriftsteller, Philosophen, »Hygieniker«.

Die moderne Wissenschaft konnte ab Ende des 19. Jahrhunderts zeigen, dass alle medizinischen Diffamierungen der Masturbation falsch waren. Alles und jedes masturbiert: Alt und Jung, Mann und Frau, in allen Kulturen, zu allen Zeiten, die Tiere, sogar die Selbstberührung des Fötus soll entspannte Gesichtszüge hervorbringen, wie eine Studie behauptet. Wenn aber die Selbstbeglückung, die zunächst nicht der Fortpflanzung dient und daher diesbezüglich nichtfunktional scheint, von der Evolution nicht nur vorgesehen, sondern geradezu gewollt ist, fragt sich, warum dagegen ein erbitterter ideologischer Kampf tobte. Die Folgen waren für alle schrecklich.

Michael Haneke hat in seinem filmischen Meisterwerk *Das weiße Band – Eine deutsche Kindergeschichte* (2009), welches kurz vor dem Ausbruch des Ersten Weltkriegs in einem norddeutschen Dorf spielt, gezeigt, wie es war. Der gestrenge Herr Pfarrer erläutert dem völlig eingeschüchterten pubertierenden Sohn von einem Fall im Nachbarsdorf, da ein Junge im gleichen Alter wegen Selbstberührung krank wurde, den Verstand verlor und schließlich starb. Gott habe, so der Vater, uns zur Prüfung mit diesen feinsten Nerven ausgestattet. Nachts muss der Sohn auf dem Bauch schlafen, die Arme werden links und rechts angebunden, damit er sich ja nicht berühre. Die sensible Baronin beschreibt die Atmosphäre: Böswilligkeit, Stumpfsinn, Brutalität, Misshandlungen, Bedrohungen. Die Geschichte erzählt grausliche Vorkommnisse dörflicher Gewalt, die offensichtlich von den Kindern ausgehen, die kein anderes Ventil kennen. Wer sexuell so repressiv aufgewachsen ist, dem ist später im Erwachsenenleben alles zuzutrauen: Selbstzerstörung, Kindesmisshandlung, Gewalt gegen die Ehefrau, autoritärer Charakter, faschistische politische Haltung, ideologische Verblendung. Dass Teenagern sexuelle Regungen sprießen, ist nicht deren Schuld oder Sünde. »Unkeusche« Gedanken sind nicht unlauter. Die Verquickung von Biologie und Moral ist grundsätzlich falsches Bewusstsein.

Immanuel Kant ist wohl die imposanteste Philosophenpersönlichkeit der Neuzeit. Gleichsam in einem Ein-Mann-Unternehmen, nur gegründet auf seinen scharfen Verstand, hat er das Fundament für die moderne Vernunftkritik gelegt. Und doch dachte er bei der Masturbation prinzipiell falsch. Oberste ethische Maxime ist ihm, dass der Mensch niemals nur als Mittel, sondern als Zweck betrachtet wird, als Subjekt und nicht nur als Objekt. Das wird allerdings in der Sexualität zum Problem, da, wer begehrt, den anderen als Objekt seiner Befriedigung braucht. Kant sieht das klar und schlägt die Ehe vor, da diese ein Vertrag zur wechselseitigen Zurverfügungstellung der Geschlechtlichkeit sei. Beide werden zu Mitteln, womit das Problem neutralisiert wird. Bei der Masturbation jedoch, so Kant, nimmt ein Mensch zu sich ein Verhältnis ein, das schlicht unentschuldbar ist, schlimmer als der Freitod, so verwerflich, dass nicht einmal darüber gesprochen werden soll. Wer sich selbst befriedigt, benütze sich als Objekt und nicht als Zweck an sich. So weit Kant. Wie kann ein so scharfsinniger Denker derart danebenliegen? Was er nicht sieht, ist, dass in der Masturbation der Mensch Subjekt *und* Objekt zugleich ist, und zwar – das ist das Entscheidende – als Einheit, somit nicht einfach bald Subjekt, bald Objekt, sondern in jedem Moment beides zusammen. Das ist ja das Besondere der Solosexualität. Kant hätte somit an der Selbstbefriedigung ein Modell von Subjektivität entwickeln können, das die beiden Seiten als Einheit erkennt.

Wenn somit Kant, der bei der Ehe ganz pragmatisch denkt – schließlich muss der Fortbestand der Menschheit gesichert werden – und andere Genüsse an der eigenen Existenz nicht verwirft, bei der Masturbation so krude und unbarmherzig ist, dann nur deswegen, weil ein kollektiver Wahn, ein falsches Bewusstsein den europäischen Geist vergiftet hatte. Immerhin, nicht alle Philosophen sprachen sich gegen die Onanie aus, für den Freigeist Diogenes, der sie in der Öffentlichkeit praktizierte, war die Masturbation sogar die einzige Option des freien Mannes. Wohingegen für Thomas von Aquin Sex insgesamt ausschließlich der Fortpflanzung dient. Aber erst im Zeitalter der Vernunft wurde die Masturbation zum teuflischen Problem. Foucault hatte das richtige Gespür: Der Sexualdiskurs, der in dieser Form neu war, diente einer umfassenden Disziplinierung der Körper und Seelen.

In unserem Kulturkreis wurde die Solosexualität vor allem mit fünf Gründen zurückgewiesen: Sie sei eine Sünde, gegen die Natur, unreif und mache süchtig – und: die Sololust sei eine falsche Lust. Noch 1975 erkläre der Vatikan apodiktisch: »Masturbation ist eine essentiell krankhafte

Handlung.« Ausgesprochen von Klerikalen, die strengen Sinnes das Phänomen nicht kennen dürfen, somit inkompetent sind. Doch wer Gott liebt und an ihn glaubt, müsste logisch zum Schluss kommen: Die gesamte Bandbreite der Sexualität ist Teil seiner Schöpfung und daher zunächst zu begrüßen. Er müsste alle Dogmen und Ideologeme der Theologen schlicht ignorieren, sprich: höchst liberal leben, denn offenbar hat Gott es so gewollt. Alles andere ist unlogisch. Gott ist somit der Schutzpatron jedweden Orgasmus, denn dieser ist ein göttliches Geschenk. (Gott, so wäre zu folgern, hat auch sexuelle Abarten wie Vergewaltigung oder Pädophilie geschaffen, diese verletzen aber, anders als die Masturbation, Schutz- und Persönlichkeitsrechte und werden daher zu Recht unter Strafe gestellt.)

Die Sexualfeindlichkeit, der Komplex aus Verboten, Neurosen, Schreckensbildern und Drohungen, wird heute prominent im Islam sichtbar, zumindest in seinen reaktionärsten und frauenverachtendsten Strömungen. Zwei Zitate mögen Aufschluss geben. »Jedes Auge begeht Ehebruch«, heißt es in den Hadithen, der Sammlung von Sprüchen des Propheten Mohammed, neben dem Koran die zweitwichtigste Quelle für die religiöse Orientierung im Leben. Jedes Auge begeht Ehebruch, es kann nicht anders, es blickt, blickt voyeuristisch, begehrend, ob es will oder nicht, übrigens beide Geschlechter gleichermaßen. Es müssten sich daher alle verschleiern, verließen sie ihre Gemächer. Die Sache ließe sich eigentlich wunderbar naturreligiös deuten, alle Menschen sind schön und erotisch, und so ist unser Blick sympathisch, reizvoll, erfreulich. Allein, diese universelle Eigenschaft des Sehens sei unmoralisch, denn sie breche die Ehe, die einzig legitime Form, einen anderen *ganz* zu betrachten. Wir alle sind nun einmal Sünder, Verdammte, unsere Natur ist krank.

Das andere Zitat stammt von dem mittelalterlichen Theologen al-Suyuti, der über das Paradies mit den 72 Jungfrauen und ihren je 70 Dienerinnen, folglich den 5040 Hetären Auskunft gibt. Der Islamkritiker Hamed Abdel-Samad zitiert ihn: »Der Penis eines Muslim wird nie erschlaffen. Die Erektion hält ewig.« Von der Frage abgesehen, wo denn die Jungmänner für die Märtyrerinnen stecken: Weiß al-Suyuti, wie schmerzhaft eine Dauererektion ist? Dass die Jungfrauen sich wieder nach der Vereinigung schließen, gibt es anscheinend nur in dieser sonderbaren Theologie. Dauererektion und Permantdefloration bilden ein irrwitziges Phantasma. Wovor Kant gewarnt hatte, dass im Sexualverkehr die Beteiligten zum Mittel werden, wird hier pervertiert: die Frau als nie alternde und niemals schwangere Verfügungsmasse. *Das*, lieber Derrida, ist Phallozentrismus. Der muslimische Mann ist hypersexualisiert, weil die gesamte Gesellschaft sexualneurotisch ist, und gibt der Frau die Schuld, die er so dringend braucht, wie er sie zugleich verteufeln muss. Sexualität – und nicht erst freie Sexualität – bedarf schonungsloser Religionskritik.

Der Orgasmus existiert in zwei gleichwertigen, nicht aufeinander reduzierbaren Formen. Erstens als Solorgasmus oder Autorgasmus. Er liegt genau dann vor, wenn er passiert und nur eine Person anwesend ist. Das Subjekt des Orgasmus ist identisch mit dem Objekt, der, der ihn erlebt, ist gleich dem, der ihn auslöst. Der Heterorgasmus geschieht, wenn zwei oder mehrere Personen anwesend sind. Dann ist er ein kommunikatives Geschehen. Körperlich mag die Reaktion beider Formen die gleiche sein, das Erlebnis ist aber ein anderes. Das ist entscheidend. Der Orgasmus ist nicht nur ein multiples körperliches Faktum, sondern auch ein Erlebtwerden, ein Quale, wie die Philosophie des Geistes sagen würde. Und als Erlebnis, nicht als Körperfunktion wie das Harnlassen, bedeutet er uns etwas. Der Solorgasmus ist in einem elementaren Sinne schamfrei. Und völlig harmlos, da er niemanden schädigt. Hier, an diesem Ort, entscheidet sich, ob eine Person sexuell frei ist zu tun, was ihr oder ihm beliebt. Hier beginnt seine oder ihre sexuelle Autarkie und die Selbstbestimmung über Häufigkeit, Zeitpunkt, Art und Dauer.

Jeder anständige Sexualratgeber empfiehlt die Masturbation, die keinen Widerspruch zum und schon gar nicht einen Verrat an einer guten und auch treuen Zweierbeziehung darstellt. Dass der Solorgasmus jedoch nach wie vor nicht als vollwertig betrachtet wird, zeigt das Buch *Der Penis-Komplex*, das im Jahre 2017 allen Ernstes behauptet: »Die Selbstbefriedigung ist zwar nur ein Ersatz für den Koitus mit einem anderen Menschen, kann aber auch als ein Einüben in diesen verstanden werden.« Das ist Mumpitz und nichts als eine ferne Wirkung der jahrhundertealten Verunglimpfung der Onanie. (Eine Nebenart des Solorgasmus ist der Dienstleistungsorgasmus. Die Methoden sind die gleichen wie bei der Selbstbefriedigung, nur dass der Effekt ausgelöst wird von einer erfahrenen Fachkraft möglichst ohne jedwede emotionale Bindung an den Kunden. Da aber solche Emotionslosigkeit ein unrealistisches Szenario ist, hoffen technikgläubige Menschen an die zukünftig verbesserten Segnungen einer hundertprozentig emotionsneutralen Cybertechnologie.)

Masters und Johnson erklären unmissverständlich, dass die Frau einen intensiveren Orgasmus erlebt, wenn sie masturbiert, erst danach folgt die nämliche Stimulation durch den Partner, die niedrigste Intensität erfolgt interessanterweise durch den Koitus. Das deckt sich mit den häufigen Klagen über die missliche Position der Klitoris bei der Penetration und koinzidiert mit der müßigen und längst obsoleten Diskussion darüber, ob die Frau nun einen klitoralen oder einen vaginalen Höhepunkt habe beziehungsweise haben solle.

Für den Mann gilt das Nämliche, die besonders reizvolle manuelle – oder orale – Stimulierung des vorderen Teils des Penis, das Massieren und Drücken ist bei der Kopulation nicht möglich. Die Verbindung von manuell und oral spiegelt sich in der Pornografie wider, in welcher der Mann nicht, wie es biologisch sinnvoll wäre, in der Vagina ejakuliert, sondern die Sache buchstäblich in die Hand nimmt und sich zugleich oral verwöhnen lässt.

Die Evolution ist insofern paradox: Der höchste Genuss widerspricht der Fortpflanzungsfunktion. Es müsste umgekehrt sein: Nur die intravaginale Besamung sollte für Mann und Frau die ultimative Befriedigung bieten. Oder hat nicht doch die Evolutionstheorie das letzte Wort? Dann nämlich, wenn der Geschlechtsverkehr nicht nur der unmittelbaren Fortpflanzung dient, wie es die Kirchen behaupten, sondern der zwischenmenschlichen Kommunikation auf höchst emotionaler – sprich: liebevoller – Weise; etwas, das für den Fortbestand der Gattung ja mindestens genauso wichtig ist. Das ist übrigens uralt. Ursprünglich waren Fortpflanzung und sexueller Verkehr nicht verknüpft. Wimperntierchen vermehren sich normalerweise durch

Zellteilung, verschmähen es aber nicht, ab und an durch eine Vereinigung mit einem Partner Gene auszutauschen, ohne dass daraus Nachkommen entstünden.

Freilich wäre die Masturbation kaum eine *ultima ratio*. Dass sie nichtreduzibel ist, heißt, dass die Partnersexualität weder Konkurrenz noch Ersatz ist oder umgekehrt der Solosexualität Priorität zukommt. Beides sollte man nicht missen. Das hat eine deutliche Konsequenz für die Partnerschaft, worin jeder ganz fraglos und folgenlos akzeptiert, ja willkommen heißt, wenn der oder die andere sich zum Mittagsschlaf zurückzieht. Vielleicht, ja wahrscheinlich, kommt er oder sie als bessere(r) Liebhaber(in) zurück. Je mehr jemand seine sexuellen Potentiale ausschöpft, desto besser für beide. Die Gefühle des Neids, des Nichtgeschätztwerdens, der Verlassenheit zeugen eher von Unsicherheit in der Beziehung, Unreife und einem falschen Verständnis von Masturbation. Schwierig werden Partnerschaften letztlich nur bei Asymmetrien – Untreue, Polyamorie, Sexunlust, Eifersucht –, diese berühren aber die Solosexualität nicht.

Man sollte nicht denken, die Selbstbeglückung sei weniger wert oder weniger schön, weil sie ohne Partner geschieht. Beide Arten sind nicht vergleichbar. Der Solorgasmus ist etwas anderes als der Höhepunkt zu zweit. Die Masturbation braucht nicht das Begehren eines oder einer Anderen und kommt nicht in Verlegenheit, wenn das Begehren ins Leere läuft. Sie ist ohne Liebeskummer und wird nicht gefährdet von der Unabwägbarkeit des gemeinsamen Akts, bei dem allerhand schiefgehen kann. Freilich setzt sie ein gesundes Selbstverhältnis, eine natürliche Selbstliebe voraus. (Woody Allen: »Masturbation ist Sex mit einem, den man wirklich liebt.«) Die Masturbation erkundet das eigene Ich, ist eine Eigenerfahrung und kann die anfängliche Sexualität in der Pubertät kultivieren.

Die Masturbation ist eine Tugend. Sie ist keine Pflicht, keiner ist verpflichtet, so wie wir auch nicht verlangen können, Mozart zu lieben oder sich an Shakespeare zu erfreuen. Unter einer Tugend verstehen wir eine Eigenschaft, vorbildlich zu leben, eine Fähigkeit, das Richtige zu tun, das, was zum vollen vorzüglichen Dasein des Menschen gehört. Insofern fehlte die Masturbation dem und der, wer sie verschmäht, oder – schlimmer noch – wenn sie verboten ist.

Die Masturbation ist deswegen der Prüfstein der Freiheit, weil niemand sie zu kontrollieren vermag. Nur diese strukturelle Unabhängigkeit kann erklären, warum so überstark gegen sie gewettert wurde. Sie ist dem Wesen nach anarchistisch. Was sexuelle Freiheit bedeutet, ist bekanntlich ein weites Feld, im Zusammenhang mit der Solosexualität gilt freilich: Jeder und jede kann machen, was frau und mann will. Es gibt keine Verbote und auch keine inneren Skrupel, sofern die Erziehung und die Moralvorstellungen der jeweiligen Zeit und Kultur nicht dagegenstehen. Für eine gute Sexualität braucht es Freiheit, und diese ist eine ökonomische, wohnliche, zeitliche und setzt eine mentale Disposition voraus: Intelligenz, Bildung, Erfahrung, differenzierte Erlebnisfähigkeit. Insofern ist ein gutes Leben eine unabdingbare Voraussetzung für gelingende Sexualität, ohne die wiederum ein gutes Leben keines wäre.

Hier zeigt sich, wie notwendig Souveränität gegenüber der Sexualität ist; keiner sollte Sklave seiner Triebe sein (was in der Pubertät und Adoleszenz schwierig sein mag). Ebenfalls sollten Sexsucht, Anorgasmie und andere dysfunktionale Störungen das Leben nicht beeinträchtigen. Sexualität sollte frei sein von Schuldgefühlen und Verklemmtheit. Das setzt freilich voraus, dass keine Missbrauchserfahrungen in der Kindheit oder Erwachsenentraumata wie Sexismus, Vergewaltigung und Nötigung vorliegen. Die ab und an auftretende totale Sexunlust ist entweder körperlich determiniert oder Ergebnis einer bewussten Lebenseinstellung, nicht nur bei zölibatären Religionsfunktionären. Das ist zu respektieren, sofern niemand dabei unglücklich wird. Freilich entgeht ihnen ein wesentliches Existential menschlichen Lebens.

Sexuelle Freiheit setzt die Befreiung von Religion voraus, zumindest solange Religion nicht aufhört, sich in die Liebesangelegenheiten der Menschen einzumischen. Religionen bilden Welterklärungsmodelle beziehungsweise die Legislative für den gesamten Komplex der Fortpflanzung (Ehe, Sex, Kinderaufzucht, Verhütung, Abtreibung, Sittenkodex, Umgang mit »Norm«abweichungen wie Homosexualität und Masturbation). Das Christentum hat, wie Nietzsche vermerkte, den Eros vergiftet. Dass es heute etwas liberaler ist, wurde ihm abgetrotzt. Freiwillig ist es niemals zurückgewichen. Wo es restriktiv ist, so im katholischen Polen, im homosexualitätsfeindlichen Russland, in den fundamentalistischen Regionen Nordamerikas, bleibt es ein Hindernis für die freie Entfaltung der Menschen. Die Sexualität muss gezüchtigt werden, die Fortpflanzung wäre idealerweise unbefleckt, nach dem Vorbild der Jungfrau Maria. Lust ist nicht vorgesehen. Die Frau ist Sünderin, Verführerin, Verhütung wird verboten.

Im Judentum wird die Sexualität gebändigt, eingehegt. Die Frau wird als Mutter des jüdischen Volks verehrt. Wegen der fehlenden Kirche ist die Bandbreite zwischen Orthodoxen und Liberalen enorm. Das Dilemma mit der Lust beschreibt ein Witz: »Ist Tanzen erlaubt?« »Nein, zu sinnlich.« »Ist Sex erlaubt?« »Ja, das Volk soll sich vermehren.« »Ist Sex im Stehen erlaubt?« »Nein, das könnte Tanzen werden.« Der Islam leidet unter einem fundamentalen Widerspruch zwischen Theorie und Praxis. Einerseits wird die Frau geachtet und die Sexualität bejaht, andererseits bedarf ein ganzer Erdenteil von Marokko bis Indonesien einer radikalen sexuellen Revolution, um die Kommunikation zwischen den Menschen insgesamt aus der Verkrampfung der Geschlechter zu erlösen. Und somit ist die religiöse Frage eine zutiefst politische. Erst mündige Bürgerinnen und Bürger können über ihre eigene Sexualität bestimmen.

Die Masturbation ist eine Form kreatürlicher Kreativität. Ein kleines Kunstwerk am eigenen Selbst. Deswegen ist die Zeit des Mittagsschlafs und des Rückzugs aus dem Realitätsprinzip ihr bester Ort. Der Schlaf sammelt, verarbeitet das Erlebte, schöpft aus den unergründlichen Tiefen der eigenen Existenz. Jede und jeder ist aufgefordert, das Beste in dieser Stunde zu gewinnen. Allein, könnte die Kreativität noch gesteigert werden?

Der Klartraum, der in jüngster Zeit einige mediale Bekanntheit erlangte, ist nichts Esoterisches, sondern eine besondere Gabe, die eigenen Träume zu steuern, was mit bestimmten Techniken erlernt werden kann. Ausgangspunkt ist der Befund, dass wir zuweilen uns im Schlaf bewusst sind, dass wir träumen. Klarträumer nutzen diesen Augenblick, um den Traum in ihrem Sinne zu steuern. Wie ein Regisseur treten sie in das Traumgeschehen ein, um sich Wünsche zu erfüllen (Fliegen beispielsweise oder sexuelle Fantasien), um psychische Probleme zu bearbeiten, sportliche Angelegenheiten zu üben oder die künstlerische Kreativität herauszufordern. Die besten gelangen sogar bis zu einem Pseudoschlaf: Der Körper schläft, das Bewusstsein ist indessen hellwach. Wagner dürfte so das *Rheingold*-Vorspiel erträumt haben, Jean Paul und Novalis beschreiben die Wirkungen von luziden Träumen.

Und so wird das Kreativitätsdreieck komplett. Die Masturbation führt zu einem nur dem eigenen Ich gehörenden Solorgasmus, ohne Beobachtung, ohne Rückversicherung, ohne Kontrolle und Bestätigung. Der Mittagsschlaf wird zum Rückzug in die Freiheit der eigenen Existenz, sei er nun ein Halb-, ein Voll- oder ein Pseudoschlaf. Der luzide Traum, gelingt er, wird zur »zweiten Welt«. Dieses Dreieck wäre das perfekte Ensemble: doppelter Genuss – Selbstbefriedigung und Mittagsschlaf –, doppelte Reinigung und doppelte Kreativität.

Das Mysterium des anderen Geschlechts

Simone de Beauvoir ist leider immer noch eher bekannt als die Lebensgefährtin von Jean-Paul Sartre. Beide bilden eines der berühmtesten Paare der europäischen Kulturgeschichte. Doch wer de Beauvoirs Werke aufmerksam studiert, mag zum Ergebnis kommen, dass Sartre als Simones Lebensgefährte bezeichnet werden müsste. Sie denkt viel feinsinniger, differenzierter, dialektischer, vermeidet Parolen und übereindeutige Thesen, wie der intellektuelle Rabauke Sartre sie vertrat, dessen Freiheitskonzept beispielsweise Homosexualität als eine bloße Entscheidung erscheinen ließ, bar jeder genetischen Disposition oder kultureller Prägung. Sartre wollte offenbar keine Bedingungen anerkennen, innere wie äußere, die den Menschen unverfügbar sind.

Aber genau die inneren und äußeren Bedingungen bilden das Thema von de Beauvoirs wichtigstem, ja epochalem Buch. Es ist die Geburtsurkunde des modernen Feminismus, in dem eigentlich alles steht, worüber späterhin diskutiert wird. *Das andere Geschlecht. Sitte und Sexus der Frau*, so der Titel auf Deutsch dieses 1949 im Original veröffentlichten Buchs. Es gebe ein Geschlecht, das männliche, und dann eben noch ein anderes, sprich ein abgeleitetes, sekundäres. Der französische Originaltitel ist präziser, *Le Deuxième Sexe*, »Das zweite Geschlecht«. Auch er verschweigt die Hierarchie zwischen Männern und Frauen nicht, setzt aber den Akzent darauf, dass es ein weiteres Geschlecht gebe, über das wir zu wenig wissen und das die Autorin in den Fokus der Aufmerksamkeit rücken wird. Dieses *Opus Magnum* ist das vielleicht einflussreichste Werk der Existentialisten. Von der katholischen Kirche auf den Index gesetzt, behandelt dieses Buch das Frausein biologisch, geschichtlich, kulturell, politisch, soziologisch und psychoanalytisch, ergo umfänglich und wird zum »radikalsten und visionärsten Beitrag zur Emanzipation der Frauen im 20. Jahrhundert« (Alice Schwarzer, eine ihrer Schülerinnen).

Der berühmteste Satz lautet: »Man ist nicht als Frau

geboren, man wird es.« Der Mann ist die definierende Instanz, weshalb die Frau durch die Brille des männlichen Prinzips gesehen wird. In ihr findet daher immer ein Kampf statt zwischen der unterdrückten eigenen Identität und dem Rollenspiel, welches das männliche Prinzip ihr aufnötigt. Dieser Kampf ist bald unbewusst, bald bewusst, mal politisch, mal wird er in der inneren Emigration geführt. De Beauvoir beweist ein feines Gespür für die Abgründe des Daseins, zwischen den Ängsten und Zwängen und den Freiheiten, sensibel für die Belange des menschlichen Lebens. *Das andere Geschlecht* ist bis heute das wichtigste Buch zur Frauenfrage.

De Beauvoir erkennt ausdrücklich die biologischen Unterschiede zwischen Mann und Frau, zwischen »Männchen« und »Weibchen« an, hält sie aber nicht für ein Schicksal, und schon gar nicht für das der Frau. Sie lehnt es ab, aus den Unterschieden eine Wesensbestimmung der Frau und eine normative Grundlage für das zwischengeschlechtliche Leben abzuleiten. Insofern ist sie eine Phänomenologin der sexuellen Differenz. Wie diese Differenz gelebt wird, ist eine Sache der Gesellschaft, der Politik, der Geschichte, mithin von uns Menschen und deswegen und gerade von den Frauen.

Über ein halbes Jahrhundert danach ist die Menschheit zum Glück ein Stück(chen) weiter. Wir wissen, dass es nicht ein »eigentliches« Geschlecht gibt und ein anderes. Aber beide Geschlechter sind und bleiben einander anders. Das ist die Quintessenz aller Debatten um das Verhältnis von Mann und Frau. Beide sind gleichberechtigt und doch verschieden. Lassen wir die Stereotype über Mann und Frau, wie sie sich landauf, landab finden, an uns vorbeiziehen: Er ist aktiv, dynamisch und kreativ, sie passiv, statisch und weise. Er ist in den Extremen genial und saudumm, sie in der Mitte intelligent. Er sucht Schönheit und Abenteuer, sie Schutz und Reichtum. Er will möglichst viele Frauen, sie den möglichst besten Mann. Er hat Angst, sie könne sich anderweitig vergnügen, sie, er könne sich anderweitig binden. Er ist kriegerisch und setzt auf physische Gewalt, sie ist pazifistisch und übt subtile psychische Manipulation aus. Er ist immer, wie es in der psychologischen Fachsprache heißt, appetent, sie appetenzneutral. Oder mit den Worten des Philosophen Wilhelm Schmid: »*Er* will fast immer, kann aber gar nicht, auch aus physiologischen Gründen. *Sie* kann fast immer, will aber gar nicht, auch aus psychologischen Gründen.« Oder noch kürzer: Der Mann will Sex, die Frau Kinder. Er kann Liebe und Sex trennen, sie nicht.

Das mögen Klischees sein. Doch sie kommen nicht von ungefähr, sie sind nicht automatisch falsch, nur weil sie Klischees sind, noch weniger ist automatisch ihr Gegenteil wahr. Manche Erkenntnisse aus der Evolutionsgeschichte stützen diese Klischees, das ist auch der Grund, warum Feministinnen und linke Kulturwissenschaftler die Beiträge der Naturwissenschaften häufig brüsk zurückweisen. Aber bloße Abwehr führt nicht weiter. Die biologische Stammesgeschichte scheint in der Tat für einige dieser Stereotype verantwortlich zu sein. Allein, es spricht auch etwas gegen sie, nämlich die Kulturgeschichte, deren Anfänge uns zwar unbekannt sind, nicht aber der Zeitraum der letzten Jahrtausende. Und diese Geschichte ist eine Geschichte der Unterdrückung der Frau, der Herrschaft des Mannes und damit eines, um es mild auszudrücken:

verqueren Geschlechterverhältnisses. Nach und während einer Geschichte der Gewalt jedoch lässt sich nicht sagen, ob jene Stereotype »stimmen«, Ergebnis einer patriarchalischen Kulturgeschichte sind oder nur eine gegenwärtige Momentaufnahme dessen bilden, wie wir die Dinge heute sehen. Dass »Wahrheit« und »Unwahrheit« so unentwirrbar miteinander verflochten sind, ist ja das Dilemma, aus dem wir nicht herausfinden.

Das gilt auch für das Standardnarrativ, das kurz gefasst besagt: Die Frau bringt die Kinder zur Welt, wozu sie einen Mann oder Männer braucht, die genetisch möglichst potent sind und sich vorzüglich um die Aufzucht verdient machen. Aus männlicher Sicht geht es jedoch um möglichst viele Befruchtungen bei ganz unterschiedlichen Frauen. Frauen interessiert genetische Qualität, Männer genetische Quantität. Das bezeichnet den Konflikt, die asymmetrische Ausgangslage. Nun könnten die Männer herumstreunen, wo sie nur möchten. Freilich bevorzugen Frauen Männer mit guten Charaktereigenschaften wie Treue, Fleiß und Zuverlässigkeit, die entsprechend evolutionär belohnt werden, zumal die Männer untereinander in Konkurrenz um die Frauen treten. Doch auch die schlechten Charaktereigenschaften bei den Männern lassen sich kaum verbergen: Untreue, Verrat, Vergewaltigung, Polygamie. Auch die Frauen sind per se keine Engel. Werden sie promiskuitiv, könnten sie Männern fremde Kinder unterschieben. So favorisieren Männer Frauen mit guten Charaktereigenschaften, diese treten ebenfalls in Konkurrenz untereinander. Insgesamt eine Gemengelage, die zu dem buntscheckigen Bild führt, das wir allerorten vorfinden. Dieser eher biologische Aspekt wird ergänzt vom sozialen, wonach Frauen Ausschau halten nach Männern mit Wohlstand, sozialer Reputation, gutem Beruf und Beschützerinstinkten, während dem Mann Jugend, Fruchtbarkeit, Schönheit und Gesundheit wichtiger sind. Dieses Standardnarrativ wird von kulturwissenschaftlicher Seite in Frage gestellt mit dem Hinweis, es sei zu biologisch gedacht, übergehe die Vielfalt der Formen in den geschichtlichen Epochen, den unterschiedlichen Kulturen und in unserer eigenen pluralistischen Lebenswelt.

Freilich gibt es biologische Fakten: Die Frau produziert 400 Eier im Leben, der Mann, ist er aktiv, mehrere Billionen Spermien. Sie kann einigen Dutzend Kindern das Leben schenken, er vielleicht einigen tausend. Er ist physisch stärker. Sie trägt die Kinder aus, gebiert und stillt sie. Er ist bis ins hohe Alter zeugungsfähig, sie nicht. Doch wie gehen wir mit diesen Fakten um? Ist die Frau per se benachteiligt, weil sie für die Zeit um die Geburt herum beschäftigt ist? Oder ist genau das Gegenteil der Fall? Ist der Mann, weil er penetriert, grundsätzlich ein Vergewaltiger, obwohl er seine Anatomie schlecht ändern kann? Ist eine Frau, welche die Fellatio schätzt, eine Kannibalin *in nuce*? Der gordische Knoten aus Natur und Kultur, aus Männlichem und Weiblichem, aus Geschichte und Gegenwart lässt sich nicht so ohne weiteres durchschlagen.

Die Gretchenfrage lautet: Sollen wir die Mann-Frau-Differenz in unserem Denken betonen oder kleinhalten? Sie abschaffen liefe auf Mannweiber und Weibmänner hinaus. Wer möchte das? Ist eine Androgynisierung wünschenswert, wie sie bei bestimmten Popstars vorgelebt wird? Aus dem Imperativ der Vielfalt, der Individualität und der

Komplexität hingegen folgt, die Differenz zu stärken. Wir Menschen sind einander Andere und nicht Gleiche, und dies ursprünglich, irreduzibel, prinzipiell. Erst als Andere begegnen wir uns, wie wir mit Emmanuel Lévinas sagen können. Das freilich ist eminent dialektisch: Je verschiedener wir sind, umso gleicher müssen die rechtlichen Voraussetzungen und die sozialen wie ökonomischen Bedingungen beschaffen sein. Denn sonst verpuffte die Unterschiedlichkeit; der Stärkere, immer schon besser Gestellte würde obsiegen. Und das widerspricht dem Gebot der Vielfalt, der Individualität und der Komplexität.

Zunächst hat der Feminismus immer recht. Zunächst. Die Geschichte der Menschheit war nicht nur, wie Marx es formuliert, eine Geschichte von Klassenkämpfen, sondern auch eines Geschlechterkampfs, mehr noch -kriegs, und zwar der Männer gegen die Frauen. Was dem weiblichen Teil des Menschengeschlechts seit Abertausenden von Jahren angetan wurde, ist so unbeschreiblich, dass es einem die Sprache verschlägt. Jeder, zumal jeder Mann, müsste vor Scham sofort verstummen, machte er sich daran, diese Schreckenszeit, die heute noch keineswegs beendet ist, sich vor Augen zu führen. Daher ist alle Forschung auf dem Gebiet von Gender und Frauenemanzipation zu fördern. Sie sind ein Teil des geschichtlichen Befreiungsprozesses. Freilich tendieren Geistes- und Kulturwissenschaften zu einer raschen Verselbständigung ihrer Jargons und damit zum Stillstand im Denken. Das führt im Extrem zu den absurdesten Denkfehlern, etwa dem, dass alles, was je Männer gesagt haben, falsch sei, nur weil es Männer sind, oder dem, dass logisches, argumentatives, rationales Denken an sich schon männlich sei. Nicht selten immunisieren sich weibliche Akteure gegenüber der Kritik mit dem Hinweis, Männer dürften nicht mitreden.

Welch ein Unterschied zwischen dem aufgeklärten Feminismus einer Simone de Beauvoir und den ideologischen Auswüchsen der Gegenwart. Zuweilen kann man sich nicht des Eindrucks erwehren, dass der Hass auf die Männerwelt, genauer: auf die Jahrtausende währende Gewaltgeschichte, so stark ausgeprägt ist, dass manche Feministinnen die Männer am liebsten mit Sexverboten und Strafen belegen würden. Um das Geschlechterverhältnis ins rechte Lot zu setzen, braucht es indes mehr als neue Vorschriften und Tabus. Es wäre eine Aufgabe von wahrhaft globalem Ausmaß, von messianischem Zuschnitt, vergleichbar mit der Verhinderung der Erderwärmung, dem Umbau der Weltwirtschaft auf eine ökosoziale Marktwirtschaft oder dem freien Zugang aller zu Wissen, Kunst und Bildung. Ja, für die Befriedung des Geschlechterverhältnisses, emphatischer: für die Befreiung der Frauen, ja *beider* Geschlechter bedürfte es eines fundamentalen Umbaus der Religionen.

Und zwar aller. Nicht nur des Islam, der in seinen fundamentalistischen Ausprägungen besonders frauenverachtend ist, sondern auch des Christentums mit seinen Fundamentalisten in Nordamerika wie dem frauenfeindlichen Abtreibungsverbot in katholischen Ländern. Aber auch dass Frauen in orthodoxen jüdischen Gemeinden ihre Haare abscheren und in der Öffentlichkeit mit Perücken herumlaufen müssen, ist bittere Realität. Immer sind es Männer, die als religiöse Meinungsmacher die Welt so deuten, dass sie auf Kosten der Frauen ein besseres Leben führen können. Die großen Weltreligionen sind immer patriarchalisch gewesen, bei den »westlichen« monotheistischen mehr als bei den fernöstlichen »asiatischen«, deren Polytheismus oder Atheismus mehr Spielraum für den sogenannten gesunden Menschenverstand lässt. Allen gemein ist eine Asymmetrie zwischen Mann und Frau, die als Sünderin, als Verführerin, als Ausgeburt übermächtiger Sexualität prinzipiell verdächtig ist. (Eine kleine Ausnahme bildet die lesbische Liebe, die weniger verpönt ist als schwule, weil sie keine Penetration vollzieht.)

Seit es Hochkulturen gibt und noch länger, wurden die Frauen unterdrückt, weil sie Frauen waren. Körperlich schwächer, waren sie roher Gewalt ausgesetzt, Zwangsprostitution, Vergewaltigung, Deportation, Sklaverei, Anprangerung, Verstoßung waren an der Tagesordnung. Als Geburtsmaschinen waren sie stets willkommen. Sexismus und Diskriminierung waren der Normalfall. Ihre rechtliche Position war die eines Anhängsels des Mannes. Freie Bürger – das waren nie Frauen, und zwar bis vor kurzem, menschheitsgeschichtlich betrachtet. Unsägliches Leid mussten sie erdulden und dabei doch die Liebe zu beiden Geschlechtern beim Kinderkriegen aufrechterhalten. Frauen sind die wahren Helden einer Kulturgeschichte, die fast nur aus Männern besteht. Da die Geschichte immer auch aus der Perspektive der Gewinner geschrieben wurde, musste erst eine Gegenperspektive aufgebaut werden. Insofern sind der Feminismus und die Gender-Disziplinen, auch wenn sie übertreiben, zunächst im Recht. Männer mögen sich angesichts dieser Vergangenheit in Zurückhaltung üben, auch wenn sie persönlich nicht schuldig geworden sind.

Weil aber, wie Simone de Beauvoir richtig festgestellt hat, man nicht als Frau geboren, sondern dazu gemacht wird – und zwar im Sinne eines Patriarchats –, können wir bis heute nicht sagen, was die Frau »an sich« ist, trotz der vielen Emanzipationserfolge in den letzten Jahrzehnten. Höchstens sie selbst könnte das tun. Aber dazu bedarf es einer kulturgeschichtlichen Befriedung, von der wir nicht wissen können, wie lange sie dauern wird. Erst vor relativ kurzer Zeit erhielten die Schweizerinnen das Wahlrecht (1971 beziehungsweise 1990). Doch die gesamte Welt, alle, ausnahmslos alle Frauen (und Mädchen) müssen vollständig emanzipiert und von der Herrschaft des männlichen Prinzips befreit sein, bevor überhaupt das einsetzen kann, was man mit aller Vorsicht die Entsühnung des Geschlechterverhältnisses nennen könnte. Dann, nach vielen Generationen, könnte die Vergangenheit so weit aufgearbeitet und das Leben der Frauen so unbelastet von jeder »anthropologischen Asymmetrie« sein, dass wir anfangen können zu fragen, was denn nun die Frau sei.

Und zu fragen, was eigentlich der Mann sei. Denn auch er muss aus seiner angestammten Rolle des Kriegshelden, Machos, Besserwissers, Machtmenschen, des Schwerenöters etc. befreit werden. Die Befreiung der Frau fällt zusammen mit der Befreiung des Mannes. Es gilt nämlich auch der Satz »Man ist nicht als Mann geboren, man wird es.« Der Mann ist ebenfalls das Produkt der unseligen Gewaltgeschichte. Er muss sich daraus genauso emanzipieren. Auch er ist zu befreien aus einer Rolle, die ihm vielleicht »an sich« gar nicht zukommt. Auch er – und nur er – muss klären, was er sein möchte. Insofern ist Emanzipation immer auch Ko-Emanzipation.

Bis dahin sollte jedes Nachdenken über Mann und Frau mit einer gewissen Skepsis verknüpft sein. Wenn beispielsweise Beatrice Poschenrieder in ihrem Buch über weibliche Orgasmusprobleme schreibt: »Uns ist er nicht so wichtig, umso mehr der Weg dorthin«, was ja ein Gegenmodell zur männlichen Obsession bezeichnet, was sagt das? Ist das eine »Wahrheit« über den weiblichen Höhepunkt oder ein Symptom, dass er emanzipationsgeschichtlich noch nicht vollends befreit ist? Womit wir bei einer besonders heiklen Frage angelangt sind: Warum gibt es den weiblichen Orgasmus überhaupt?

Beim Mann ist die Sache klar: Er muss seine Samenzellen verbreiten. Was einigermaßen problemlos funktionieren muss. Worin besteht aber die biologische Funktion bei der Frau? Im Wesentlichen werden drei Erklärungsmodelle angeboten. Erstens helfen die orgasmischen Konvulsionen beim Ansaugen und der Auslese der Spermien. Ohne Aussicht auf die höchste Lust würde zweitens die Frau sich nicht paaren. Drittens liefert der Orgasmus der Frau den Beweis für eine gute Beziehung, dafür, dass der Partner der richtige ist; und ihm, dass er alles recht macht. Erreicht sie hingegen nicht den Höhepunkt, ist der Mann der falsche. Dass bei ihr der Orgasmus unzuverlässig kommt – oder gleich mehrmals –, liegt daran, dass die Frau dem Mann Zeit bis zu dessen Samenübertragung gewähren muss.

Einig sind sich die Wissenschaftler aber nicht. Der weibliche Orgasmus ist bisher nicht wirklich geklärt. Er gilt nicht unbedingt als eine evolutionäre Adaption zum Zwecke eines Vorteils, sondern eher als eine Begleiterscheinung der gleichen genetischen Disposition. Der Mann orgasmiert, und so die Frau. Warum auch nicht? Dass der weibliche Orgasmus keinen »eigentlichen« Sinn habe, wurde freilich auch als ein Mangel gedeutet. Doch weit gefehlt! Gerade *weil* er anscheinend keinen offensichtlichen biologischen Nutzen hat, ist er so wertvoll. Denn er ist nur in der Welt, um die Frau zu erfreuen. Wie auch die kleine Klitoris mit ihren 8000 Nerven. Lust um der Lust willen.

Deswegen vertreten wir die Ansicht, dass erst beim weiblichen Orgasmus dessen ganze Würde und Grazie zum Vorschein kommt. Der männliche ist es, der wegen seiner offenkundigen Simplizität gegenüber dem weiblichen »abfällt«. Für Natalie Angier, welche die Frau proklamatorisch das »erste« Geschlecht nennt, ist »die Klitoris die Musik Johann Sebastian Bachs«. Wir können ergänzen: Der weibliche Orgasmus ist die große B-Dur Sonate von Schubert, in all ihren vier langen Sätzen. (Während der männliche Standardorgasmus eher Beethovens *Wut über den verlorenen Groschen* ähnelt.)

Die Frau ist in der Tat das andere Geschlecht, aber vielleicht jetzt in einem Sinne, den Simone de Beauvoir nicht gesehen hat. »Anders«, verstanden als geheimnisvoll, komplex, nichteindeutig, wandelbar, individuell, unberechenbar, mehr gefühlvoll und weniger instinktiv und affektorientiert – im Grunde alles positive Eigenschaften, wenn wir sie unter dem Blickwinkel einer voll entwickelten Persönlichkeit betrachten. Der Mann hingegen ist nachgerade durchschaubar, einfach, konstant – das macht ihn in der Masse so uninteressant, wenn auch in den herausragenden Exemplaren so faszinierend.

Aber auf hundert Hochbegabungen kommen hundert Idioten. Insofern gibt es weniger weibliche Idioten. Ist umgekehrt die Frau der »bessere Mensch«, wie immer wieder gefragt wird, wenn es um das Überleben der Menschheit im 21. Jahrhundert geht? (Rilke glaubte das, als er in den *Briefen an einen jungen Dichter* die Frauen als »menschlichere Menschen« bezeichnete.) Immerhin: Ihr Körper hat sich stärker als der männliche von der Stammesgeschichte entfernt. Sie versteht sich auf das Multitasking, ist schöner, sozialer, kommunikativer. Sie ist weiser – zumindest beschreiben die Mythologien sie auf diese Weise. Und sie hat die besseren Orgasmen, heißt es.

Heute, sieben Jahrzehnte nach de Beauvoir, enthüllt sich ein zweiter Sinn des anderen Geschlechts. Jetzt, da die beiden Sphären der Männer und Frauen sich auf Augenhöhe zuzubewegen beginnen, wird erkennbar, dass in der zwischengeschlechtlichen Begegnung beide Menschengeschlechter – Frauen *und* Männer – einander anders sind. Auch der Mann ist das andere Geschlecht, und nicht nur für die Frau. Jede intime Begegnung mit einem Menschen trifft auf einen Anderen im emphatischen Sinne. Nicht weil andere anders sind, das wäre trivial, sondern weil die Andersheit konstitutiv ist für eine Begegnung, die eine Begegnung im vollen Sinne ist. Der in diesem Zusammenhang wichtigste Philosoph, Emmanuel Lévinas, spricht daher auch vollmundig von »Antlitz zu Antlitz«. Der oder die Andere ist eine so komplexe Persönlichkeit, dass kein Leben reicht, sie oder ihn zur Gänze zu kennen. Deren und dessen irreduzible Undurchschaubarkeit ist es, die seine oder ihre Würde und Unantastbarkeit begründet.

Diese emphatische Begegnung kommt im Bett zu sich. Dort sind beide nackt, buchstäblich und im übertragenen Sinne. Das Auge schaut ins Auge, die Münder küssen einander, die Körper schmiegen sich aneinander. Hier entfaltet sich der kommunikative Aspekt der Sexualität. Der Solorgasmus diente der Kreativität, der Heterorgasmus geschieht mit einem Anderen zusammen. Er dient daher der Erkenntnis, der Erkenntnis im Allgemeinen beziehungsweise des Anderen, er dient der Erfahrung, der Erfahrung im Allgemeinen beziehungsweise einer gemeinsamen Erfahrung.

Außerhalb des sexuellen Mittagsschlafs ist das Ziel des Orgasmus das Du, nicht das Ich. Das widerspricht dem gängigen Bild und ist zunächst kontraintuitiv. Doch ginge es einzig und allein um das Ich beim Orgasmus, der Andere wäre überflüssig, denn als Solorgasmus, als Masturbation, als intimer Innenraum ohne jede Rücksichtnahme ist das Vergnügen noch intensiver, authentischer und präsenter. Freilich waltet eine Dialektik. Nur wer sich ganz auf das Du einlässt, wird von diesem Du beschenkt. Dieses Geschenk ist weitaus größer und wertvoller, als wenn er oder sie zuvörderst an sich dächte. Das Motto wäre: Hauptsache, ich komme. Doch wer so denkt, verfehlt das Wesen des Orgasmus, sofern er nicht allein praktiziert wird. Das findet Ausdruck in einem ergreifenden Bild in Julio Médems Film *Lucia und der Sex*, als sie beim ersten Mal einen Orgasmus erlebt, die Kamera auf ihn hält, er liebevoll auf seine neue Freundin schaut: Glücklich ist er, weil sie es ist. Der Film hält inne, geht fast in ein Standbild über, die Zeit scheint stillzustehen.

Dass der Andere, gleich welchen Geschlechts, grundsätzlich und unaufhebbar ein Mysterium ist und immer bleiben wird, hat direkte Auswirkungen auf die Ethik des Sexuellen. (Wir werden das im dritten Teil des Buch vertiefen. Neben Lévinas werden Martin Buber, der den Menschen über das Du definiert, und Judith Butler zu Wort kommen. Diese amerikanische Philosophin ist als eine der wichtigsten Feministinnen bekannt; freilich ist sie eher eine Theoretikerin der nichtheterosexuellen und vor allem »queeren« Sexualität, aber auch eine Ethikerin, die der Frage nach der Gewalt und des Miteinandersprechens nachgeht.) Insofern ist das Geschlechterverhältnis der permanente Prüfstein für die Andersheit des Anderen, die niemals geflohen werden kann. Simone de Beauvoir vertrat eine »Moral der Doppelsinnigkeit«. Frau und Mann sind verschieden, und diese Verschiedenheit, diese wechselseitige Andersheit ist im vollen Maße auszuhalten, ohne vorschnell Reduktionen vorzunehmen.

Für unser Thema heißt dies konkret: Der Orgasmus des Mannes ist in letzter Instanz für die Frau genauso wenig nachzuvollziehen wie der der Frau für den Mann. Auch wenn wir glauben, ihn zu kennen, ist doch mann oder frau regelmäßig dessen Zeuge. Niklas Luhmann wurde nicht müde zu betonen, dass psychische Systeme (unsere Selbste) einander prinzipiell unzugänglich sind. Auch und gerade in Intimbeziehungen. Allein, ab und an schlägt die Natur unserer körperlichen Vereinzelung ein Schnippchen.

Das Alte Testament nennt das Miteinander-Schlafen »Einander-Erkennen«. Eine geniale Formulierung, der Skepsis von Lévinas oder Luhmann zum Trotz. Wenn nicht hier, wann sonst erkenne ich die oder den Anderen? Hier zeigt sich ihr und sein Körper in all den Einzelheiten, vom Geruch, Geschmack, vom Ton und der Farbe bis zur Temperatur. Die Gefühle verbergen sich nicht; die Redseligkeit danach, zumindest beim ersten Mal, ist berühmt.

Nackt und unverborgen begegne ich der und dem Anderen, ich will schenken, geben, beglücken, mich ihr oder ihm hingeben, mich selbst aufgeben. Wir gestalten unser Sosein – deswegen sind Frotzeleien, Neckereien, Albernheiten, der Kitzel so wichtig. Wir suchen das Glück, wenn die und der andere lächelt. Wir sprechen die Sprache des Sexus, sofern wir erlernt haben, wie sie zu verstehen und zu pflegen ist. Und wenn uns der Zufall hilft, erleben wir den Höhepunkt im gleichen Moment. Der Duorgasmus wird zur Erfahrung eines gemeinsamen schönsten Augenblicks, der kurz spüren lässt, dass der Andere doch nicht so anders ist.

Zur Zukunft

Man stelle sich eine befreite Weltgesellschaft vor, in der jede und jeder auf die natürlichste Weise ihre und seine Sexualität lebt und dabei die entsprechenden Orgasmen erlebt. Wer nun denkt, dass Politik wichtigere Probleme zu bewältigen habe als den »postmodernen Orgasmus«, übersieht die gravierenden Auswirkungen, wenn das Gegenteil geschieht. Befreite Gesellschaft heißt im emphatischen Sinne befreit in jeder Hinsicht und nicht nur eine durch die Rechtsform und die ökonomischen Bedingungen, gleichsam sozialstaatlich befriedete Demokratie. Umgekehrt können wir ermessen, was es heißt, wenn die Sexualität unterdrückt wird. Und es ist allermeist die weibliche, wobei die Genitalverstümmelung, die euphemistisch Beschneidung genannt und als religiöser Brauch gerechtfertigt wird, einen besonders perfiden Modus der Unterdrückung darstellt.

In der messianischen Perspektive des großen mittelalterlichen jüdischen Philosophen Maimonides zeichnet sich die befreite Gesellschaft nicht nur durch die Abwesenheit von Hunger und Krieg aus, sondern auch durch die von Zwietracht und Missgunst. Diese beiden Untugenden haben es in sich, denn damit diese verschwänden, müsste sich die Gesellschaft radikal ändern, eigentlich müsste sich der Mensch ändern. So bleibt es durchaus denkbar, dass eine Gesellschaft zwar allen freien sexuellen Genuss gewährt, die Menschen aber untereinander nicht eben freundschaftlich verbunden sind, sondern sich wie Wölfe gegenseitig belauern. Der Orgasmus als Glücksbringer und als Teil einer gesunden Lebenskultur sollte daher nicht unterschätzt werden.

»Jeder Mensch hat das ungeteilte und vollumfängliche Recht auf den schönsten Augenblick.« Das könnte in die Menschenrechtscharta aufgenommen werden. Es wäre nicht nur ein kulturelles Ziel oder eine Norm, sondern auch ein Recht. Und alles, was ihm im Wege steht, könnte sanktioniert werden. Zumindest theoretisch. Im Talmud steht, dass ein Mann die Ehe verwirkt, befriedigt er seine Frau nicht. Das ließe sich auf politische Systeme, soziale Verbände und Lebensgemeinschaften übertragen. Man stelle sich vor: Zu Beginn einer neuen Legislaturperiode widmet sich die Kanzlerin in der Regierungserklärung der Volkssexualität. Bizarr sicherlich, aber nicht ganz, immerhin wird ernsthaft diskutiert, den Besuch von Liebesdienstleistern in Pflegeheimen durch Krankenkassen zu finanzieren.

Nicht in allen Ländern, gewiss, aber doch der Tendenz nach schreitet die Befreiung der Sexualität langsam voran.

Dabei existiert Freiheit nicht per se, und wenn doch, dann nur abstrakt, als Vermögen, als Anlage, als Selbstverpflichtung, der man sich aber auch entziehen kann. Freiheit muss realisiert werden, in Form von Befreiungsakten und einer Reflexion darüber, was »wirklich« gewollt wird. Das gilt auch und gerade für die *éducation sexuelle*, weil hier die nackte, sozusagen tierische Existenz auf die Forderungen eines »geistvollen« Lebens trifft. Die eigene Sexualität kennenzulernen und sich in Freiheit zu ihr zu verhalten, sind die beiden Seiten der gleichen Medaille.

Dabei spielen verschiedene Strategien eine Rolle. Neue Optionen in einer immer vielfältigeren Gesellschaft werden ausprobiert. Einige setzen bewusst auf Nonkonformität und Queerness. Restriktive Praktiken und Vorstellungen werden überwunden. Die eigene Individualität wird präzisiert. Das lässt sich studieren an Büchern wie *Future Sex* von Emily Witt oder *Future Love* von Matthias Horx, wobei es allerdings einen Unterschied ausmacht, ob Emily Witt aus dem reichen Liebesleben New Yorks oder San Franciscos berichtet oder Ramita Navai in ihrem Buch *Stadt der Lügen* von der Doppelmoral im Iran. Bei der Entkoppelung von Liebe und Sexualität helfen moderne Verhütungsmethoden. Nach neuen Technologien anstelle der Antibabypille wird geforscht. Es wird gerade versucht, die Fortbewegung der Spermien zu unterbinden, indem die Anlockhormone der Eizelle unterdrückt werden. Bei Mäusen soll es funktionieren.

Worum es auch immer im Einzelnen geht, es wird nach Identität gesucht und Multiperspektivität, mithin Vielseitigkeit und Abwechslung angestrebt. Oder könnten wir uns nicht umgekehrt zu Bonobos verwandeln? Oder uns an den Mangaias ein Beispiel nehmen? (Die immer wieder angeführten Musterbeispiele für »natürliche« freie Sexualität.) Der amerikanische Ethnologe Donald Marshall beschrieb Anfang der 1970er Jahre das Sexualverhalten auf der sehr kleinen Südseeinsel Mangaia: sexuelle Hochaktivität, junge Leute duo-orgasmieren etwa 20 Mal pro Woche, Masturbation wird von den Älteren gelehrt, wer den Partner nicht befriedigt, wird schlecht beleumundet, Promiskuität ist selbstverständlich. Erst später kommt Ruhe ins Leben, wenn die Richtigen für die Heirat gefunden wurden. (Marshall saß wahrscheinlich frechen Lügengeschichten der Interviewten auf. Die Einheimischen machten sich einen Spaß daraus, die Fantasien eines westlichen Wissenschaftlers zu beflügeln.) Könnte das ein Vorbild für uns und alle sein? Die Flower-Power-Generation dachte so. Durchgesetzt hat es sich nicht. Es klingt nach Ferienparadies, nicht nach Alltag in einer rastlosen Großstadt.

Wiewohl anfänglich mit guten Absichten, ist die Otto-Mühl-Kommune, die in den 1970er und 1980er Jahren in Europa einige hundert Mitglieder umfasste, schlussendlich krachend gescheitert. Sie schwor dem Privateigentum und allen Zweierbeziehungen radikal ab. Jeder gehörte jeder und umgekehrt. Verlieben und Bindung waren verboten. Die gezeugten Kinder gehörten der Mutter und allen. Der Oberchef, Mühl höchstselbst, pflegte das *jus primae noctis* bei den pubertierenden Mädchen und wurde dafür ins Gefängnis gesteckt. Ende der 1980er Jahre starb das System den eigenen autoritären Erstickungstod. Die Exkommunarden leben heute ganz bürgerlich.

Bonobos sind neben den Schimpansen unsere nächsten Verwandten bei den Affen. Vor eineinhalb Millionen Jahren haben sie sich abgespalten und in den Urwald im Süden des Kongobeckens zurückgezogen. Dort »zivilisierten« sie sich selbst und begannen mit etwas, was wir ein feministisches Hippietum nennen müssten. Sie leben in Großgruppen von bis zu 120 Tieren mit Untergruppen von sechs bis zwölf Individuen. Die Hierarchie ist flach. Es dominieren Gruppen assoziierter Weibchen. Bonobos sind empathisch – sie »grommen«, also umherzen verletzte Artgenossen – und sensibel, vermögen ihre Gefühle mit Lauten und Grimassen auszudrücken. Häufig kopulieren sie von Angesicht zu Angesicht, wie wir Menschen. Die meisten Bonobos sind bisexuell und extrem promiskuitiv. Sexuelle Aktivitäten aller Art – Fummeln, Streicheln, Reiben, Oralverkehr, »Fechtkämpfe« mit erigierten Penissen, Zungenküsse, blitzschnelle und nur einige Sekunden dauernde Kopulationen – sind allgegenwärtig, wenn auch der eigentliche Verkehr kaum länger dauert als der Orgasmus bei uns. Sex dient zur Kommunikation, dem Abbau von Langeweile und sozialer Konflikte. Teilweise wird auch Futter gegen sexuelle Dienste getauscht – das kann im Berliner Zoo beobachtet werden. Der Bonobo-Experte Frans de Waal spricht von »Sex für den Frieden«. Das erinnert an die 1960er Jahre in Kalifornien. Bonobos sind in der Tierwelt einzigartig. Offenbar müssen sie sich weder natürlicher Feinde erwehren noch um Ressourcen konkurrieren. Daher diese Polyamorie in Reinkultur – jede und jeder mit jedem und jeder. Die Horde befindet sich immer im Ausgleich, Aggressionen werden sofort abgebaut.

Wäre das etwas für uns Menschen? Aus dem privaten Leben ist es bekannt: In einer Paarbeziehung erreichen mitunter eine Umarmung, ein Kuss, eine sanfte Berührung mehr als Argumente. Das lässt sich aber kaum auf den öffentlichen Raum, beispielsweise das Arbeitsleben übertragen. Und bei politischen Streitereien sind Zärtlichkeiten gleichfalls nicht realistisch. So bleibt es nur eine schöne Idee, ein Wunschdenken, man könne verfahren, wie es in der Flower-Power-Zeit gedacht wurde: flache Hierarchie, mehr Love als bürgerliche Höflichkeit, mehr Zeit für die anderen als das geschäftige Verfolgen der eigenen Interessen. Letztlich sind unsere libidinösen, affektiven, amourösen Intentionen und unsere liebevollen, freundschaftlichen Kontakte nur auf wenige gerichtet, nicht aber auf Kollektive wie Nachbarschaften, Arbeitsgruppen, Dorfgemeinschaften oder ganze Völkerschaften. So ist in den Intimbeziehungen das monogame Modell nach wie vor das vorherrschende.

Neuerdings wird freilich ein Kompromiss zwischen der beliebten Monogamie und dem faktischen Hang zur Promiskuität gesucht: die serielle Monogamie. Man ist sich treu für eine längere Zeit, pflanzt sich fort, trennt sich und beginnt mit einem neuen Partner von vorne. Freilich sind dabei die Frauen benachteiligt. Sind Kinder im Spiel, kommen Männer in der Regel auf mehr Zyklen als jene. Verlassen werden eher die älter werdenden Frauen. So ist bekanntlich die Zahl älterer Herren mit jungen Damen an der Seite wesentlich höher als umgekehrt, und das hat nicht nur ökonomische Gründe. Das George-Clooney-Prinzip besagt: Man nehme eine junge Frau und werde Vater mit 56 Jahren, zuvor wird freilich das Leben weidlich genossen. Für Frauen keine Option, sie erkaufen hart ihr Privileg, Kinder zu gebären.

Die Monogamie hat unter biologischem Blickwinkel einen schlechten Stand. Daher bezeichnet der Evolutionspsychologe David P. Barash es sogar als ein Wunder, dass die Natur sie überhaupt erfand. Andererseits ist sie, also der Wunsch, ewiglich, bis dass der Tod scheide, verbunden zu sein, gar nicht so abwegig. Denn bei uns ist eine treuevolle Partnerschaft nicht nur wie bei den Bibern ein chemischer Vorgang, ein bloßes Miteinander. Menschen teilen ihr Wissen und die gemeinsame Erfahrung, ihr Bewusstsein ist gleichsam ein doppeltes. In der seriellen Monogamie kann man schlecht von vorne anfangen; die Neuvermählten sind zutiefst durchwirkt und vermittelt durch die beiden jeweils früheren Partner. Latent eine Viererbeziehung, mit jeder Serie wird es mehr. Deswegen trennt man sich auch nicht aus purem Vergnügen und Abwechslungssucht, sondern wenn es nicht mehr anders geht.

Nachdem die Homosexualität langsam, aber sicher in der westlichen Welt angekommen ist und sogar in Deutschland geheiratet werden darf, sucht die sexuelle Avantgarde ein neues Feld: die Polyamorie. Mann und Frau lieben mehrere gleichzeitig, wobei alle Bescheid wissen und im Idealfall niemand eifersüchtig wird. Ein Trend, wenn er denn einer ist, gegen die Monogamie.

Polyamorie wird seit einiger Zeit evolutionär begründet, wobei den Kopulationsgeräuschen eine entscheidende Bedeutung zugesprochen wird: Als unsere Vorfahren noch in Höhlen lebten und es somit keine Privatsphäre gab, hätte das weibliche Stöhnen beim Intimverkehr andere Männer angelockt. Die Frauen, so die Theorie, hätten sich mit mehreren eingelassen, damit die Spermien in Konkurrenz treten können. Deshalb seien wir heute nicht zur Monogamie geschaffen. Das ist der Tenor der Polyamorie-Bibel von Christopher Ryan und Cacilda Jethá *Sex at Dawn*, welcher der deutsche Verlag den reißerischen Untertitel *Die wahre Geschichte* hinzufügte. Nun spricht überhaupt nichts gegen die Flexibilisierung der amourösen Verflechtungen der Menschen untereinander. Das war schon immer so, aber es war schon immer extrem anstrengend und selten für alle Beteiligte gleichermaßen glücklich. Und so überrascht es kaum, dass die Autoren am Ende ihres ansonsten klugen Buchs zum Schluss kommen, dass Toleranz, Nachsicht und Umsicht das Höchste sind, was wir in einer solch verzweifelten Lage erwarten können.

Doch wie wahrscheinlich ist, dass Polyamorie (auch Polyfidelität, Omnigamie, Panfidelität oder Nonmonogamie genannt) nicht zu emotionalen Verwerfungen führt? In Stieg Larssons *Millennium*-Trilogie ist Erika Berger, die Redakteurin der Zeitschrift, verheiratet, übernachtet aber ebenso ungezwungen bei ihrem Kollegen und Parallelliebhaber Mikael Blomkvist. Das einzige, was der Ehemann erwartet, ist, informiert zu werden. Realistisch oder die Inszenierung schwedischer Liberalität? Unterschätzen Polyamoristen nicht die Komplexität von Liebe und Sexualität, die sich ihrerseits kaum ohne Liebe denken lässt? Sosehr die Abschaffung der Doppelmoral und die Befreiung notwendig sind, taugt die Polyamorie als allgemeines Prinzip? Umgekehrt bildet die Monogamie ja auch einen Schutz davor, nicht alltäglich um die Stabilität des soziosexuellen Gefüges kämpfen zu müssen, vor allem wenn Kinder im Spiel sind und die ökonomische Basis nicht besonders üppig ausfällt.

Schließlich ist unser moderner Individuumsbegriff nicht nur normativ, kulturell oder rechtlich, sondern insofern »empirisch«, als wir alle so reich an Gedanken und Erlebnissen sind, dass kein Leben ausreichte, den Partner erschöpfend kennenzulernen. Was für lange Bindung spricht. Vergleiche mit prähistorischen oder wilden Gesellschaften von heute sind hingegen prekär. Denn eine hypermoderne Funktionsgesellschaft lebt von komplizierten Individuumsrechten und Eigentumsverpflichtungen. So können wir das weibliche Stöhnen auch anders auffassen: Die Frau ist genussfähiger und vor allem musikalischer.

Die messianischen Tage der Sexualität sind solche, in denen alle Geschlechterdefinitionen – insbesondere Frau und Mann – sie selbst sind. Und nicht zu einer Nichtgeschlechtlichkeit vereinheitlicht werden, wie es die Feministin Beatriz Preciado fordert (sie ist heute ein Er und heißt Paul B. Preciado.) Waren es früher politische Extremisten – Stalinisten, Maoisten –, welche die Welt beglücken wollten, kommen sie heute eher aus kulturwissenschaftlichen Nischen. Dort findet sich eine argumentative Militanz, die sich die entsprechenden philosophischen Moden sucht. Früher wurde gegen das Kapital gekämpft, heute gegen eine wie immer verstandene Normsexualität. Eine Bizarrerie im publizistischen Unterholz stellt Preciados *Kontrasexuelles Manifest* dar – mit der drolligen, wenn auch todernst gemeinten Perspektive, dass alle Menschen sich auf das kleinste Gemeinsame konzentrieren: die Stimulierung des Afters mit Dildos. Was als Realsatire durchgehen könnte, ist von großem theoretischem Pathos durchzogen und bis in die Details durchkonstruiert. In Wahrheit ist es

Lesbofaschismus. Alle Menschen werden zu Lesben umoperiert, die gesamte Gesellschaft auf Dildostrukturen umgestellt, alle Zeugnisse der sexuell falschen Vergangenheit vernichtet. In diesem Denken ist der Orgasmus ein »paradigmatischer Effekt heterozentristischer Produktions-Repression der Körper, der über den Umweg, körperliche Zonen zu fragmentieren und zu isolieren, funktioniert«. Dass der Höhepunkt Repression und Unterdrückung sei, ist eine überraschende Behauptung und sicherlich nicht mehrheitsfähig.

Kontra ist ein einfaches »Gegen«; schon Hegel kritisierte die platte Entgegensetzung als verkürztes Denken. »Kontrasexuell« – auf Deutsch: gegen- oder besser antisexuell. Das ist das Gegenteil einer Lösung, passiert aber, wenn Jacques Derrida und Judith Butler gekreuzt werden. Es ist die hartnäckige Weigerung, Geistes- sowie Kulturwissenschaften *und* Naturwissenschaften zusammenzudenken; hinter jedem Argument falsches Bewusstsein zu unterstellen; sich grundsätzlich weiter zu dünken als alle anderen.

So weit kommt es, wenn Aufklärungswille ins totalitäre Gegenteil umschlägt und kurzerhand *alle* biologischen Umstände zu sozialen Konstrukten erklärt werden. Dabei sind die Probleme der Frauen zunächst ganz handgreifliche. Zwei drastische Beispiele mögen genügen. Die sogenannte weibliche Beschneidung ist bereits in der Wortwahl ein extremer Euphemismus. Denn im Gegensatz zu jüdischen oder muslimischen Jungen wird nicht etwas entfernt, was nicht wirklich gebraucht wird. Es wird die Klitoris entfernt, und das ist eine Genitalverstümmelung. Sie widerspricht dem Menschenrecht der sexuellen Selbstbestimmung. Bevor es nicht gänzlich von diesem Planeten verbannt ist, können wir nicht davon sprechen, die Frauen seien befreit.

In muslimischen Kulturen bilden Burka, Tschador und Niqab ein Textilgefängnis, wodurch das Eigentum des Mannes und der Ausschluss der Frau aus dem öffentlichen Leben sichtbar vorgeführt werden. Die Frau soll keine Person sein. Das Kopftuch ist kein religiöses Symbol, sondern ein kulturelles Zeichen mit dem Zweck, die Schönheit der Frau zu verstecken. Es ist die gleiche Gesinnung, mit der vergewaltigte Frauen, Opfer ersten Ranges, wegen »außerehelichen Geschlechtsverkehrs« mit dem Tode bedroht werden. Der Hass auf die Frau ist des Mannes sexueller Abhängigkeit von ihr geschuldet. Befreit werden müssen beide Seiten, aber die Frauen zuerst. In Saudi-Arabien ist solche »Strafverfolgung« tiefe Rechtsüberzeugung. Der herzerweichende Film *Das Mädchen Wadjda* von Haifaa Al Mansour, der erste abendfüllende Film einer Regisseurin aus diesem Land, erzählt von einer Elfjährigen, die einfach nur Fahrrad fahren möchte. Als sie auf der Dachterrasse übt, fällt und sich am Knie blutig reibt, springt die Mutter entsetzt auf: »Hast Du Deine Jungfräulichkeit verloren?« Bei uns wäre das Satire, dort ist es kollektiver Wahn.

Gegenüber diesen krassen Unrechtsformen sind die Frauenprobleme im Westen prinzipiell lösbar. Auch hier gibt es Gewalt, aber sie kann und muss bestraft werden. Auch hier gibt es Ungleichgewichte, aber der Verfassungsauftrag ist eindeutig, zumindest in Deutschland. Artikel 3, Absatz 2 des Grundgesetzes sagt lapidar: »Männer und Frauen sind gleichberechtigt. Der Staat fördert die tatsächliche Durchsetzung der Gleichberechtigung von Frauen und Männern und wirkt auf die Beseitigung bestehender Nachteile hin.« Aber wie sieht die Lebenswirklichkeit diesseits politischer und juristischer Lösungen aus? Die hohe Zahl alleinerziehender Mütter zeigt die ganze Unwucht: Väter können sich leichter aus der erzieherischen und auch finanziellen Verantwortung stehlen; die Mütter sind buchstäblich alleine gelassen in der fast unlösbaren Aufgabe, Beruf und Kinderbetreuung zu vereinbaren. So ist das Verhältnis zwischen Mann und Frau weiterhin asymmetrisch.

Das zeigt sich auch an der Paradoxie der Galanterie. Das traditionelle Rollenverständnis erwartet von Männern zuvorkommende Höflichkeit Frauen gegenüber, sie helfen den Damen in die Mäntel und lassen am Aufzug den Vortritt. Zugleich wird solches Verhalten zunehmend als patrimoniale, gönnerhafte Geste dessen beargwöhnt, ja abgelehnt, der sich solche Großzügigkeit leisten kann. Verhält sich der Mann allerdings höflichkeitsneutral, kann das genauso gut als respektlos angesehen werden. Solange dieses Dilemma nicht verschwunden ist, bewegen sich die beiden Geschlechter nicht auf gleichem Niveau. Erst dann nämlich könnten sie sich wechselseitig galant verhalten und spielerisch mit diesem Hin und Her umgehen.

Dahinter verbirgt sich etwas Grundsätzlicheres. Gerade jüngere Frauen, aus einer Generation, die ökonomisch viel selbständiger ist als früher, die bereits mit den modernen Rechtsstandards aufwuchs, beklagen, dass sie im privaten Leben – und dazu gehören die Liebesbeziehungen und Lebensentwürfe – immer noch nicht auf Augenhöhe behandelt werden. Immer noch glaubt sich der Mann überlegen und den Ton angeben oder belehren zu müssen. Und das setzt sich außerhalb des privaten Rahmens fort und reicht weit ins Berufsleben und die gesellschaftlichen Diskurse hinein. Das »männliche« Bewusstsein hinkt der Wirklichkeit hinterher: Die Frauen sind längst selbstbewusst, Frau ihrer selbst und wünschen, entsprechend geachtet zu werden.

Über die Jahrtausende blieb den Frauen, überall auf unserem Planeten, kaum anderes übrig, als sich zu fügen und die wenigen Karten auszuspielen, welche die Natur ihnen mitgegeben hat: neben der Klugheit und dem Einfluss auf die Kinder während der Erziehung vor allem körperliche Attraktivität und sexuelle Dienstfertigkeit. Dieses Rollenverhalten ist so verwurzelt, dass es unabsehbar lange dauern wird, bis wir einen Zustand erreicht haben, in dem die Frauen diese geschichtlich sedimentierte Rollenzuschreibung abgeschüttelt haben werden. Erst dann wären die ihnen zugefügte Schuld und die geradezu epigenetisch kodifizierte Erblast von ihnen gefallen. Erst dann käme die »wahre« Sexualität (von der wir noch nichts wissen, aber vielleicht viel erahnen können) zum Vorschein. Erst dann träten die Geschlechter gleichberechtigt aufeinander zu: in ihrem Anderssein, aber auch in ihrem Aufeinanderbezogensein.

Erst in einer messianischen Zukunft werden Frauen und Männer zu einer wahrhaften Symbiose, Arbeitsteilung, einem Miteinander auf Augenhöhe und einer produktiven Komplementarität gelangen. So dass Lou Andreas-Salomé mit dem Satz recht bekommt: »und dass Zwei nur dann Eins sind, wenn sie Zwei bleiben«. Erst eine Zukunft, in der die politischen, aber auch religiösen und kulturellen Akteure gleichermaßen beiden Geschlechtern angehören, wird zeigen, was in der Frau steckt und worin ihre *andere* Art zu leben liegt.

Bis dahin entdecken die Frauen sich selbst, ohne die Bevormundung des Mannes. Auf allen Gebieten: Kunst, Beruf, Politik, Hobbys, Wissenschaft, Raumfahrt. Immerhin streben jetzt saudische Frauen ins Business und iranische ins Ausland. Dirigentinnen und Komponistinnen kommen endlich voran. In ihrem einst so wichtigen Buch *Die sexuellen Phantasien der Frauen* (1980) sprach Nancy Friday von »meinem geheimen Garten«. Das Bild passt. Unkraut ist zu jäten, Setzlinge zu pflanzen, Keime zu düngen, Blüten zu genießen, die Farbenpracht zu arrangieren. Wir können uns darauf freuen, was hier alles zu bestaunen ist.

Doch hüten wir uns vor Idealisierung. Kommen Frauen an die Macht, verhalten sie sich nicht automatisch anders als Männer, wenn es beispielsweise um Krieg geht. Unter den westlichen Staatsführern gibt es nur wenige Beispiele, doch eines ist beredt. Margaret Thatcher zögerte keine Minute, der Falkland-Inseln wegen die Flotte ins Getümmel zu schicken. Golda Meir hingegen zauderte, als 1973 der jordanische König sie vor dem bevorstehenden Angriff warnte, der zum Jom-Kippur-Krieg führte. Beim Ernstfall, um mit Carl Schmitt zu sprechen, sind vielleicht die sogenannten weiblichen Tugenden riskant, wiewohl die besonnene, deeskalierende Haltung John F. Kennedys während der Kuba-Krise die Welt vor einem neuen Krieg bewahrte.

Kommen wir zur messianischen Perspektive zurück. Viele Liebesgeschichten beginnen mit vorsichtiger Annäherung, bis auf einmal die beiden übereinander herfallen und es hemmungslos und leidenschaftlich miteinander treiben. So wird es in den Romanen beschrieben und noch mehr in unzähligen Filmen gezeigt. Die schiere Lust, das zügellose Verlangen wird ohne Hindernis ausgelebt. An sich eine gute Sache. Aber realistisch ist es nicht. Wer etwas Verstand hat, fragt zuvor nach der Verhütung, auch wenn dies die Unmittelbarkeit der sexuellen Atmosphäre stören mag. Literatur und Film lassen jedoch diese Frage außen vor und suggerieren eine Leichtigkeit, die es nur gäbe, wenn die Fortpflanzung von der Sexualität abgekoppelt wäre. Implizit gehen sie davon aus, dass Frauen grundsätzlich die Pille nehmen. Was freilich stark übertrieben ist und sich darauf zu verlassen extrem riskant.

Die Trennung von Sexualität und Reproduktion war die fixe Idee von Carl Djerassi, jenem Chemiker, der 1951 dasjenige Sexualhormon synthetisch herzustellen begann, das für den Ovulationshemmer benötigt wird. Später wurde er »Vater der Pille« genannt, brachte es zu einem beträchtlichen Vermögen, sammelte Paul Klee, wurde Kunstmäzen und schließlich Schriftsteller. Djerassi schlug vor, dass die Menschen in jungen Jahren ihre Eizellen und Spermien einfrieren und sich dann sterilisieren lassen, um bei Wunsch künstliche Befruchtungen zu veranlassen. Das mag Vorteile mit sich bringen, ist aber natürlich so unnatürlich, dass man versteht, wenn Menschen auch weiterhin ihre Kinder zeugen wollen, so, wie es die Natur vorsieht: mit freudiger aktiver Teilhabe. Immerhin ist damit eine Utopie formuliert.

Doch die Fortpflanzungstechnik bildet nur einen gewissen Teil der Sexualität. Viel gewichtiger sind die ethischen Aspekte der Unschuld, der Nichtmoralität, des Fehlens eines schlechten Gewissens. Wie gehen wir fair mit Macht um, die immer bei Liebeskontakten mitschwingt? Wie kommen wir mit den Asynchronizitäten in Liebesangelegenheiten klar, sprich mit Liebeskummer und Liebesleid? Wie koordinieren wir unsere Identitäten mit denen der anderen?

In der jüdischen politischen Philosophie ist der Messias keine religiöse Figur. Gott schuf zwar die Welt und den Menschen und erwählte sein Volk, das sich langfristig zur gesamten Menschheit auswachsen möge. Den gesamten Rest überließ er allerdings den Menschen. Somit ist die Endzeit keine Apokalypse, kein Gericht, kein Neubeginn, keine Neuschöpfung, also gerade keine Endzeit, sondern eine Anfangszeit unter veränderten Bedingungen, eine Vervollkommnung der Schöpfung, die Verwirklichung der Vernunft, der Potentiale des Menschseins, der Demokratie. Maimonides nennt in seinem berühmten *Brief in den Jemen* (1172) vier Merkmale dieser messianischen Zeit: ohne Krieg und Hunger, ohne Missgunst und Zwietracht. Die beiden ersten werden wohl von jedem Vernünftigen akzeptiert und sind längst internationales Recht (wenn auch nicht Realität), aber wie müssten die Menschen leben, die Gesellschaft beschaffen sein, damit auch Missgunst und Zwietracht verschwänden, immerhin zwei unangenehme Eigenschaften, die, seit wir denken können, zur *condition humaine* dazugehören? Und doch müsste das das Ziel sein: eine Politik der Freundschaft, um mit Jacques Derrida zu sprechen, herrschaftsfreie Kommunikation à la Jürgen Habermas, nichtidentische Subjekte in den Worten Theodor W. Adornos, eine universale Liebe der Multitude, wie der Sozialtheoretiker Antonio Negri sagen würde.

Hier kommt der weibliche Orgasmus ins Spiel. Seit es Kulturgeschichte gibt, sind Frauen um ihre Rechte und Potentiale gebracht worden. Bis heute sind sie noch nicht das, was sie sein können. Immer wieder von brutaler Gewalt und einer ideologischen Indoktrination ausgesetzt, fügten sie sich im Extremfall ihrem Schicksal. Es ist aber die Ironie, dass es die Frau ist, die über eine Genussfähigkeit verfügt, die, wäre sie universal entfesselt, vielleicht die Verhältnisse vom Kopf auf die Füße stellen könnte. Das wäre ein Bild von messianischem Zuschnitt.

Doch bevor wir aus den bisher entfalteten Überlegungen und Erkenntnissen Schlüsse ziehen werden, werfen wir einen Blick darauf, was die Künste: Literatur, Musik, Film und Malerei uns über den Orgasmus zu sagen haben. Finden sie für das Staunen eine Sprache, Klänge, eine Bilderwelt?

DER ORGASMUS
IN DER KUNST

Der musikalische Höhepunkt

In keiner Kunst spielt der Höhepunkt eine so zentrale Rolle wie in der Musik. Die Klimax, der musikalische Höhepunkt ist dort fast ein Fachbegriff, um den Augenblick der maximalen Energiedichte, die Kulmination der Entwicklung oder auch den höchsten Ton einer Melodie zu bezeichnen. Ein Musikstück ohne ihn gilt beinahe als langweilig und spannungslos. Gewiss, Höhepunkte gibt es in allen zeitorganisierten Künsten, in der Literatur, im Film und Theater, aber in der Musik, die ohne Worte auskommen muss und nicht einfach eine Geschichte erzählen kann, wird er essentiell.

Nun haben Musik und Sexualität viel gemeinsam. Die Musik spielt von allen Kunstformen in unserem Leben die größte Rolle, die Popmusik bildet ein ubiquitäres Phonotop, Werbung und Fernsehen ohne Musik im Hintergrund sind undenkbar, die Filmmusik wird zum integralen Teil eines multimedialen Werks. Musik ist ausgesprochen sinnlich und wird von uns ähnlich erotisch und verführerisch empfunden wie die eine oder andere Liebesaffäre im wirklichen Leben. Wir verhalten uns den Lieblingsstücken gegenüber wie Verliebte, meist süchtig und zuweilen blind. Die Musik vollzieht sich in der Zeit und führt uns in energetische und emotionale Verläufe, in die wir uns fallen lassen. Das Sujet Liebe ist in den Opern und unzähligen Liedern allgegenwärtig. Das »morire« bildet einen Topos in der Barockmusik und bedeutet dort nicht nur das zum Tod führende Liebesschmachten, sondern durchaus die Andeutung eines *petite mort*, somit eines sexuellen Höhepunkts. Freilich arbeitet die Barockmusik mit stilisiertem Vokabular und vermag zur Lust des Fleisches noch nicht vorzudringen. Für eine naturalistische Darstellung musste sich die musikalische Sprache erst noch zwei Jahrhunderte entwickeln.

Ihrer erotischen Qualität wegen wurde von der Musik ein substantieller Beitrag zur Sexualität erwartet. Aber auch zum Orgasmus? Musikwerke, die ihn zum eigenen Thema machen, ja abzubilden oder nachzuzeichnen suchen, sind rar. Es werden zwar Kandidaten genannt, bei denen angeblich Frauen zum Höhepunkt kommen: Rachmaninows Zweites Klavierkonzert oder Bachs Orgeltoccata BWV 540. Doch solche Wirkungen sind ebenso kontingent wie das Auslösen warmer Erinnerungen durch Gerüche, denen wir beim »ersten Mal« begegnet sind. Von feministischer Seite wurde sogar dem Repriseneintritt im ersten Satz von Beethovens Neunter Symphonie ein Vergewaltigungsakt unterstellt. Und natürlich wird Ravels *Bolero* genannt. Nicht zuletzt, weil eine gewisse Bo Derek, eine durchschnittlich begabte US-Schauspielerin und Sexsymbol der 1980er Jahre, im Film *Zehn – die Traumfrau* auf Ravels Musik vergnüglich vögelt und, weil es so schön ist, die Plattennadel zurücksetzt, damit der Spaß kein jähes Ende findet. Die Plattenindustrie erfreute sich großer Umsätze, und so gelangte das Orchesterwerk in die Massenkultur als Beispiel für einen musikalischen Orgasmus.

Allein, es sind Missverständnisse. Das lässt sich gerade am *Bolero* zeigen, der ein geniales und einmaliges musikalisches Experiment ist: Abwechselnd werden zwei Melodien über einem immergleichen Rhythmus in der Trommel wiederholt, der peu à peu vom Orchester aufgegriffen wird, sonst nichts. Diese Monotonie ist gewollt und wird getragen von einem immerwährenden großen Crescendo, das am Ende ins Stocken gerät und vom Komponisten mit einer kurzen Schlussgeste brutal abgeschnitten wird. Dieses Crescendo – nichts anderes ist der *Bolero* – solle paradigmatisch den Weg zum Orgasmus musikalisch nachzeichnen und erlebbar machen, so die populäre Meinung. Nur funktioniert auf diese Weise, das wird übersehen, weder der Orgasmus, noch kommt ein Höhepunkt in dieser Musik überhaupt vor. Freilich ist es kein Zufall, dass dieses Werk häufig erwähnt wird; es vertont am konsequentesten das Prinzip der Steigerung, geradezu linear und für jeden nachvollziehbar. Und nicht wenige wähnen darin Ekstase.

Vielleicht auch aus Mangel an Besserem. Dabei gibt es ihn: den Musikorgasmus, zeitlich, energetisch und emotional nachgebildet wie in einem realistischen Film. In einer Musik, die kaum bekannt ist, weil sie kein eigenständiges Konzertstück ist: der *Venusbergmusik* aus Wagners *Tannhäuser* in der Pariser Fassung von 1861.

Was war geschehen? Richard Wagner flieht 1849 als steckbrieflich gesuchter Revolutionär aus Sachsen nach

Zürich. Dort entwirft er eines der kühnsten Projekte der Musikgeschichte: die Tetralogie *Der Ring des Nibelungen.* Was ursprünglich als eine Oper gedacht war, wurde zu einem Zyklus von vier Musikdramen. Hierfür erfand er das Genre neu, und zwar mit sechs Innovationen: dem Musikdrama, einem eigenen Texttypus, den Festspielen, einem eigenen, akustisch einmaligen Theater, einem eigenen Orchester und einer spezifischen Kompositionstechnik mit Leitmotivik und der hochromantischen Harmonik, die bis heute untrennbar mit seinem Namen verbunden sind. Kein Komponist hatte bisher sich derart konzeptuell und programmatisch festgelegt und das auch noch in einer *Mitteilung an die Freunde* schriftlich fixiert. Schlussendlich komponierte er an dieser Tetralogie gut 25 Jahre. Freilich mit einer großen Unterbrechung, in der *Tristan und Isolde* und die *Meistersinger* entstanden. In notorischer Geldnot, lebte er unter anderem auf dem Anwesen seines Mäzens Otto Wesendonck, in dessen junge Gattin Mathilde er sich verliebte. Diese mag zwar dem Komponisten zugeneigt gewesen sein, eine sexuelle Affäre wurde daraus nicht. Wagner wurde immer fordernder und ungeduldiger, und nachdem ein letzter Brief mit der Bitte um eine einzige Stunde unbeantwortet blieb, flieht er abermals, ins schöne Venedig, wo er den zweiten Akt des *Tristan,* die berühmte Liebesszene, vollendet. Wagner sublimiert den Liebeskummer, wie es kein Freudianer besser beschreiben könnte.

Wagner nimmt sich des neben Romeo und Julia berühmtesten Liebespaars der Literaturgeschichte an, um seine Sicht auf Liebe, Eros und Sexualität auf den Punkt zu bringen. Und erfindet die musikalische Sprache neu. Der

Tristan ist eine Musik, welche die Chromatik zum Prinzip erhebt. Chroma bedeutet hier nicht nur einfach Farbe, die bewusste Färbung der Töne, wie sie seit dem 16. Jahrhundert in Gebrauch ist, sondern die weitestmögliche Ausreizung der tonalen Harmonik. Damit sind hochemotionale Gehalte möglich, mehr noch: Die chromatische Bewegung selbst, der kleinste Übergang von einer Note zur nächstgelegenen, hat buchstäblich etwas Schlüpfriges, Geschmeidiges, eine geradezu somatische Wanderung von einem Zustand zum nächsten. Knigges aus dem ausgehenden 19. Jahrhundert warnten ausdrücklich davor, Mädchen und Fräuleins dieser Musik auszusetzen. *Tristan und Isolde*, aus einem Guss und wie aus dem Nichts ohne jedes vergleichbare geschichtliche Vorbild geschaffen, gilt zu Recht als einer der Meilensteine der Musik im 19. Jahrhundert; die Musik ist berüchtigt wegen der erotisierenden Wirkung. Gleich der erste Akkord, der Tristanakkord, wird nicht nur zum berühmtesten der gesamten Musiktheorie, sondern ist auch Klangsymbol von Sehnsucht, Anspannung und Liebesleiden; wer ihn hört, wird augenblicklich in eine Liebestragödie eingebunden, so unmittelbar, wie es keine Liebesszene bei Mozart oder Verdi je vermocht hatte. Wagner, *der* Psychologe der Musikgeschichte, wusste um den somatischen Zugriff seines musikalischen Materials.

Wie bekannt, kommen die beiden Liebenden, die sich in die Fantasie einer ewigen Nacht hineinsingen, nicht zusammen, sie werden in flagranti erwischt, Tristan beim Zweikampf verletzt, im dritten Akt stirbt er, kurz bevor Isolde ihn retten kann. Diese singt sich in eine weitere Fantasie einer Weltverschmelzung hinein und sinkt, so die Regieanweisung, entseelt zu Boden. Wie es sich gehört, sterben in dieser Tragödie die beiden Protagonisten (die *Meistersinger* hingegen erleben ein Happyend).

Die neben *Carmen, Fidelio* und *Zauberflöte* vielleicht berühmteste Oper konnte freilich erst einmal nicht aufgeführt werden, sie war einfach zu kompliziert, Wagner kulturpolitisch isoliert. Da witterte dieser seine Chance. 1861 sollte sein *Tannhäuser* (mithin jene Figur, die der sexuellen Sorglosigkeit im Venusberg überdrüssig wird) in Paris aufgeführt werden; Wagner war geladen. Im Land von Baudelaire und Mallarmé, jenen Vertretern einer modernen Welt, die ihn verstehen und feiern sollten. Wagner komponiert eine neue Nummer direkt nach der Ouvertüre. Vordergründig stellt sie ein Bacchanal dar, in Wahrheit ist sie eine veritable Orgie. In der Regieanweisung heißt es: »Im Vordergrund liegt Venus, vor ihr, das Haupt in ihrem Schoße, Tannhäuser. Zahlreiche schlafende Amoretten, wild über- und nebeneinander gelagert, bilden einen verworrenen Knäuel. Die Jünglinge folgen den verlockenden Winken der Nymphen. Die Paare finden und mischen sich; Suchen, Fliehen und reizendes Necken beleben den Tanz. Die Bacchantinnen fordern die liebenden Paare zu wilder Lust auf. Durch Gebärden begeisterter Trunkenheit reißen die Bacchantinnen die Liebenden zu wachsender Ausgelassenheit hin. Der allgemeine Taumel steigert sich zur höchsten Wut. Hier beim Ausbruch der höchsten Raserei wecken die Grazien die Amoretten, die einen unaufhörlichen Hagel von Pfeilen auf das Getümmel schießen. Die Verwundeten, von mächtigem Liebessehnen ergriffen, lassen vom rasenden Tanze ab und sinken in Ermattung.«

Das lässt sich harmlos lesen – oder aber explizit. Wer die Musik kennt, weiß, wie es gemeint ist: Hier wird im

Kollektiv kopuliert. Wagner stellt exklusiv seine mit dem *Tristan* zur Meisterschaft gereifte Musik der Psychologisierung und Sexualisierung dem Pariser Publikum vor. Er schreibt an Mathilde: »jetzt, wo ich Isolde's letzte Verklärung geschrieben ... dass nur der Tanz hier wirken ... kann: aber welcher Tanz! Die Leute sollen staunen, was ich da Alles ausgebrütet haben werde.« Für jedweden Opernregisseur eine große Herausforderung. Wie deutlich, wie nackt wird es? Wo verläuft die Grenze des Geschmacks? (Der Film hätte es einfacher, aber weder ein Pornoproduzent noch ein avantgardistischer Filmemacher aus Frankreich ist bisher auf die Idee verfallen, diese Musik als Soundtrack für eine Hardcoreszene zu verwenden.) Eines der vielen Bühnenbilder zeigt stilisierte Robotermännchen und -weibchen mit mechanisierten Bewegungen – eine Ausflucht. Die Inszenierung an der New Yorker Metropolitan Opera von Otto Schenk mit Norbert Vesak als Choreographen (1977, produziert 1982) ist hingegen deutlicher und doch dabei geschmackvoll. Dort treiben es die tanzenden Figurinen wie auf einem barocken Landschaftsbild.

Die *Venusbergmusik* umfasst drei Abschnitte: die Erregungsphase (etwa dreieinhalb Minuten), einen ausgedehnten Orgasmus und die postkoitale Melancholie. Das sexuelle Vorspiel erspart sich Wagner. Kaum ist die Ouvertüre (sie ist ein musikalisches Vorspiel) vorüber, geht es sofort zur Sache; äußerst schnell, ohne Unterlass, atemlos, zielstrebig, als solle keine Sekunde vergeudet werden. Wir werden in die Orgie geworfen, gepackt und können nicht umhin mitzumischen. Drei große Steigerungswellen peitschen sich an immer hitzigere Plateaus heran.

Die erste Welle bringt die Akteure in Wallung, die Musik schießt nach oben, ein Sehnen und Suchen, ein erstes Ergreifen, ein Hinabtauchen, ein Eindringen, die Motorik kommt in Gang. Die zweite gilt der intensiven Kopulation, ein Hin und Her, ein Hinein und Hinaus, tiefes Atmen, das Tamburin akzentuiert den Rhythmus, die Bewegung von unten nach oben wird nun vom ganzen Orchester gebracht. Gehetzt geht es zum *point of no return*, an dem der Orgasmus nicht mehr zurückgehalten werden kann. Doch diese unwillkürliche Körperreaktion hält uns der raffinierte Dramaturg Wagner vor, er zieht im letzten Augenblick die Notbremse. Er verzögert, nimmt alles zurück, um nochmals und noch schneller die Klimax zu erspringen. Vor allem spielt die Musik plötzlich nur noch in der Höhe, man fliegt der Spitze buchstäblich entgegen, mit Kastagnetten und ihrem dornigen Klang. Schließlich führt eine passgenaue harmonische Wendung, unterstützt von einer emporsteigenden Tuba, dazu, dass die Musik in einen ominösen Klang hineinplatzt, explodiert. Die musikalische Anstauung kurz davor entspricht bei Masters und Johnson dem *point of no return*.

Diese Musik muss so schnell wie möglich und noch schneller als eigentlich möglich gespielt werden. Nur dann wirkt sie. Vortrefflich bei Herbert von Karajan mit den Berliner und – noch unerbittlicher – den Wiener Philharmonikern. Der sonst auf Veredelung versessene Maestro hat die Partitur wörtlich gelesen; dort ist ein atemberaubendes Tempo vorgeschrieben, während viele Interpretationen lauwarm, bräsig, verklemmt, teilweise gänzlich unverständlich klingen. Die Musiker müssen aus sich heraustreten, das Risiko suchen; Feinsinn und Kontrolle helfen nicht.

So weit der unmissverständliche Weg zum Orgasmus. Aber wie klingt er selbst? Zunächst ist er Klang, volles Orchester mit innerer zitternder Bewegung, keine melodischen Sequenzen, keine motivische Arbeit. Höhepunkte sind musikalisch meist kompakt, rund, eher informationsarm, das Erkennen schlägt um ins Erleben. Man atmet nicht mit, sondern hält den Atem an. Überwältigung statt Führung. Die Konvulsionen beim physischen Akt erspart uns Wagner. Der Orgasmus ist ein großer Augenblick. In dessen Mitte überstrahlen die Trompeten das Geschehen fanfarenartig, als wolle die Musik nach den Sternlein greifen. Es sind Blitze, bevor die Szene sich verdunkelt. Man ist abgehoben und fliegt, badet im Klang, wird von ihm weggespült: Wasser, Äther, Weltenraum, Uterus – es bieten sich viele Assoziationen. Im Grunde reine Erlebnismusik. Keiner soll denken, nur hören, darin sein, so wie auch keiner beim Orgasmus eine Erkenntniseinstellung einnehmen wird.

Das Beste an dieser Musik: Der Höhepunkt dauert ganze 50 Sekunden! Das Scharnier, die Peripetie ist erreicht, wenn der Tristanakkord erklingt, der den Umschlag in eine ganz andere Befindlichkeit einleitet. Dieser Akkord drückt nämlich nicht nur Sehnsucht, sondern auch allgemein eine schattige bis nächtliche amouröse Gestimmtheit aus, je nachdem, wie er instrumentiert ist. Die Ermattung, von der die Regieanweisung spricht, folgt nun genau einem entgegengesetzten musikalischen Stil: Statik, Melodik, Impressivität, Zuständlichkeit, langsames Tempo, Dreiermetrum (und Chor im Hintergrund) gegenüber Dynamik, Gestik, Expressivität, Entwicklung, Presto, Zweiermetrum. Alles, was die Kompositionstechnik an Dualismen bereithält, wird eingesetzt. Baudelaire beschreibt diese Stimmung: »Jedes Mal begegnet uns die Empfindung einer geistigen und körperlichen Seligkeit; die Einsamkeit und Entrücktheit; der Versenkung in etwas unendlich Großes und Schönes; und schließlich die Empfindung eines bis an die letzten vorstellbaren Grenzen ausgedehnten Raumes.« Überraschenderweise nimmt sich Wagner für das innige Nachspiel verhältnismäßig viel Zeit: sieben Minuten.

Doch eines wird klar: Diese Sexorgie handelt nicht von Liebe, um das personale Ich geht es nicht. Die es miteinander treiben, wollen einander nicht »erkennen«. Es ist zunächst der physische Akt als solcher. Die Musik wird erst im dritten Teil gefühlig und führt die Paare zueinander. Beides steckt in uns Menschen: das Begehren, der Trieb, das tierische Element und das bewusste emotionale Erleben, die vertraute Zweisamkeit. Was, wenn nicht die Kunst, könnte solche Affekte und Instinkte zur Darstellung bringen? Offenbar nur die Zeitkunst Musik, die Tondichtung, Klangmalerei, zumal wenn es eine geniale ist. Die *Venusbergmusik* ist ein Juwel, das kaum bekannt ist.

Es erstaunt, dass es weit und breit keine Musik gibt, welche sich dieses seltene Beispiel zum Vorbild nahm. Der frühe Richard Strauss hatte es in der *Feuersnot* (1901) versucht, das Ergebnis ist eher kläglich; ein paar Jahre später komponierte er das Meisterwerk *Salome* (1905). Die junge Prinzessin lässt ihr Objekt der Begierde köpfen, um beim Kuss auf die toten Lippen zu erfahren, dass die Liebe bitter schmecke. Strauss hatte damit die sexuelle Perversion entdeckt und sie genauso kompromisslos auf die Bühne gebracht wie einst Wagner das Ineins von Liebes- und Todessehnsucht. Zwar wird ab und an die Ouvertüre seines *Rosenkavaliers* (1911) ins Spiel gebracht. Wird der Vorhang hochgezogen, erscheint die Marschallin mit ihrem jungen Geliebten im Bett; es hat sich also etwas zugetragen, was genau, obliegt der Fantasie des Publikums. Die Musik schwingt sich zu einem Höhepunkt auf und gleitet säuselnd nach unten. Doch das kommt tausendfach vor, würde genauso gut zu einem Paar passen, das sich heftig umarmt und danach innig kuschelt. Wenn es ein Liebesakt war, was die beiden hinter dem Vorhang vollführten, dann war es ein Quickie. Die Musik wäre lediglich eine Parodie eines Musikorgasmus. Der Komponist schreibt sogar vieldeutig in die Partitur, die Steigerung sei parodistisch zu interpretieren. Strauss war ein grandioser Alleskönner, aber das bürgerliche Publikum um 1910 mit veritabler musikalischer Pornografie zu konfrontieren, wäre ihm nicht in den Sinn gekommen.

Es versteht sich, dass der Orgasmus in der Musik ganz anders gedacht werden muss, als es fragwürdige psychologische Tests suggerieren, die ihren Probanden Ravel, Bach und Rachmaninow anbieten. Der Orgasmus ist nichts ohne den Weg dorthin. Wird ein musikalischer Höhepunkt aus dem Kontext geschnitten, wirkt er nicht. Er ist einfach zu kurz. Die Energie muss aufgebaut und der Hörer affektiv, körperlich und vegetativ in Stimmung gebracht worden sein. Dafür braucht es Zeit. Wagners dreieinhalb Minuten sind wie ein ausgedehnter Augenblick, und so soll es auch der Orgasmus sein. Nur die Musik vermag den Augenblick in unserem Bewusstsein, dessen Aufmerksamkeitsspanne Kognitionspsychologen auf drei Sekunden begrenzen, auf knapp eine Minute zu dehnen.

Und danach muss die Energie wieder abfließen, genau das geschieht beim *Bolero* nicht (übrigens auch nicht in Ravels *La Valse*, dieser unübertrefflichen Apotheose des Tanzes, der sich ähnlich orgasmisch und orgiastisch hören lässt).

Wagner waren die wissenschaftlichen Ergebnisse von Masters und Johnson noch unbekannt, er verließ sich auf die eigene Erfahrung. Wir, die wir nicht nur diese beiden Pioniere kennen, sondern auch vor einer ganzen Bücherwand zu Sexualität und Orgasmus stehen, müssten planvoller, strategischer vorgehen. So wären die vier Phasen des sexuellen Höhepunks formal abzubilden: Erregung, Plateauphase, Orgasmus und Rückbildung. All das ist musikalisch möglich und im Grunde auch nicht schwierig. Selbst die orgasmischen Konvulsionen, die muskulären Zuckungen im Abstand von 0,8 Sekunden sind bei einem Tempo von 75 gut zu treffen. Wer etwas Klangsinn hat, könnte derlei durchaus vertonen. Freilich müsste auch die damit verbundene Gefühlswelt, der psychische Komplex mitkomponiert werden, und das konnte schon Wagner so gut, dass das womöglich der Grund ist, warum wir Ähnliches bislang missen. Vielleicht wagt sich doch einmal ein Komponist oder eine Komponistin an den Musikorgasmus. Oder Jazzer, eine Pop-, eine Rockgruppe. Es sollte die Hoffnung nicht aufgegeben werden. In einer permissiven, lasziven, durchsexualisierten, ja pornofizierten Gesellschaft müsste auch die Musik liefern, was Film, die Pornoindustrie, der erotische Roman und die Regenbogenpresse uns täglich vormachen: einen Klangverlauf anbieten, bei dem wir genauso leicht verschämt zu lächeln beginnen wie bei einem anzüglichen Witz oder zweideutigen Foto.

Kommen wir noch einmal auf *Tristan und Isolde* zurück. Im zweiten Akt singt sich das Liebespaar in eine Ekstase hinein, die Musik schraubt sich mäandernd zum musikalischen Höhepunkt. Der Schluss der zweiten Szene gehört zum Besten, was Kunstmusik jemals hervorgebracht hat. Im Gegensatz zur *Venusbergmusik* ist sie kaum rhythmisch und verzichtet auf tänzerisches Kolorit, sie vertraut der melodischen Entwicklung und den Wechseln der Akkorde, die in einem Psychogramm die Innenwelt der beiden abbilden. Sie beginnt leise und mild, um sich in jedem Atemzug die Zeit zu nehmen und den ganzen Vorgang bewusst genießen zu können. Es ist die Musik Isoldes. Die Musik erklimmt die Höhe, wird lauter, drängender, ja fordernder, dabei immer mit beseelten Verzierungen, die wie ein Liebessäuseln die Musik vor allzu praller Deutlichkeit bewahren. Sie soll verzaubern, vergessen machen, dass wir Zuhörer und Zuschauer sind, Wagner wollte erklärtermaßen den Zugriff auf das Unbewusste. Mit einer späten Verzögerung wird die Spannung zum Zerreißen ausgereizt. Allein, da der erlösende Hauptklang kommen sollte, sprich der Orgasmus einsetzen müsste, stürmt der Intrigant Melot, Diener des betrogenen Königs Marke, herein. Ein schriller, ein falscher Akkord zerstört mit einem Mal alles.

Wagner wiederholt freilich diese Musik: in dem noch berühmteren Liebestod Isoldes, der Schlussmusik der Oper, die auch ein eigenständiges Konzertstück ist und jene erreicht, welche nicht die Geduld für fünf Stunden Opernabend aufbringen. Diesmal singt Isolde allein, Tristan liegt ja tot vor ihren Füßen. Kein störender Akkord, sondern ein Höhepunkt wie im Lehrbuch: Das volle Orchester pendelt breit ein paar Mal zwischen zwei weichen und doch kräftigen Akkorden. Danach schwingt die Klangfülle ab, die Musik verebbt, rückt in die Ferne und klingt aus. So hätte es idealerweise auch im zweiten Akt sein sollen: die Liebesvereinigung und danach das gemeinsame Einschlafen für immer.

Ein kleines Detail sei dem interessierten Leser nicht vorenthalten. Völlig unüblich betont Wagner im Schlussakkord die Terz anstelle des Grundtons, gespielt von der sehnsuchtsvollen Oboe. Dieses zweigestrichene dis ist somit auch so etwas wie der Leitton zu einem nächsten Akkord, der ausbleibt, den wir indes im Echoraum des Opernsaals imaginieren müssen – eine geniale Weise, das Jenseits im Tode auszudrücken. Der echte *mort* wird hör- und erlebbar, ohne dass wir ihn tatsächlich ausleben müssten. Dass Liebe und Tod verschwiegene Zwillinge sind, diese spezifische Erfahrung pflanzt uns Wagner mit dieser Terz ein, auf dass sie uns nicht mehr verlasse.

Es gibt gute Gründe, die *Venusbergmusik* als Darstellung des Orgasmus zu hören, wie ein Mann ihn erlebt. Wenn das stimmt, ist Isoldes Liebestod die Darstellung des Orgasmus, wie die Frau ihn erlebt: weniger linear, sondern spiralfömig, wärmer, weniger motorisch, wie eine weitschwingende Brücke, weniger wie eine Klippe – musikalisch gesagt: melodischer. Ganz genau kann es keiner wissen, aber welche Musik käme dem Mysterium des weiblichen Orgasmus näher?

Die Poetik des Orgasmus

»Und es kam, es war nicht mehr aufzuhalten, die Krämpfe der Sehnsucht hätten nicht mehr verlängert werden können, es kam, gleichwie wenn ein Vorhang zerrisse, Tore aufsprängen, Dornenhecken sich erschlössen, Flammenmauern in sich zusammensänken ... Die Lösung, die Auflösung, die Erfüllung, die vollkommene Befriedigung brach herein ..., und mit entzücktem Aufjauchzen entwirrte sich alles zu einem Wohlklang, der in süßem und sehnsüchtigem Ritardando sogleich in einen anderen hinüber sank ... ein Fest, ein Triumph, eine zügellose Orgie ..., die in allen Klangschattierungen prahlte, sich durch alle Oktaven ergoss, aufweinend im Tremolando verzitterte, sang, jubelte, schluchzte, angetan mit allem brausenden, klingenden, perlenden, schäumenden Prunk der orchestralen Ausstattung sieghaft daherkam. Es lag etwas Brutales und Stumpfsinniges und zugleich etwas asketisch Religiöses, etwas wie Glaube und Selbstaufgabe in dem fanatischen Kultus dieses Nichts ... etwas Lasterhaftes in der Maßlosigkeit und Unersättlichkeit, mit der ... genossen ... wurde, und etwas zynisch Verzweifeltes, etwas wie Wille zu Wonne und Untergang in der Gier, mit der die letzte Süßigkeit aus ihr gesogen wurde, bis zur Erschöpfung, bis zum Ekel und Überdruss, bis [es] endlich, endlich in Ermattung nach allen Ausschweifungen ... mit einem wehmütigen Zögern erstarb.«

Eine wortgewaltige, bilderreiche, zugleich interpretierende Darstellung des Höhepunkts, vom jungen Thomas Mann am Ende der *Buddenbrooks*. Allein, es wird gar kein

Orgasmus beschrieben, sondern der Schluss einer improvisierten Fantasie auf dem Klavier. Aber es ist – fast – das Gleiche und zeigt einmal mehr, dass die Musik von allen Künsten die »orgasmischste« ist.

Was erwarten wir von Literatur? Poetik, Fiktion, Neuinterpretation des Bekannten, eine ausgefeilte, exquisite Sprache, einen Tiefenblick in die Genauigkeit, das Stiften von Wörtern und ganzen Sätzen, damit überhaupt etwas zur Sprache kommt. Wir erwarten nicht das Sachliche, sondern eine Quintessenz. Das Wesen des Orgasmus, woran alle Wissenschaft und alle Fachbücher sich nicht wagen oder scheitern müssen. Dabei bieten sich die Epik und die Lyrik an.

Die raffinierteste Darstellung des Orgasmus in der Literatur stammt von niemandem Geringeren als James Joyce, in seinem *Ulysses*, mit dem der Autor seiner absoluten literarischen Überlegenheit ein Denkmal für die Ewigkeit setzte. Leopold Bloom irrt in 18 Episoden einen langen Tag durch Dublin und durchschreitet dabei bekanntlich einmal die ganze Welt. Joyce macht daraus ein Lexikon und einen Katalog all dessen, wessen Literatur fähig ist. Gegen Abend, im Kapitel Nausikaa nach der Tochter des phaiakischen Königs Alkinoos, die den schiffbrüchigen Odysseus am Strand entdeckte, masturbiert Bloom in der Hosentasche, als er ein junges Mädchen beobachtet, das ihn exhibitionistisch aufreizt. Es ist am Strand, die Leute sind gekommen, ein Feuerwerk zu bestaunen. Joyce vermeidet jede Nennung des Vorgangs selbst. Wer nicht darauf kommt, verpasst es. Vielmehr Subtexte, Anspielungen, Querverweise, Bildungsrätsel. »Und dann sprang eine Rakete hoch und schoss peng blind und O! dann barst die

Leuchtkugelröhre auseinander und es war wie ein seufzendes O! und alles schrie O! und O! in Verzückung und es ergoss sich daraus ein Strom goldregnender Haarfäden und sie schimmerten auseinander und ah! da warens auf einmal lauter grünliche tauige Sterne die niederfielen mit güldenen, O so lebendig! O so sanft, süß, sanft!« – heißt es in der kongenialen Übersetzung von Hans Wollschläger. Joyce beschreibt das Feuerwerk. Doch durch den Kontext und die literarische Technik des An- und Abschwellens ist klar, was hier in Wirklichkeit umschrieben wird. Es ist die Aufgabe der Literatur, für das Namenlose, Numinose, das Undarstellbare eine Sprache zu finden. Nur sie vermag es, nicht aber die Philosophie und nicht die Wissenschaft.

In diesem Sinne beschreibt der männliche Ich-Erzähler in Szczepan Twardochs sprachmächtigem Roman *Morphin* (2012) seinen Orgasmus bei der Stammprostituierten Salomé: »Flüssige Wärme verbreitet sich ... Flüssiges Glück ... und ich treibe in warme, weiche Dunkelheit, Dunkelheit wie ein Liebeskrampf, zerdehnt wie eine Uhr von Dalí, Dunkelheit wie warmes, weichwerdendes Blei, unten an meinem Körper dringt Lust in die Welt, schwillt an und platzt, ergießt sich in Kaskaden von glänzender Dunkelheit, in die Lungen, in die Kehle, in den Schoß, den Schwanz, die Beine, bis in die Fingerspitzen, ergießt sich in mich und beklebt die Welt. Und alles leuchtet auf, und alles erlischt.«

Subjektiv, gewiss. Hier erlebt eine konkrete Person den Höhepunkt. Verallgemeinert werden kann das nicht, aber wären gut hundert solcher Stellen in einer Anthologie vereint, wir näherten uns einem ziemlich umfänglichen Bild. Doch es ist nicht einfach, solche Stellen überhaupt zu finden. Früher waren Romane nicht explizit, erst in jüngerer Zeit gehört es zum guten Ton der Autoren. Doch was lesen wir hier?

Symptomatisch für die Sexualisierung der Romane ist das Fehlen der emotionalen Seite. Alban Nikolai Herbst verarbeitete in seinem Roman *Meere* die gescheiterte langjährige Beziehung zu einer viel jüngeren, bildschönen Halbinderin, die ihre Persönlichkeitsrechte gefährdet sah und kurzerhand das Buch verbieten ließ. Wer ein letztes Exemplar erwarb, konnte auch den Grund erfahren: Die Holde wurde als spermadürstende Nymphomanin dargestellt, was eher eine Männerfantasie denn ein realistisches Szenario ist. Man liest dort viel Explizites über des Mannes Ergüsse, wenig aber über Gefühle oder Erlebnisse und nichts über die Innenseite der Orgasmen.

In Charlotte Roches Roman *Schoßgebete* spricht die Ich-Erzählerin wie zu Hause auch. Gleich der erste Satz und die ersten Seiten sind explizit. *Sex sells* eben. Der Hype um diese Autorin dürfte eher kulturindustriell zu erklären sein. Dabei könnte doch gerade eine Schriftstellerin Aufschluss über den weiblichen Orgasmus bieten, wie er sich anfühlt, welche Bedeutung ihm für die Frau zukommt. Statt dessen sind der Erzählerin ihre Mutter, Alice Schwarzer und Feminismus wichtiger.

Marlene Streeruwitz, die als feministisch gilt, lässt *Jessica, 30* erzählen; diese ist stolz, dass sie ihrem Liebhaber, einem verheirateten Politiker, so überzeugend die Orgasmen vorzutäuschen versteht. Rache an den bösen Männern? Ulrike Draesner spricht in *Mitgift* von grünen Wäldern, Andrea Hensgen in *Der Papst kommt* von einer Gotteserfahrung, wenn frau kommt – mehr nicht. Und auch der ansonsten freizügige und zwischen Psychoanalyse und Judentum gewitzte Frauenromanklassiker *Angst vorm Fliegen* von Erica Jong verrät nicht mehr, als dass eben frau kommt, wenn sie kommt.

Die Maskulinisten enttäuschen ebenfalls. Der Skandalissimo Michel Houllebecq berauscht sich in *Unterwerfung* an den eigenen Ejakulationen. Philip Roth (*Portnoys Beschwerden*) und Henry Miller (*Sexus* und *Wendekreis des Krebses*) haben mehr Freude an ihren nonkonformen Derbheiten, als dass sie um Feinbeobachtungen bemüht wären, die häufige Verwendung des F-Worts beweist freilich noch keine Progressivität. Vielmehr drückt sie ein gerütteltes Maß an Aggressivität aus und zeigt, wie mann zur Frau steht. Den Gipfel des Phallus- und Ejakulationsnarzissmus bildet sicherlich »Walter«, jener Autor, von dem wir nichts wissen, aber das Buch *Mein geheimes Leben. Ein erotisches Tagebuch aus dem Viktorianischen England*, gut 2000 Spalten lang, erhalten haben. Es ist durch und durch obszön: Sex ist Rammelei, Ejakulieren, Kommen und Gehen zur Nächsten. Protokoll einer Obsession. Der Rezensent Jan Philipp Reemtsma gab sich irgendwo in der Mitte geschlagen und legte das Buch beiseite. Es ist so erotisch und redundant wie das Telefonbuch einer Megametropole.

Eine literarische Nullität ist der Hit der 2010er Jahre: *Fifty Shades of Grey* der ansonsten als Romanautorin nicht ausgewiesenen Britin Erika Leonard, a.k.a. E. L. James. Ein Millioneneffekt mit mehreren Sequels, obwohl schon der erste Band einer zu viel war. Der Plot bringt das klischeehafteste aller denkbaren Klischees: Ein superreicher, hochintelligenter, des klassischen Klavierspiels mächtiger und äußerst generöser 28-jähriger Erfolgsunternehmer trifft auf eine gänzlich unerfahrene, verhuschte Provinzstudentin. Er ist beziehungsunfähig, sie müht sich ab, ihn davon zu erretten. Frau opfert sich Mann. Das Buch ist, um es mit einem politischen Schlagwort auszudrücken, postfaktisch. So bietet sie dem Liebhaber in der Badewanne eine Fellatio in technisch perfekter Vollendung, obwohl sie am Vorabend erst einmal entjungfert werden musste. Das Problem dieses Buchs liegt in seiner moralischen Verfehlung. Der Vertrag, den der sadistische Mann seiner zur Gefügigkeit verführten Freundin vorlegt, erklärt sie zur Sklavin, listet die körperlichen Züchtigungen auf, seelischer Schmerz gehört explizit dazu. Wäre das Geschlechterverhältnis umgedreht, der Mann von der Frau erniedrigt, könnte man mit einigem Wohlwollen von ausgleichender Gerechtigkeit sprechen. So aber ein frauenverächtlicher Roman, geschrieben von einer Frau, gelesen von Millionen Frauen. Dass das Buch, in dem man über den Orgasmus nicht das Geringste erfährt, zum Welterfolg wurde, zeigt, dass das Verhältnis zwischen Frau und Mann weiterhin großer emanzipatorischer Anstrengungen bedarf. Entsprechend versuchte die Soziologin Eva Illouz, die das instruktive Buch *Warum Liebe weh tut* geschrieben hat, den Roman als Ausdruck veränderter (und wir dürfen hinzufügen: gestörter) Liebesvorstellungen zu verstehen.

Immerhin, es werden Fantasien befriedigt. Den Verkehr zu dritt trifft man des Öfteren an. Der Klassiker Alfred de Musset geht indessen einen Schritt weiter und beschreibt in seinem Roman *Gamiani* einen Vierer, eine Frau, die einen Mann vaginal reitet, sich anal penetrieren lässt und genüsslich mit dem Mund sich eines Dritten bemächtigt.

Sie genießt überschwänglich die Reizung des Gaumens und der Eingeweide. Und dann: »Alle vier explodierten wir gleichzeitig vor Lust.« Ein in freier Wildbahn praktisch nie vorkommender Quattrorgasmus. Denn: Wie lange müsste dieses Quartett üben und sich einander gleichmachen, um zu einem vierfachen Simultanissimus zu gelangen? Auch im »Erziehungsratgeber« *Der gelüftete Vorhang* des Grafen Mirabeau ist die Gleichzeitigkeit bei Gruppenvergnügungen ein großes Thema. Ein Roman ist Fiktion, Erfindung, Protokoll eines Wunsches, eines Ideals vielleicht. Womöglich identifiziert sich jemand mit solchen Szenen.

Unter den pornografischen Büchern der Vormoderne sind *Aus dem Tagebuch der Mademoiselle S...*, ein schlüpfriger Briefroman, der fälschlicherweise der bedeutenden Sängerin Wilhelmine Schröder-Devrient untergeschoben wurde, und *Josefine Mutzenbacher: Die Lebensgeschichte einer wienerischen Dirne, von ihr selbst erzählt* die bekanntesten. Alles deftige Kost, kaum mehr als Verbalisierungen dessen, was heute in jedem Filmchen zu sehen ist. Die Mutzenbacher ist orgasmusfreudig, wie es das Klischee vom katholischen Österreich vermutet. Aber Erhellendes zum Höhepunkt, gar Poesie darf nicht erwartet werden. Das Genre des erotischen Romans jenseits funktionaler Erregung musste erst einmal entwickelt werden.

Obwohl das 18. Jahrhundert schon weiter war: »Wohlweislich hat die Natur denjenigen Moment der inneren Auflösung zum Wiederbeleben eingerichtet, der uns überkommt, wenn der Strom süßester Auflösung sich nähert, wo das Genießen in sich selbst vergeht, und wir uns in diesem Vergehen hinstrecken und in unserem Verströmen ersterben.« – heißt es in John Clelands *Die Memoiren der Fanny Hill* (1749).

So musste die Prüderie des 19. Jahrhunderts weggeräumt werden. Anaïs Nin, eine Frau bewegten Lebens, bemühte sich in den 1940er Jahren darum, für die vielen Facetten des Liebesspiels eine Sprache zu finden, und zwar aus der weiblichen Sicht. Die kleineren Episoden sollte sie viel später unter dem Titel *Das Delta der Venus* veröffentlichen. »Die Sprache des Geschlechtlichen muss noch erfunden werden. Die Sprache der Sinne muss noch erkundet werden«, schreibt sie in ihren Tagebüchern und setzt sich *expressis verbis* von der »Ausdrücklichkeit eines Henry Miller« ab. Über David Herbert Lawrence sagt sie, er habe begonnen, »dem Instinkt sprachlichen Ausdruck zu verleihen, er versuchte, das klinische, das wissenschaftlichen Vokabular zu vermeiden, da es die Empfindungen des Körpers nicht einfängt«.

Lawrences berühmtestes Buch ist ein Klassiker des Erotischen: *Lady Chatterley's Lover*. Hier wird zum ersten Mal auf eine ernsthafte Weise der menschlichen Sexualität literarisch nachgeforscht, ohne Anbiederei: »Wellten neue, seltsame Schauer in ihr auf. Wellten wellend, wellend, wie flatterndes Übereinanderzüngeln sanfter Spitzen, herrlich, süß und alles in ihr schmolz, zerfloss. Wie Glocken war es, die schwangen, immer höher schwangen, empor zum Gipfel. Sie lag da, war sich der wilden kleinen Schreie nicht bewusst, die sie am Schluss ausstieß.« So der Schriftsteller über den weiblichen Höhepunkt. Nin wiederum fand auch Worte für den männlichen: »Im Augenblick des Orgasmus brüllte er wie ein Tiger, es war ein überwältigender Aufschrei der Ekstase, der Wonne, des Entzückens, ungezähmt, wild, wie sie ihn noch nie vernommen hatte, das Gebrüll eines Urwaldtieres, das sich seiner Beute freut, das vor Vergnügen brüllt.« Den weiblichen beschreibt sie in *Das Delta der Venus*: »[Er] kam wie kleine Wellen, die sich am Meeresufer brachen, eine die andere überrollend, kleine Wellen salzigen Schaumes, die den Strand ... benetzten.«

Péter Nádas braucht in den *Parallelgeschichten*, seinem 1700-Seiten-Roman, lange, bis er zum Höhe- und Endpunkt gelangt, dafür aber kommen beide gleichzeitig, und alle vorbereitende Schritte werden minutiös, geradezu technisch auseinandergelegt, von Exkursen durchzogen, in denen die beiden sich ihren Gedanken und Erinnerungen überlassen. Ein Superlativ: Der, so heißt es, längste Liebesakt der Literaturgeschichte wird eher physiologisch beschrieben, aber eben nicht nur: »Jetzt oszillierte, rutschte es bei beiden zwischen den verschiedenen Takten, zwischen den verschiedenen Ebenen hin und her. Wenn man im Atemholen des anderen ein Glücksgefühl wahrnimmt, wird die eigene Atmung noch glücklicher, und man spürt auch nicht zufällig, dass man draufgehen könnte. Ich sterbe, ich liebe dich so, dass ich sterbe. Die geweiteten und aufgeweichten Poren, die übereinandergleitenden Glieder, die erschlafften Muskeln und Gelenke, die in Blitzen durchbrechenden Erinnerungen, der kaum wahrnehmbare Umriss, die miteinander verschmolzenen, heiß schmerzenden Schöße, die durchdringenden Gerüche.« Nach einer 120-Seiten-Liebesnacht würde man mehr Ausführlichkeit nicht verschmähen, aber immerhin wird die Nähe zum Tod ausgesprochen und das Risiko, sich ganz zu verausgaben, sich wortwörtlich an den anderen zu verschenken.

Es ist eher die Lyrik, die den schönsten Augenblick, diese so kurze Unterbrechung des Lebens, in wenige, aber exakt vermessene Worte fasst. Von der berühmtesten antiken Dichterin, Sappho, sind nur wenige Liebesgedichte erhalten. In einem heißt es: »... auf einmal / läuft mir Fieber unter der Haut entlang, und / meine Augen weigern die Sicht, es überrauscht / meine Ohren, / mir bricht Schweiß aus, rinnt mir herab, es beben / alle Glieder, fahler als trockne Gräser / bin ich, einer Toten beinahe gleicht mein / Aussehn ...« Ovid war in seiner *Ars amatoria* für heutige Verhältnisse progressiv: »Odi concubitus, qui non utrumque resolvunt« – »Ich lehne den Beischlaf ab, der nicht beide ermattet.« Er meint Mann und Weib, nicht die Knabenliebe. Den Duorgasmus beschreibt er nicht, aber er lobpreist ihn und berät in den Details. An die Frau gerichtet: »Wenn du täuschest, hab nur recht acht, dass er es nicht merke: / Und bewege dich so, blicke so, dass er es glaubt!« Ein echter Klassiker.

Aus der Neuzeit mögen diese Zitate für sich sprechen: »Zitternd Saft und Leben sprühend / Gegen die Ekstase der Entzückten, / Wonnevollen Duft verströmend / In die Wollust der Beglückten.« Und: »Mit einer Flut von weißer Lust; / Weißglühender Schwindel brennt mich leer; / In dem ich lebe und vergehe, / Und wieder lebe und verderbe, / Noch einmal atme, dennoch sterbe, / Und endlich wieder auferstehe.« (Beides Paul Verlaine) – »O dass wir also, kaum mehr unterschieden, / glücksströmend ineinander übergehn. / In jedem wird das Leben doppelt sein.« (Lousie Labé) – »Ehe das Leben, das grausame Leben, / eisig uns trennt mit bitterem Weh, / gib mir den Tod in glühenden Küssen, / lass mich in deiner Liebe vergehn. / ... Muss ich nun auch in heißestem Kampf / sterben und untergehn – / einmal hab' ich doch dem Glück / ins leuchtende Auge gesehn.« (Franziska zu Reventlow)

Die nicaraguanische Dichterin Gioconda Belli ist in ihren erotischen Gedichten *Zauber gegen die Kälte* besonders sprachmächtig: »Staudämme fallen in Stücke« – »Dafür schenke ich dir mein Universum, / alle die Meteore und Monde, / die schon lange meine Träume umkreisen, / meine Finger voll Sehnsucht, nach den Sternen zu greifen / und die Sonnen, die meinen Körper bewohnen.« – »... wir wollen uns lieben ... / wie ein Libellenpaar, das sich begattet im Wind / ... eine Verschmelzung / von Wasser, Feuer und Luft.« – »diese Weinlese der Lust / mit der mein Blut rastlos und dröhnend / beharrlich die senkrechte Sonne segnet / die immerwährende Orgie des Lebens.«

Ein besonders anrührendes Gedicht mit dem sinnigen Titel *Appassionato* schrieb am 2. Februar 1918 der Arbeiterdichter Gerrit Engelke an die Geliebte, aus dem Ersten Weltkrieg, den er nicht überleben sollte. Die unstillbare Sehnsucht und der Soldatentod vor Augen brachten den Verzweifelten zu dieser Intimität. »Du hast durch Deinen Kuss / Mein stromvoll Blut geweckt / Und mein Gesicht warm aufgehoben aus dem Tag, / Dass mich nun uferlose große Nacht umspült, / Herwehend Glanz und Taumel. / Ein wiegend Zittern schwillt in meiner Füße Wurzeln, / Einströmen lassend Erde und Getön, / Und springt aus meiner Kniee Schreiten in die Brust / Zu meerbewegter Melodie, / Darin mein Herz, die Orgel rauscht. / Nun sich im Takte meine Sohlen heben / Und grenzenlos beseeltes Schweben / Die Glieder übergießt: / Hab ich die Arme aufgehoben, / Den Blick in Himmeldunkelblau zerstoben /

Und fühl, wie meiner aufgelockten Haare Schopf / Die nachtbemalten Wolken streift, / Sternenblütenkranz die Stirn umgreift, / Und tanze, tanze zu Dir hin! / Denn meiner segelwilden Sehnsucht Schauer, / All meine Einsamkeiten Trauer, / Mein hin und her durchflutet Sein, / Und nun des sel'gen Leibes neue Lust: / Stürmt fort und fort an Deine Brust, / Will nur in Dir geborgen sein!«.

Insgesamt enttäuscht unsere Suche. Ist wirklich eine geradezu detektivische Recherche nötig, um sprachlich zum schönsten der Augenblicke zu gelangen? Bilden unsere Beispiele die ganze Wahrheit ab? Wir dürfen mehr erwarten, vor allem über Gefühle und die Erlebnisse möchte man mehr erfahren. Sonderbar, dass »normale« Menschen, indem sie sprechen wie sonst auch, mehr zu sagen scheinen, wie wir in einem späteren Kapitel sehen werden.

Nicht jeder Roman muss der allgemeinen Tendenz expliziter sexueller Darstellungen folgen. Man kann sich auch enthalten, so die hochambitionierten amerikanischen Romanenzyklopädisten wie Thomas Pynchon oder David Foster Wallace. Oder Jonathan Franzen in *Unschuld*; hier wird immerhin auf witzige Weise die Orgasmusgerechtigkeit angesprochen: Darf in einer Beziehung jemand öfter kommen als der oder die andere, zumal wenn sie es nur an drei Vollmondtagen schafft und er in der übrigen Zeit eine Strichliste führen muss? Oder man lässt es ganz, ist konsequent, weil das Sujet es verlangt: so Rainald Goetz in *Johann Holtrop*, dieser grandios bitterbösen Abrechnung mit dem skrupellosen Managertum; Liebe kommt einfach in diesem Roman nicht vor.

Einstweilen existiert kein erotischer Roman, der als *das*

Orgasmusbuch in die Annalen einginge. Sagen wir zehn Liebesszenen, allein, zu zweit, gleichzeitig, nacheinander; zusammen gut zwanzig Orgasmen, aber alle ganz anders beschrieben, gleichsam eine poetisierte Typologie des Höhepunkts. Ein Buch, das eine differenzierte Sprache und Bilderwelt anböte, mit der wir das Thema besser sehen, verstehen und reflektieren könnten. Nur die sprachgewaltigsten und zugleich umsichtigsten, sensibelsten und geschmackvollsten Autoren vermöchten derlei. Dass dies bislang nicht geschehen ist, lässt tief blicken: Eine Sprache des Eros, die nicht ins Derbe, Peinliche oder Übergriffige abdriftet, ist noch nicht etabliert.

Umberto Eco, im Hauptberuf Semiotiker, thematisiert das in seinem postmodernen Meisterwerk *Il nome della rosa* (1980). Der junge Novize Adson wird von einem Dorfmädchen verführt und muss, als Ich-Erzähler, das zu Papier bringen. Unerfahren bis dahin und von da an, nimmt er Zuflucht zur Bibel und beschreibt das Mädchen mit den Worten des Hohen Lieds. Doch je weiter er sich von der theologischen Sündensemantik entfernt, desto bildreicher und poetischer wird seine Schilderung, die er als Chronist im hohen Alter niederschreibt. Dabei schwankt Adson zwischen theologischer Verwerfung des Geschehens und dessen naturphilosophischer Rechtfertigung. Der Koitus sei zugleich Verderben, und doch könne etwas derart Süßes und Schönes nur von der Natur und somit gottgewollt sein.

Den Akt beschreibt Adson mit einer Metaphorik des Feuers und des gleißenden Lichts, den Höhepunkt als zeitlich winzige Öffnung in eine Welt jenseits dieser Welt. »Ein innerer Jubel durchströmte mich, der nicht eigentlich Friede war, eher das letzte Aufflackern eines unter der Asche noch weiterglimmenden Feuers, dessen Flammen bereits erloschen sind. ... Es ist, als ob man verginge, als ob man schwerelos würde und nichts mehr spürte vom niederdrückenden Erdengewicht des Körpers, und wer von den Sterblichen ... auch nur einen verschwindend kurzen Moment lang kosten könnte von dem, was ich soeben gekostet, er würde fortan mit Unwillen auf diese ganze perverse Welt herabsehen, würde sich abwenden von der Niedertracht des alltäglichen Lebens, würde die Hinfälligkeit des plumpen und starren Körpers empfinden.« Eco bietet zugleich eine Quintessenz des Orgasmus: Dieser ist ein Tor zu einem Parallelleben – ausgesprochen von einem betagten Mönch, der ein Leben lang über dieses eine Mal nachgedacht hat.

»In Wirklichkeit ist Wollust bei der Frau etwas ganz anderes als beim Mann. ... Fest steht, dass der Koitus beim Mann ein bestimmtes biologisches Ziel hat: die Ejakulation. Und sicher wird dieses Ziel über eine Vielzahl anderer, sehr komplexer Absichten angestrebt. Ist es aber einmal erreicht, erscheint es als ein Ende, und sollte das Begehren nicht befriedigt sein, ist es doch zumindest behoben. Im Gegensatz dazu ist das Ziel der Frau zunächst ungewiss und eher psychischer als physiologischer Natur. Sie will die Erregung, die Wollust im Allgemeinen, aber ihr Körper weist nicht auf einen klaren Abschluss des Liebesakts hin. Eben darum ist der Koitus für sie nie ganz vorbei: er hat kein Ende. Die Lust des Mannes steigert sich rasch, bis sie eine gewisse Schwelle erreicht; dann geht sie in Erfüllung und erstirbt jäh im Orgasmus. Hier ist die Struktur des

Geschlechtsakts unstet und endlich. Das weibliche Lustgefühl strahlt auf den ganzen Körper aus. Es konzentriert sich nicht unbedingt auf die Genitalzone, aber selbst dann stellen die vaginalen Kontraktionen weniger einen richtigen Orgasmus dar als ein System rhythmisch anschwellender und abklingender Wellen, die immer wieder neu entstehen, in manchen Augenblicken einen Höhepunkt erreichen, ineinander übergehen und verschmelzen, ohne je gänzlich zu ersterben. Da die Lust kein festes Ziel hat, strebt sie gegen ›unendlich‹. Oft ist es keine eindeutige Befriedigung, sondern eher eine körperliche oder nervliche Erschöpfung, oft auch eine seelische Sättigung, die den erotischen Möglichkeiten der Frau Grenzen setzt. Aber selbst matt und glücklich erfüllt, fühlt sie sich nie vollständig befriedigt.«

Das wurde 1949 geschrieben, von der Schriftstellerin und Philosophin Simone de Beauvoir. Ist dem etwas hinzuzufügen? Eigentlich nichts und doch im Prinzip so vieles. Sofern Literatur in den schönsten Worten den schönsten Augenblick einfängt, uns Einsichten bietet in das Innenleben der Menschen und dabei die Sprache aufs Äußerste herausfordert. Die zukünftige Literatur bedarf einer Entpornofizierung und einer Repsychologisierung.

Orgasmus im Film

Das Bedürfnis, sexuelle Vorgänge bildlich darzustellen, ist uralt. Abbildungen an den Wänden der Bordelle in Pompeji sind genauso berühmt wie Pornografie auf griechischen Vasen oder Amphoren. Der (Turiner Erotische)

Papyrus 55001 aus dem Alten Ägypten der Pharaonenzeit datiert wesentlich früher, Gravierungen auf Felsen in der lybischen Wüste sind noch älter. Wieweit breite Massen dazu Zugang hatten, wissen wir nicht wirklich, auch nicht, welche Wirkung diese Bilder ausübten oder von ihnen erwartet wurde. Erst in der Neuzeit mit der Technik beliebiger Reproduktion und vollends dem Film wurde die explizite Darstellung sexueller Handlungen massentauglich und popularisiert und ergriff nach und nach ganze Gesellschaften.

Pornografisch wurde über die Jahrhunderte immer gemalt, nur schlummern die Bilder in den Archiven und werden lediglich für Bildbände abfotografiert. Man muss schon eine Berühmtheit sein, damit wie 1988 im Centre Pompidou mit *Le dernier Picasso 1953-1973* Explizites ausgestellt wird. Dabei gibt es durchaus Halbpornografisches unter den Klassikern der Malerei: Gustave Courbets Gemälde mit dem vielsagenden Namen *Der Ursprung der Welt* von 1866 zeigt eine Vulva zwischen gespreizten Schenkeln.

Die von Eduard Fuchs, dem legendären Sittenhistoriker, in drei schweren Bänden in den Nuller bis 20er Jahren des vorigen Jahrhunderts geschriebene Geschichte der erotischen Kunst enthält ein Kapitel über den weiblichen Orgasmus. Dort abgebildet vom österreichischen Illustrator und Maler Raphael Kirchner eine Frau, die ihre Brüste fest umfasst und mit geschlossenen Augen entzückt den Kopf gen Himmel reckt, betitelt *Ça y est!* – für Fuchs »das höchste erotische Beglücktsein des Weibes«. Das Kapitel über den Mann heißt, als antizipierte es die heutige Pornografie, »Der männliche Orgasmus und die Potenzprotzerei« mit prallen Darstellungen phallischer Fantasien von Übergröße und extraweitem Spermaschuss. Später wird das satirisch aufgegriffen von Robert Crumbs *Sex Obsessions* oder Toni Ungerers *Fornicon*. In seiner Frühphase machte der amerikanische Künstler Jeff Koons mit kopulierenden Plastiken auf sich aufmerksam. In der heutigen, total entgrenzten Kunstwelt ist alles möglich, und so fehlt es nicht an krassen, derben, obszönen, aber auch nicht an ironischen, liebevollen und verspielten Artefakten.

Das Bild leidet unter einem unlösbaren Handicap. Der Orgasmus ist ein zeitlicher Vorgang und kann kaum mit einer Momentaufnahme erfasst werden. Zwar lässt sich das Gesicht im Augenblick der Verzückung mit der Kamera einfangen oder eben malen und zeichnen. Aber es ist der Film, der bei dieser Aufgabe der Malerei den Rang abgelaufen hat. War die bildliche Darstellung sexueller Handlungen somit immer schon ein Bedürfnis, wird sie zunehmend verdrängt von den bewegten Bildern, von Film und Video, die dem Verlauf der Vorgänge entsprechen und mit wechselnden Kameraeinstellungen eine multiperspektivische Sicht erlauben. Dabei bewegt sich der Film zwischen den Polen Realismus und Kunstanspruch.

Ein filmisches Pendant zur großen Literatur wird sich nur unter den großen Filmemachern finden. Federico Fellinis surreale Tragikomödie *La cittá delle donne* (*Stadt der Frauen*) aus dem Jahre 1980 gehört hierher. Marcello Mastroianni spielt den Schürzenjäger Snàporaz, der sich vor einer Gruppe militanter Feministinnen in die Villa eines gewissen Xavier Katzone (italienisch: großer Penis) flüchtet und dort mit seinen eigenen Fantasien, Obsessionen, Wünschen und Ausflüchten konfrontiert wird. In einer Art Kapelle hängen hunderte Bildtafeln mit Katzones Gespielinnen, darunter Knöpfe, die, aktiviert, deren Bettgeflüster und Intimgeräusche erklingen lassen. Als Snàporaz' Ehefrau den Kollektivschalter betätigt, entsteht eine atonale Collage aus Sprache, Geräusch, Schrei und Atem. Eine urkomische Szene in einem Film, der den Traum und den Albtraum eines Möchtegern-Casanovas mit grotesker Direktheit inszeniert. Der Orgasmus wird auf diese Weise vorgeführt. Mehr noch: Die kakophonische Vervielfältigung der weiblichen Stimmen wird zur Paranoia eines Machotums, das nicht wahrhaben will, dass Frauen ein Eigenrecht zukommt. Insofern wird genau dieser bestimmte Typus von Mann vorgeführt.

Beim Film stellt sich die entscheidende Frage: Was sehen wir tatsächlich? Wie explizit ist die Erotik? Was vollführen die Schauspieler wirklich? (Pornografie im engeren Sinne ist hier nicht der Gegenstand.) Die meisten Schauspieler zeigen nicht ihre Geschlechtsorgane. Viele Hollywoodstars, so Sharon Stone und Michael Douglas in *Basic Instinct* oder Anne Hathaway und Jake Gyllenhaal in *Love and other Drugs – Nebenwirkung inklusive,* umhüllen sich mit Bettlaken, wenn es endlich zur Sache geht. Was lasziv gemeint ist, wirkt nichtsdestotrotz notgedrungen keusch. Dass die wirklich guten, zumal berühmten Schauspieler nicht explizit werden, versteht sich von selbst. Auch wenn manche sehr weit gehen: Halle Berry in *Monster's Ball* aus dem Jahr 2001 zum Beispiel wäre zu nennen, sie spielt den Liebesakt so überzeugend, dass sich bis heute das Gerücht hält, die Leidenschaft wurde gar nicht gespielt. *Der letzte Tango in Paris* (1972) vom frühen Bernardo Bertolucci mit

Marlon Brando und Maria Schneider wiederum ist sicherlich ein Meilenstein der Filmgeschichte, für heutige Verhältnisse freilich relativ handzahm.

Wenden wir uns somit den wenigen Filmen zu, die den Sex nicht simulieren. Einen spektakulären Anfang machte 1979 die vom amerikanischen Männermagazin Penthouse finanzierte Verfilmung des größenwahnsinnigen römischen Kaisers Caligula, möglichst opulent, mit viel Gewalt und Sex, wobei auf den modernen Geschmack Rücksicht genommen wurde, da die Darstellung der im Altertum weit verbreiteten Homosexualität zugunsten lesbischer und krass heterosexueller Szenen verzichtet wurde. Der Film hatte Starbesetzung: Malcolm McDowell, Helen Mirren, John Gielgud und Peter O'Toole sahen sich wieder in einem Film, in den der Penthouse-Herausgeber Bob Guccione nachträglich mit seinen *Pets* gedrehte Hardcoreszenen hineinschmuggelte, unter anderem ein riesiges Bordell, in dem sich die Senatorenfrauen für die Staatskasse prostituieren mussten. Er schuf damit einen *Fait accompli*, denn einen ambitionierten Historienfilm mit expliziten Szenen erlaubt die Filmindustrie nicht, nicht bis dahin und nicht fortan. Seither pendelt der Film zwischen schlechter Pseudoerotik und den Experimenten des Independentfilms. Das erstere, Softpornos wie der damalige Hit *Bolero* (1984) mit Bo Derek, verflüchtigen sich, nachdem das Internet mit allen nur denkbaren Angeboten den Markt überflutet.

Das Medium Film steht beim Orgasmus vor einem Dilemma: Wie deutlich soll er werden? Wie kann er realistisch sein, ohne in Pornografie abzugleiten? Was kann er den Schauspielern zumuten, die, die besten unter ihnen auch, stets nur Spieler und keine realen Liebhaber sind. Dass Spielfilme in den letzten Jahrzehnten immer freizügiger und realistischer werden, ist bekannt. Küsse, Nacktheit gehören ebenfalls zum Repertoire wie Sexszenen. Doch bei diesen beginnt das Problem: Selbst wenn beide nackt sind, die intimsten Stellen werden aus gutem Grund nicht gezeigt. Die Penetration oder gar, wie in der Pornografie geradezu zwingend, die Ejakulation finden sich nur in wenigen avantgardistischen Filmen wie in Patrice Chéreaus *Intimacy* (2001) oder *Shortbus* (2006) von John Cameron Mitchell. Lars von Trier setzte in *Idioten* (1998) oder *Nymphomaniac* (2013) Pornodoubles ein. *Baise-moi* (2000) von Virginie Despentes verpflichtete von vornherein Pornoschauspielerinnen. Manchmal führt hingegen der Titel in die Irre: Der Film *Eine pornografische Beziehung* (1998) enthält nichts Pornografisches.

Beim Filmorgasmus stellt sich die Frage: Was sehen wir? Einen Orgasmus, den der Schauspieler oder die Schauspielerin wirklich in diesem Augenblick hat, oder einen gespielten. Die allermeisten sind gespielt. In Spielfilmen fällt somit die Unterscheidung zwischen echt und vorgetäuscht weg, die im realen Leben für so viel Kummer sorgt. Die wirklichen sind äußerst selten. Der Mann müsste ejakulieren. Bei der Frau gibt es immerhin drei Möglichkeiten: Sie masturbiert, wird manuell oder oral stimuliert, oder die Penetration findet in der Tat statt. Kaum melden sich Schauspieler, die dazu bereit sind. Aber es gibt sie. Um unsere Recherche vorwegzunehmen: Ist der Film explizit, wird der Orgasmus tatsächlich authentischer. Das Stöhnen, die Hautfärbung, die Körperstellung, die Konvulsionen, das Gesicht. Aber die Beispiele lassen sich an einer Hand ablesen.

Berühmte Filmemacher enttäuschen zuweilen, wenn sie den Orgasmus auf seine bloß körperliche Funktion reduzieren. Lars von Trier ist radikal und geht in die Extreme, so ins Poetisch-Ästhetische in *Melancholia* (2011) oder in das Genre des Kammerstücks in der Amerika-Trilogie. Und wird, wenn es sein muss, explizit: Der Regisseur, der bereits in *Idioten* für das »Rudelbumsen« Professionelle engagierte, liebt es derb und provokant. In *Nymphomaniac* läuft nach der Fellatio das Sperma aus dem Mund, eine Frau mit schneeweißer Haut wird von zwei schwarzen Männern doppelpenetriert. Der Tabubruch ersetzt die Erotik. Dieser Film gilt als Kunst. *Intimacy* des ansonsten Qualität versprechenden Chéreau ist das Gegenteil von Intimität: zwar expliziter Sex zwischen den Schauspielern, doch nur trostlose Rammelei, Zwei-Minuten-Vorgänge, ohne Vorspiel, keine Atmosphäre, keine Freude, vor allem bei der Frau nicht.

Zu unterscheiden ist somit das Zeigen des Orgasmus als körperliche Tatsache oder als poetisches Ereignis. Hier verläuft die Grenze zwischen Pornografie und Noch-nicht, nicht primär zwischen explizit und implizit. Wer in Filmen Kunst sieht, erwartet Poesie, einen Erkenntniswert gegenüber dem, was er aus dem Alltag weiß, gerade nicht die Befriedigung des eigenen Voyeurismus. Das gelingt Nagisa Ōshima mit *Im Reich der Sinne* (1976) genauso wie Pier Paolo Pasolini an manchen Stellen von *Die 120 Tage von Sodom* (1975). In *Die Träumer* (2003) von Bernardo Bertolucci verschmieren nach dem ersten Mal die beiden das Deflorationsblut im Gesicht, angeblich ein Symbol für die Pariser 68er-Unruhen. *Baise-moi* ist eine konsequente Literaturverfilmung: Die beiden Hauptdarsteller sind bekannte Pornoactricen. Insofern ist der Film beides: ein Kunstfilm und ein Porno.

Für Filme mit explizitem Inhalt werden B-Schauspieler benötigt. Auch wenn sie ihre Sache gut machen, die Handlung ist meist dürftig. Der Film *9 Songs* (2004) von Michael Winterbottom erzählt in der Rückblende die Liebesgeschichte zwischen einem Arktisforscher und einer Austauschstudentin. Die beiden bis dahin unbekannten Schauspieler schlafen in der Tat miteinander, die Kamera bemüht sich nicht, dem aus dem Weg zu gehen, bis zu einer Ejakulation nach einer Fellatio. Was zu sehen ist: die Leiber, die Gesichter, die Bewegungen, was man hört: das Lachen, Stöhnen und die Dialoge, wirkt echt, zumindest verhältnismäßig und im Vergleich mit anderen Independentfilmen. Freilich leidet der Film unter Handlungsarmut. Er gleicht eher einer Dokumentation der erlebten Liebesakte. So nähert *9 Songs* sich der Pornografie, ohne allerdings die Schwelle des Obszönen zu erreichen.

Manche Schauspielerinnen und Schauspieler zeigen Mut. Im verhältnismäßig alten Film *Teufel im Leib* (1986) genießt Maruschka Detmers hell-freudig eine Fellatio. Am Ende von *The Brown Bunny* (2003) von Vincent Gallo vollzieht die Schauspielerin Chloë Sevigny den Oralverkehr bei diesem selbst, wobei er in ihrem Mund in Großaufnahme zu kommen scheint. Eine Selbstverständlichkeit ist das nicht. Die Kamera zeigt den Kopf des Mannes beim Orgasmus. Dieser ist offenbar für ihn eine große Enttäuschung: Es ist, als ekele sich der Mann vor der eigenen Szene. *Lie with Me* (2005) von Clément Virgo ist semi-explizit. Hier zeigt immerhin eine ausführliche Cunnilingusszene im

Gesicht der Schauspielerin Lauren Lee Smith Lust, Wollust und Genuss.

Neben Lars von Trier gilt Gaspar Noé als *der* Skandalregisseur des zeitgenössischen Arthouse-Kinos. 2015 brachte er *Love* heraus, der in Cannes eine Nominierung für die »Queer Palm« erhielt, mithin für Filme, die eine Queer-Sexualität thematisieren, was *Love* aber gar nicht tut. Es ist ein »normaler« Liebesfilm, jedoch mit realen Kopulationen, was der Dreiecksbeziehung zwischen zwei Frauen eine natürliche, authentische, weniger gespielte Sinnlichkeit verleiht. Ein Orgasmus wird dabei zum Verhängnis: Das Kondom reißt, und die Nebenfrau wird schwanger. Damit endet seine Doppelliebe tragisch. In diesem Film wird großer Wert auf die richtige Musik während der expliziten Szenen gelegt, von Metal und Elektro bis Erik Satie und Glenn Goulds *Goldberg-Variationen*. Sie werden dadurch gleichsam emotionalisiert.

Die sexuellen Geheimnisse einer Familie (2012) von Jean-Marc Barr und Pascal Arnold lässt Laiendarsteller eine französische Gegenwartsfamilie spielen. In der DVD-Fassung ist alles explizit, somit überraschend überzeugend, die Gesichter drücken glaubwürdig Liebe, Verlangen, Glück, Freude und Entspannung aus. (Was sich in der geschnittenen Fassung gleichfalls mitteilt.) Beim Teenagerpaar zeigt die Kameraeinstellung eindeutig die Kopulation, zunächst ohne dass Geschlechtsorgane oder gar die Penetration zu sehen wären (wiewohl später, in der zweiten Szene). Die Nahaufnahme der Gesichter lässt uns Zeugen einer Sinnlichkeit und einer Verliebtheit werden (es sind reale Paare), welche selbst die geschicktesten Schauspieler nicht darzustellen vermöchten. Die Regisseure setzen auf

»wirklichen« Realismus anstelle des obszönen Realismus der Pornografie, dem sie ein Gegenbild entgegensetzen wollen.

All about Anna aus dem Jahre 2005 ist ein dänischer Film der Regisseurin Jessica Nilsson, ein erotischer Film von Frauen für Frauen, und handelt von einer jungen Frau, die, frei von Romantik, ein heftiges Sexleben sucht. Die Schauspielerin Gry Bay, die zunächst die Filmmusik komponieren sollte, schafft den Spagat zwischen Professionalität und Natürlichkeit, zwischen Sex als Leidenschaft und als Romantik. In diesem Film wird tatsächlich kopuliert, aber keine Penetration oder irgendein Geschlechtsteil ist zu sehen. Das macht einen Unterschied. Er nimmt die Forderung nach Realismus wörtlich, vermeidet aber den Überstieg in die Pornografie. Durch diese Feinjustierung des Sichtbaren kommt der Zuschauer Annas Gefühlen so nahe wie selten in Filmen. *All about Anna* ist für unsere Untersuchung deswegen so trefflich, weil für Nilssons Film das Dogma-Manifest und das Puzzy-Power-Manifesto Paten standen und er weder als Skandal intendiert war noch Rebellentum oder Nonkonformität zum Ausdruck bringen sollte. Die Regisseurin spricht statt von Hardcore von »HeartCore«.

Anna möchte aus romantischen Beziehungen aussteigen und sucht Sex als Vergnügen, Freude, Spiel, Lust, Spontaneität, ohne Folgen berücksichtigen zu müssen. Das ist die ganze Geschichte, die erzählt wird. Die andere Seite ist aber, dass diese Schauspielerin das gar nicht spielt. Alles, was sie freiherzig zeigt, weist in die Richtung eines tiefen Verlangens, von Hingabe, Aufopferung, Haltsuchen,

Sich-Festklammern, Begehren, Nähe. Natürlich zeigt sie auch Freude, Verschämtheit, aber die Rolle der frivolen Wuschigen spielt ihre WG-Genossin Camilla. Gry Bay ist somit die ideale Romantikerin. Vieles erschließt sich an diesem Film erst beim Betrachten der Alternativfassungen und des Bonusmaterials. Denn hier ist alles unzensiert.

Die eindrücklichste Szene ist, da Anna masturbiert. Sie liegt fast nackt auf dem Bett und greift unters Höschen. Explizit ist es kaum, doch wenn sie kommt, wiegt und wogt und biegt sich ihr Körper. Die Kamera fährt an ihr Gesicht, als Anna sich aufsetzt. Sie drückt eine Verletzlichkeit, eine Hilflosigkeit aus, die Verlassenheit einer Hilfesuchenden, als sei sie ausgeliefert. Sie bittet um Umarmung. Das italienische Wort »abbandono« umschreibt sehr treffend die Doppelbedeutung: Verlassenheit *und* Hingabe, Preisgabe, Rückhaltlosigkeit. Das mag man den metaphysischen Aspekt des Orgasmus nennen, die Entrückung und die Obdachlosigkeit, sobald man aufwacht und die reale Welt um einen herum wahrnimmt. Es sind wenige Sekunden, aber sie allein bereits lohnen den Aufwand, dem sich diese Schauspielerin hat unterziehen müssen.

Wer all diese Filme anschaut, lernt etwas Erstaunliches. Für den Mann ist der Orgasmus eine einzige Verkrampfung, eine große Anstrengung, fast eine Qual, die mit verzerrtem Gesicht endet und letztlich bedauernswert aussieht. Zumindest zeigen das *Intimacy* und *Bunny Brown.* Der Orgasmus der Frau hingegen ist vielfältiger und eindeutig durch positive Attribute gekennzeichnet. In *Lie with Me* drückt die Frau Genuss aus, in *Die sexuellen Geheimnisse einer Familie* Liebe, in *Lucia und der Sex* Freude und in *All about Anna* metaphysische Hilflosigkeit. Vier zu eins für die Frauen. Das ist ein starker Befund, wenn wir den Höhepunkt philosophisch betrachten werden.

Um filmpoetisch dem Orgasmus Ehre zu erweisen, bedarf es eines Film*künstlers*. Der spanische Regisseur Julio Médem ist einer. Es sind vor allem zwei Filme, die Aufmerksamkeit verdienen: *Eine Nacht in Rom* (2010) und *Lucia und der Sex* (2001). Médem ist mit Pedro Almodóvar und Alejandro Amenábar der dritte wichtige spanische Filmemacher, der Filme erfand, schrieb und drehte, die eine Poetik auszeichnet, wie sie nur vom europäischen und, wie es scheint, spanischen Film stammen kann. *Habitación en Roma* spielt in einer Sommernacht in einem Hotelzimmer in Rom, wohin die lesbische Spanierin Alba eine Kneipenbekanntschaft, die Russin Natasha, führt, um ihr näherzukommen. In der Tat erliegt die kurz vor der Vermählung stehende Natasha der Verführung zu ihrer ersten Erfahrung von Frau zu Frau. Mit einer Mischung aus atmosphärischer Musik, mythischen Wandgemälden, phantastischen Erzählungen, surrealen Filmeffekten, aber auch der modernen Technik von Google Maps wird beider Leben aufgerollt. Die Schauspielerinnen sind fast immer nackt, spielen ihre Rollen unverklemmt, natürlich, anrührend und durchaus sexy. Zuerst befriedigt Alba Natasha, im Weiteren haben sie zweimal einen gemeinsamen Orgasmus, im Bett und unter der Dusche. Ihre Zweisamkeit hat nichts Exhibitionistisches, zumal die Szenerie abgedunkelt ist. Umso wunderbarer dann die Morgendämmerung über der ewigen Stadt. Ob die beiden ein Paar werden, bleibt bis zuletzt offen. Sicher spielen die Schauspielerinnen den Orgasmus, aber das tut dem Film keinen Abbruch. Denn er steht nicht im Mittelpunkt. Der Film ist keiner über Sex. Sondern darüber, wie zwei Frauen ihre Herzen öffnen, nachdem sie das bereits mit ihrer Kleidung getan haben. Die Nacktheit entspricht der Unverborgenheit der Wahrheit, die freilich in poetischer Verzierung erst peu à peu ans Licht kommt.

Der Film *Lucia und der Sex* sollte besser *Lucia und die Liebe* heißen, denn er ist ein Liebesfilm, der zugleich ein Drama zeigt. Die Darstellung verläuft elliptisch, mit Rückblenden und der poetischen Idee eines Lochs, in das man fällt, um vom Ende der Geschichte zu deren Mitte zurückzukehren, um sie so zu gestalten, dass Lucias totgeglaubter Freund wieder lebendig wird. Zugleich ist dieser Film, werden die aus der Erinnerung erzählten Episoden zusammengenommen, eine wunderschöne Liebesgeschichte. Die Kellnerin Lucia spricht den Gast Lorenzo an und erklärt ihm, der sie gar nicht kennt, in aller Offenheit ihre Liebe, was sie so überzeugend tut, dass dieser sich in sie verliebt und sofort mit ihr nach Hause geht. Was fast zu schön ist, um wahr zu sein, führt indes zu Begegnungen, die unter den Tausenden Liebesfilmen herausstechen.

Paz Vega und Tristán Ulloa sind zwei ausgesprochen schöne Gesichter. Während sie Liebe spielen, lieben wir sie mit. Wenn sie zum ersten Mal miteinander schlafen, endet der Akt damit, dass sie, rücklings auf dem Bett liegend, kommt. Mit einem scharfen Schnitt sieht man Lorenzos Blick von oben auf die Geliebte: reine Freude darüber, dass es ihr gut geht. Daraufhin Schnitt auf Lucia, die Glückseligkeit ausstrahlt. Selten sieht man im Kino eine derartige Harmonie. Beim zweiten Mal, in der Küche, geht es spielerischer zu, zumal Lorenzo zeitgleich Schnappschüsse mit der Polaroidkamera schießt, die in die Kamerabewegung hineingeschnitten werden. Dieses Pastiche aus bewegten und unbewegten Bildern zeigt eine Leichtigkeit, Natürlichkeit und Heiterkeit, die eigentlich selbstverständlich sein müssten. Vor allem zeigt es, was auf den Höhepunkt folgt.

Für die filmische Wirkung eines Orgasmus ist nämlich nicht nur das Davor, die Anbahnung wichtig, die, weil erregend, gerne ausführlich gezeigt wird, sondern mindestens ebenso das Danach. Oft wird es nicht beachtet: So wird ein offenbar nichtsimulierter Orgasmus einer masturbierenden Frau in *À l'aventure* (2008; deutscher Titel *Gefallene Engel – Heimliche Spiele 3*) von Jean-Claude Brisseau sofort abgeschnitten und somit um die Wirkung gebracht. Überhaupt, was ein Höhepunkt ist, erfährt der Zuschauer nur im Blick darauf, wie sie oder er sich zurückzieht, *All about Anna* hat das eindrücklich gezeigt. Hier beginnt eine Poetik, die zugleich die Wirklichkeit zeigt.

Ging es in *All about Anna* um Realismus im geradezu dokumentarischen Sinne, der im besten Fall poetisch wird, so bei Médem um die Poetisierung der Erotik, die ohne Realismus nicht auskommt. Und vom Film erwarten wir beides: Realismus und Poetik. Und noch mehr: Fantasie sowie die Ausnutzung des eigenen Mediums, mit Techniken und Ausdrucksmitteln, die nur dem Film eigen sind. Und genau hier enttäuschen die allermeisten Liebes- und Erotikspielfilme. Wir erwarten eine visuelle Verzauberung der größtmöglichen künstlerischen Gestaltung.

Dafür gibt es Vorbilder, zwei Beispiele seien genannt. Einmal Stanley Kubrick, *2001: Odyssee im Weltraum* (1968), die berühmte lange psychedelische Sequenz am Beginn des letzten Teils (»Wiedergeburt«), einer Fahrt durch ein

Nichts, aus dem farbige Streifen und Blitze sich nach allen Seiten verströmen. In Alejandro Amenábars Film *Das Meer in mir* (2004) ist die Hauptfigur, ein passionierter Schwimmer, wegen kompletter Lähmung ans Bett gefesselt. Eines Tages behauptet er, er könne jederzeit ans Meer gehen, wenn er nur wolle. Die Kamera nimmt ihn und fährt überraschend durchs Fenster hindurch, fliegt über die weite Landschaft und erreicht das iberische Meer, darüber erklingt prachtvoll Puccinis *Nessun dorma!* Für einen magischen Augenblick glaubt der Kinobesucher selbst zu fliegen. Das erwarten wir von der Filmkunst.

Solche imaginativen Szenen dürfen wir auch vom Orgasmus verlangen. In Q – *Sexual Desire* (2011) von Laurent Bouhnik beispielsweise fährt beim Höhepunkt einer manuell stimulierten Frau die Kamera für einen kurzen Augenblick in eine totale Weißblende. Der Orgasmus bewirkt einen Ausfall des Bewusstseins. Immerhin ein Anfang. Die weibliche Masturbationsszene ist etwas konventioneller, Gewitterblitze erschüttern zeitgleich das abgedunkelte Schlafzimmer.

Man stelle sich Lucias Glückseligkeit ausstrahlendes Gesicht vor. Was wäre, die Kamera rückte ihr näher, zoomte sich in die Augen, durchdränge die Pupille und befände sich nun in ihrem Inneren? Hier beginnt eine surreale Sequenz, die wir vielleicht aus Träumen kennen. Alles ist möglich. Farben, räumliche Strukturen, und die Gesetze der Schwerkraft sind außer Kraft gesetzt. Scharfe Schnitte, langsame, gemorphte Übergänge. Eine solche Sequenz könnte eine halbe, eine ganze Minute dauern, mit entsprechender Musik oder Klangkunst. Sie könnte in Lucias Wunschwelt hinabtauchen oder zu Überpersönlichem wie

Wasser, Sternen, Natur, Licht, Weltraum, Erde, Feuer greifen. Oder Urknall, die Fahrt zum und durch den Andromedanebel, oder besser: wie die Kollision der Milchstraße mit diesem in ferner Zeit. Alles ist möglich.

Der heutigen Computeranimation sind keine Grenzen gesetzt. Nicht mehr los lassen einen beispielsweise die Bilder aus *Inception* (2010) von Christopher Nolan, wenn die Stadt Paris sich plötzlich krümmt und um 180 Grad nach oben gefaltet wird; oder in *The Divergent Series: Insurgent* (2015) von Robert Schwentke, da die Protagonistin den Nahtod erleidet und aus einem Megawolkenkratzer geschleudert in Slow Motion gen Boden fliegt, der gleichzeitig in Millionen Splitter zerbirst. Solche spektakulären Animationen dienen meist keiner Poetik, sondern einem postmodernen Design, können aber für künstlerische Zwecke genutzt werden, so bei der achtminütigen extrem ästhetisierten Slow-Motion-Bildersequenz in Lars von Triers *Melancholia*, einem Film, der auf Andrei Tarkowskis *Solaris* (1972) Bezug nimmt, der bereits vor dem Computerzeitalter sich um surreale Bilder bemühte.

Der Filmorgasmus käme so zu seinem Recht, zur Entfaltung seines Wesens zwischen Imagination, Symbolik, Zeitlichkeit, Energetik und angespanntestem Erleben. Er könnte polyphon sein, mit mehreren Ebenen gleichzeitig, die der Muskulatur, der Atmung, der Mimik, dem Stöhnen und den Regungen im Gehirn entsprechen, sozusagen ein filmisches Ekstase-Ensemble, ein Ballett der Gefühle, Gedanken und Bewegungen, wie es die Welt noch nicht gesehen hat. Ein Filmpoet müsste sich hierfür mit den besten Technikern zusammentun.

PHILOSOPHIE
DES ORGASMUS

Die Leerstelle

In einem langen Interview gegen Ende seines Lebens hat Jacques Derrida, der letzte große französische Philosoph, sein Bedauern darüber ausgedrückt, dass die Philosophen früher, beispielsweise Kant, nicht über ihre Sexualität gesprochen hätten. Derrida erhoffte sich wohl Aufschluss nicht nur darüber, wie damals Sexualität gedacht wurde, sondern auch darüber, wie sie wohl erlebt worden sein muss, sind es doch die Philosophen, die für solche Themen die entsprechende Begriffssprache ausbilden. Kant war bekanntlich unverheiratet und führte ein ausgesprochen regelmäßiges Leben. Wüssten wir etwas über sein Sexualleben, wir würden sein vernichtendes Urteil über die Masturbation mit anderen Augen betrachten. Solche »biographische« Lektüre ließe sich auch auf andere Denker übertragen. Von Adorno ist einiges überliefert, und was Sartre oder Foucault liebten, ist fast schon in die Populärkultur eingesickert. Freilich hat Derrida selbst auch nicht über sein sexuelles oder emotionales Leben gesprochen. Außer einigen Reflexionen über das Vatersein findet man in seinem überquellenden Œuvre kaum etwas zu dieser sinnlichen Seite des Lebens.

So wurde zur Leerstelle, dass es keine professionelle Philosophie des Orgasmus gibt. Die Fachphilosophen haben sie nicht geschrieben. Gewiss, es gibt zu Körper, Sexualität, Liebe immer wieder Ansätze, aber nichts Systematisches. Sonderforschungsbereiche zu Leiblichkeit und Geschlechtlichkeit gibt es zuhauf, aber nichts, das bis zum Höhepunkt der Höhepunkte reichte. Dabei eignet sich der Orgasmus als treffliches Beispiel, um zentrale Fragen der Philosophie anschaulich zu machen, beispielsweise im Kontext von Zeit und Einheit. Doch wird er dort als Beispiel nicht einmal herangezogen.

Darüber hinaus ist der Orgasmus ein derart elementares Phänomen, dass er eine eigene philosophische Betrachtung verdient, eine »Philosophie des Orgasmus«. Zu Sexualität und insbesondere Orgasmus gibt es zahlreiche und hochachtenswerte wissenschaftliche Studien, ja Gesamtdarstellungen, aber die philosophische Aufarbeitung wurde versäumt. Dieser dritte Teil versucht, aus moderner Perspektive dem entgegenzusteuern und ein wenig zu systematisieren, was in den beiden ersten Teilen gesammelt wurde: die Erkenntnisse der Wissenschaft, die Veranschaulichungen der Kunst, die Stimmen aus der Lebenswelt, aus der Gesellschaft und der Kultur.

Der Orgasmus berührt ein ganzes Bündel von philosophischen Fragen. Wie ist eine Einheit der Zweiheit zu denken? Wie diejenige einer Person mit einem Anderen? Oder die von Körper und bewusstem Erleben, sonach von Leib und Seele? Was verstehen wir unter einer Selbsttranszendierung des Ichs? Wie ist reine Nähe, Distanzlosigkeit zu verstehen? Warum ist der Geschlechtsakt im biblischen Sinne eine Erkenntnis? Warum berühren sich Leben, ja die Zeugung von neuem Leben und der Tod, soll die Metapher des »Kleinen Tods« einen Sinn haben? Was bedeuten reine Präsenz, Zeitstillstand, der emphatische Augenblick? Wie lange dauert ein Augenblick? Wie verbinden wir uns mit dem All der Welt? Was bedeutet die Lust im guten Leben? Unterliegen wir einer List der Gene, sprich einem kosmischen Evolutionsprogramm? Bei jeder dieser zutiefst philosophischen Fragen müsste der Orgasmus einbezogen, mindestens erwähnt werden.

Vielleicht liegt das professionelle Schweigen daran, dass in ihm sich all die Themen treffen, mit denen sich die neuere Philosophie schwertut: Affirmation, Transzendenz, Ekstase, Unendlichkeit, Passivität, Sich-Verlieren, auch das Esoterische, das Religiöse, die Spiritualität. Aber diese Themen dürfen nicht dem Kitsch, den Esoterikern oder selbsternannten Orgasmologen überlassen werden. Wenn die sexuelle Revolution in der Gesellschaft angekommen ist, warum dann nicht im Wissenschaftssystem? So schwierig kann es nicht sein, über diese Dinge zu verhandeln. Vieles von dem, was unter dem Label Esoterik artikuliert wird, ist berechtigt und ernst zu nehmen, wenn die angesprochenen Themen in eine moderne, aufgeklärte, vernünftige Philosophie eingebracht werden. Das Thema Orgasmus ist zu wichtig, als dass man es den »Irrationalisten« überlässt.

Zwei prominente Repräsentanten der deutschen Philosophie im 20. und 21. Jahrhundert seien angeführt. Eine zentrale philosophische Fehlleistung des letzten Jahrhunderts stammt vom »Philosophus maximus« Martin Heidegger, diesmal nicht, weil er sich nicht von seiner politisch-braunen Erblast befreien wollte, sondern weil in seinem fundamentalontologischen Entwurf vom Dasein des Menschen, des In-der-Welt-Seins, des tatsächlichen Lebens die Themen Freude, Lachen, Genuss und Sexualität überhaupt nicht vorkommen, mehr dafür Furcht, Sorge, Schuld, Verfallenheit und vor allem das Sein-zum-Tode. Heidegger zeichnet unser Leben differenziert, aber nur in Graustufen, die Farben fehlen, insbesondere das Rot. Dass das empirische Subjekt Heidegger sich durchaus zu vergnügen wusste – und seine Liebesbeziehung zur jungen Hannah Arendt ist legendär –, ist sekundär. Wichtiger ist, dass Spuren solchen Glücks sich in seinem Denken nicht finden. Tatjana Noemi Tömmel hat ihrer Studie *Der Liebesbegriff bei Heidegger und Arendt* herausgefunden, dass Liebe nach Heidegger dem Sein und der Philosophie gilt; der Liebesbegriff wird somit eher theologisch verortet. Eros mag er im Privatleben gekannt haben, seine Philosophie verleugnete ihn indes systematisch.

90 Jahre nach *Sein und Zeit*, im Jahr 2016, erregte der Philosoph Peter Sloterdijk ein gewisses Aufsehen, als er in seinen älteren Tagen einen erotischen Roman vorlegte: *Das Schelling-Projekt.* Darin korrespondieren einige Wissenschaftler(innen) mit E-Mails über ein – natürlich von der Deutschen Forschungsgemeinschaft abgelehntes – Projekt mit dem abschreckenden Titel »Zwischen Biologie und Humanwissenschaft: Zum Problem der Entfaltung luxurierender Sexualität auf dem Weg von den Hominiden-Weibchen zu den homo-sapiens-Frauen aus evolutionstheoretischer Sicht mit ständiger Rücksicht auf die Naturphilosophie des Deutschen Idealismus«. Kurz: Sloterdijk erforscht den weiblichen Orgasmus. Dabei stellt er durchaus richti-

ge Fragen und wird konkreter in den gleichzeitig lancierten Zeitungsinterviews, wenn er das sexuelle Leben mit der Freiheit verknüpft. Doch sind wir nach der anregenden Lektüre in Sachen weiblicher Höhepunkt nicht wirklich klüger. Dieses Buch ersetzt keine Philosophie des Orgasmus. Wir müssen wohl warten auf Philosophinnen, die solche Bücher schreiben, die von dem handeln, was nur Frauen uns erzählen können: Mutterschaft, Gebären, ihre Sexualität, »weibliches Denken« (wenn es so etwas gibt) – und auch deren Höhepunkt.

Das legendäre Buch zum Orgasmus stammt vom Arzt und Psychoanalytiker Wilhelm Reich, der 1945 unter dem Titel *The Sexual Revolution* sein früheres Buch *Die Sexualität im Kulturkampf* (1936) veröffentlichte und damit zum Namensvetter der späteren gesellschaftlichen Bewegung wurde. Reich war davon überzeugt, dass eine biologische Energie existiere, der er den Namen »Orgo« gab. Später verstand er darunter sogar eine »primordial kosmische« Energie. »Die biologischen Emotionen, die die psychischen Prozesse beherrschen, sind in sich der unmittelbare Ausdruck einer rein physikalischen Energie, des kosmischen Orgons«.

In *Die Funktion des Orgasmus* (1927) erklärt Reich denselben als ein Zentralphänomen, in dem sich ganz unterschiedliche Disziplinen zwischen Biologie und Soziologie treffen und das deswegen am besten geeignet sei, die Einheitlichkeit des Lebendigen darzustellen. Die seelische Gesundheit zeige sich in der natürlichen, von keinen Neurosen getrübten oder von einer gesellschaftlichen Hypermoral beeinträchtigten Erlebnisfähigkeit. Die »orgasmische

Potenz« ist die »Fähigkeit zur Hingabe an das Strömen der biologischen Energie ohne jede Hemmung, die Fähigkeit zur Entladung der hochgestauten sexuellen Erregung«. Insofern gehört der Orgasmus zum gesunden seelischen Haushalt eines jedweden Menschen – ein Gedanke mit hochbrisanten politischen Implikationen.

Die von Reich entwickelten wissenschaftlichen Annahmen wurden freilich niemals bestätigt. Wir wissen nicht, ob es eine energetische Verbindung gibt zwischen dem Kosmos und dem je individuellen Orgasmus. Da er aber Sexual- und damit auch Orgasmusstörungen mit einer umfassenden Gesellschaftskritik verknüpfte, ist Reich bis heute vor allem für therapeutische Belange wichtig; davon abgesehen, dass seine Bücher zur damaligen Zeit eine Pionierleistung waren. Die Thesen unterfütterte er philosophisch nicht. So bleibt die Ahnung, dass zwischen dem »Kosmos«, also dem Weltganzen, und dem sexuellen Höhepunkt eine wie immer geartete Verbindung besteht. Diese ist freilich anders, als Reich dachte, wie wir sehen werden.

An Wilhelm Reich knüpft explizit der Arzt und Geburtshelfer Michel Odent an, der die natürliche Geburt propagiert und an der Entwicklung der Wassergeburt beteiligt war. Für ihn gehört der Orgasmus zu den »elementaren Erfahrungen«. Und zwar deswegen, weil hier etwas von innen nach außen mit großer Anstrengung gepresst wird und dabei, anders als beim Urinieren, dem Stuhlgang oder dem Niesen, komplexe hormonelle Abläufe unser Erleben bestimmen. Beim Mann ist es die Ejakulation, bei der Frau macht er zwei analoge Phänomene aus: das Milchgeben und das Gebären in dessen ganzem Umfang. Insofern sieht er im Höhepunkt nicht nur das, als was er landläufig betrachtet wird, sondern ein grundlegendes Phänomen, das zum Leben insgesamt gehört.

Der amerikanische Philosoph Richard Shusterman bemüht sich um eine Theorie des Körper-Bewusstseins. Sofern die Philosophie sich schwerpunktmäßig an geistigen Phänomenen ausrichtet (und damit einer platonisch-christlich-cartesianischen Tradition folgt), leidet sie unter Defiziten bei der Praxis, dem Leben und damit auch dem Komplex Körper und Leib, dem Shusterman den Namen Soma gibt. Er ruft uns in Erinnerung, dass wir zunächst als körperliche Wesen mit all dessen Bedürfnissen, aber auch Potentialen existieren. Das betrifft insbesondere unsere Selbstdefinition als geschlechtliche Person und damit unser Liebesleben. Shusterman betont dabei die Wandelbarkeit unserer Körper und fordert eine »Körper-Pädagogik«, eine Art Bildungsinstanz für den jeweiligen Lebensstil. Die altehrwürdige Formel *mens sana in corpore sano* beinhaltet ja, dass wir unsere Gefühle ernst nehmen und Übungen bewusster Körperlichkeit wie Meditation oder auch Musizieren in unser Leben integrieren. Shusterman empfiehlt Yoga, Alexander-Technik, die Feldenkrais-Methode, Tai Chi und Überlegungen daoistischer und konfuzianischer Schulen. Wir möchten hinzufügen: Die Praxis erfüllter Sexualität gehört ebenso dazu. Sie ermöglicht uns, unsere Körper zu achten, zu pflegen, ja zu lieben. Sie versöhnt uns mit unserer Natur.

Der französische Philosoph André Comte-Sponville hat 2012 eine Philosophie über Liebe und Sex herausgebracht. Der Teil über die Liebe bietet ein Panorama verschiedener Formen von leiblicher Anziehung (Eros) über freundschaftliche (Philia) bis zur sich herschenkenden Liebe (Agape). Der Teil über Sexualität enthält nicht nur instruktive Referate über die Ansichten wichtiger Philosophen, sondern auch eine Thematisierung des Orgasmus. Erotik ist ihm Ausdruck einer feinen Lebensart. Überraschend nennt er sie ein »ausschließlich geistiges Vergnügen«. Erotik ist die prickelnde Zweisamkeit, das, was man gemeinsam erlebt. Insofern ist die Solosexualität für ihn auch nur ein Notbehelf. Comte-Sponville betrachtet die Sexualität unter dem Aspekt des wechselseitigen Genusses. Es ist, als träfen sich zwei, um gemütlich am Kamin eine Flasche besten Weines zu leeren. Gourmets in Sachen Fleischeslust.

Dass mann und frau sich für schöne Stunden trifft, ist das die ganze Wahrheit? Ist das Leben so einfach? Eine problemfreie Libertinage? Als ginge man, mit gefülltem Geldbeutel, in ein Luxusrestaurant, das niemanden enttäuscht. Vielleicht lassen sich Liebschaften und Konkubinate zuweilen auf diese Weise arrangieren. Der Normalfall kann das nicht sein, alle Erkenntnisse der Spieltheorie, der Genderforschung, der Tiefenpsychologie und der Soziologie sprechen dagegen, Film und Literatur thematisieren am laufenden Band, dass nichts so einfach ist, wie es scheint, und jede und jeder dürfte eine eigene Geschichte zu erzählen haben.

Das sexuelle Beisammen ist Kommunikation, selbst die Onanie ist Kommunikation, nämlich mit sich als dem anderen seiner und ihrer selbst. Das sexuelle Zusammensein ist aber auch Erkenntnis, Kennen, Kennenlernen, Erkundung, Entdeckung, Enthüllung, Entblößung, Nacktmachen im doppelten Sinne. Erkennen ist Wahrnehmen, Begreifen, Erinnern, Verstehen, Imaginieren, Worte-Finden, Fragen und Antworten. Schon der ausgetauschte Kuss bietet Erkenntnis, nicht nur über chemische Affinitäten. Wie sich diese Lippen anfühlen, wie er und sie küsst – das sagt mehr als Worte. Sexualität ist nicht nur hedonistisch, sie ist auf Erkenntnis ausgerichtet. Das ist nicht intellektualistisch gemeint. Noch Boccaccios *Decamerone* beschreibt die geschlechtliche Vereinigung gelegentlich mit der alttestamentarischen Wortwahl »einander erkennen«. Henry Miller, wie bereits zitiert, wird emphatisch: »Ich *erkannte* sie, und sie *erkannte* mich.« Was heißt das? Der Mensch zeigt sich buchstäblich nackt, in allen Sinnenregungen, mit den Abgründen und den Ängsten, aber auch den Offenheiten. Im Austausch von Gerüchen, Tönen, Bewegungen und Blicken wird das Intimste vom Intimen enthüllt.

Comte-Sponville trifft etwas Richtiges, wenn er die Sexualität als »atheistisch, gottlos, libertinär« charakterisiert. Sie hat etwas Paganes, Vorhochkulturelles, diesseits der sexualmoralisierenden Diskurse. Das Natürliche will seine ganze Freiheit. Deswegen ist die Sexualität auch einer der machtvollsten Sprengsätze der *condition humaine*. Aber das ist nur eine Seite. Die andere ist die zutiefst ethische Dimension, sieht man von der Solosexualität ab. Wir wünschen uns immer auch frei der ethischen Probleme und suchen entsprechend Arrangements, aber diese bleiben im schönsten Wortsinne Luxus.

In der dialogischen Philosophie von Martin Buber ist das Du wichtiger als das Ich, da das Ich erst durch das Du zum Ich wird. Das gilt nicht nur in der Kindheit, sondern prinzipiell. Menschlichkeit ist immer Zwischenmenschlichkeit. Insofern ist Liebe die Verantwortung, die das Ich für das Du eingeht. Diese Grundstruktur wird geradezu schicksalhaft, wenn zwei Menschen sich nahekommen und nicht mehr voneinander lassen können. Die erotische Beziehung ist somit ein äußerst ethisches Geschehen, insofern jeder und jede immer auch für den Partner beziehungsweise die Partnerin einsteht, mit ihm und ihr, ja in gewisser Weise in ihm und ihr lebt.

In der Philosophie von Emmanuel Lévinas wird diese Verantwortungsgemeinschaft radikalisiert. Treffen zwei Menschen aufeinander, sind beide unwiederbringlich und unauflöslich Andere. Selbst wenn sie von Antlitz zu Antlitz vereint sind – das wird von der Erotik erwartet –, ist der Zweite immer ein Anderer, der niemals zu einer »bekannten Größe« wird. Gerade weil die Andersheit fundamental ist, ist der Mensch auch unersetzlich und in seiner Würde unantastbar. Lévinas hat eine »Phänomenologie des Eros« entwickelt und betont dort die Zerbrechlichkeit, die Verwundbarkeit, die »Schwächlichkeit«, die Geheimnishaftigkeit, ja die Scham in der erotischen Begegnung. Der Andere wird begehrt, gerade weil er ein Fremder ist und auch stets bleibt. Und das ist im höchsten Maße riskant. Daher bedarf es einer ethischen Komponente, die Lévinas auf die Formel bringt: »Für den Anderen sein heißt – gut sein.«

Für unser Thema bedeutet das: So sehr der Solorgasmus zu schätzen ist und er nicht auf den Höhepunkt beim Verkehr der Geschlechter reduziert werden kann, bedarf er seines Komplements. Die Erfahrung dessen, was nur der Solorgasmus bieten kann, ist also erst dann komplett, wenn mann und frau auch den gemeinsamen Höhepunkt kennt. Sonst bliebe die Masturbation tatsächlich dem verhaftet, was die Verunglimpfung ihr vorhält: Sie sei ein bloßer Ersatz. Wobei die heterosexuelle Variante im Vorteil ist: Mann und Frau begegnen nicht nur einem anderen Menschen in dessen einmaliger Andersheit, sondern zugleich dem anderen Geschlecht. Denn das andere Geschlecht bleibt sowohl auf der Seite des Mannes wie der Frau weder zur Gänze erkennbar noch durchschaubar. Dieser Erkenntnismangel ist der Motor der Erotik.

Dass der Orgasmus die Mitte der Philosophie nicht erreicht hat, liegt auch daran, dass die Großkatastrophen des 20. Jahrhunderts – die beiden Weltkriege und die Shoah – bei den Intellektuellen zu einer Scheu geführt haben, Affirmation, das Prinzip des Bejahens, und die Positivität zu denken. Die Affirmation wurde zum Anathema, gleichsam mit einem Bann belegt. Wer fortschrittlich sein wollte, musste sich zur Negativität, der Dekonstruktion, dem Zweifel, der Skepsis, der Distanz und der Ambivalenz bekennen. Dieser *philosophical turn* war insgesamt extrem produktiv. Schon Spinoza betonte, dass das Negative uns weiter bringe als das Positive. Doch wenn ein Diskurs sich Denkverboten anzunähern beginnt, wird er nicht nur unproduktiv, er verfehlt die eigentliche Intention: Erkenntnis.

Dass wir bei Affirmation vorsichtig sind, ist, wie gesagt, der Geschichte des 20. Jahrhunderts geschuldet. Autoritäre Systeme, Ideologien und Politikstile haben uns immer wieder an den Rand des Abgrunds gebracht und unendliches Leid erzeugt. Der Zivilisationsbruch mit Nationalsozialismus, der Shoah und der Verwüstung nicht nur Europas ist davon der Gipfel eines katastrophischen Zeitalters. So haben wir zurecht eine Sensibilität entwickelt gegenüber Drohgebärden, Schmähungen, zu starken Behauptungen oder einer Rhetorik des Rechthabens. Denn diese bilden eine falsche Affirmation, weil sie nicht das Leben bejahen, sondern auf Tod und Verderben, auf Exklusion und Unfreiheit gerichtet sind.

Unterdessen bleibt das Prinzip der Affirmation: wenn eine Frau, ein Paar »ja« sagt zur Schwangerschaft, wenn sich zwei versprechen, wenn jemand »Ich liebe Dich« sagt und es auch meint. Das *Ich will* ist eben nicht nur falsch, reaktionär oder obsolet. Es ist vielmehr der Kern allen Strebens und jedweden Lebensvollzugs. Es ist ein Fehler, die Positivität der Esoterik zu überlassen.

Wir sind davon überzeugt, dass der Orgasmus reine Positivität verkörpert. Er ist das uneingeschränkte Ja. Das macht seine philosophische Brisanz aus, noch vor der Frage, was eigentlich eine Einheit von Verschiedenem sei. Damit steht der Orgasmus antagonistisch zum fundamentalen Denkprinzip eines ganzen Jahrhunderts: dem Prinzip der Kritik, der Negativität, der Ambivalenz, der Dekonstruktion und des Zweifels. Doch beim Orgasmus gibt es kein Aber, kein Vielleicht, kein Dennoch, kein Womöglich. So verhält er sich quer zum Intellektuellentum, was umgekehrt erklären mag, warum er bei den Meisterdenkern der Gegenwart genauso umgegangen wird wie andere Formen von Positivität wie das Gebären, das Zeugen, die Treue, der Liebesschwur, die einschneidenden Lebensentscheidungen. Die Affirmation ist der Schlüssel zum Leben.

Affirmation der Affirmation

Wer vor Einbruch der Pubertät nicht von selbst auf die philosophische Grundfrage aller Grundfragen gekommen ist, wird es später schwer haben, ein Leben lang zu staunen. Diese Frage lautet bei Leibniz: »Warum gibt es eher Etwas als Nichts?«, bei Heidegger: »Warum ist überhaupt Seiendes und nicht vielmehr Nichts?« Dem und der Jugendlichen muss, während das Einschlafen nicht gelingen will, die beängstigende Ahnung in die Glieder gefahren sein, dass die Existenz der Welt nicht selbstverständlich ist. Was, wenn es alles, was uns umgibt, nicht gäbe? Keine Erde, kein Himmel, kein Kosmos, nicht einmal die Schwärze des Weltraums, nichts, gar nichts, absolut nichts, niemand, der das weiß? Entweder schläft man sofort ein oder in dieser Nacht nimmermehr. Aber die Frage kommt wieder und wieder. Das ist das berühmte *thaumazein*, das Staunen, mit dem in der griechischen Philosophie das grundsätzliche Denken anhebt.

Die gängige Antwort lautet: weil Gott es wollte. Aber das beantwortet gar nichts, sondern verschiebt jene Frage auf diese: »Warum gibt es Gott und nicht vielmehr keinen Gott?« Davon abgesehen, dass die jungen Leute gerne wissen möchten, wie Gott denn einen solch komplizierten Mechanismus wie die Welt gleichsam im einsamen Kraftakt soll bewerkstelligt haben. Die Religion beschwört daher auch die Antwort, indem sie sagt: »Du musst das glauben! Tue es, und die Frage verschwindet.« Lange Zeit und bei eher schlichten Gemütern funktionierte das.

Doch je intensiver die Wissenschaft bohrt, das aufgeklärte Denken voranschreitet und die Individuen lernen, sich ihres eigenen Verstands zu bedienen, verfängt dieses einfache Denken nicht. Denn der Teufel liegt im Detail. Hegel verfasste seine unbeschreiblich anstrengende Logik, um die Struktur Gottes vor Erschaffung der Welt zu entschlüsseln, man kann auch sagen: die Struktur der Logik selbst. Offenbar gibt es Logik und Mathematik unabhängig von der Welt und daher auch diesseits ihrer, sie sind ewig. Mädchen und Knaben, die im abstrakten Denken versiert sind, können immerhin sagen, dass es Logik und Mathematik gebe, aber die sind kein Seiendes im Heidegger'schen Sinne. Sie sind nicht Welt, auch wenn sie dieser zugrunde liegen.

Die heutige Antwort lautet: der Urknall, mit dem alles beginnt, demzufolge auch Raum und Zeit. Es spricht für die moderne Naturwissenschaft, dass es ihr gelingt, aus Tausenden von empirischen Fakten und sehr komplexen Überlegungen zu extrahieren, was winzig kurz nach dem Urknall los war. Ein Rätsel bleibt er selbst, hinter den – und das heißt hinter seinen Zustand davor – zu gelangen schlaue Bücher geschrieben werden. Immerhin ist er anschaulich und beschreibbar, im Gegensatz zum undarstellbaren, namenlosen, einzigen und einzigartigen Gott. Würde es nun verwundern, wenn ein technikaffiner Jüngling seine erste Erfahrung eines Orgasmus, dieses ominösen Platzens-ins-ich-weiß-nicht-wohin mit einem Mini-Urknall assoziierte?

Die tiefste philosophische Frage entstammt dem Staunen und führt in die Verzweiflung: Warum gibt es etwas und nicht nichts? Warum gibt es die Welt? Und eben nicht nichts, gar nichts, nichts überhaupt? Dass es nichts gäbe, ist ja genauso möglich oder wahrscheinlich, wie dass es etwas gäbe. Wir haben uns zwar daran gewöhnt, dass es etwas gibt, weil wir in der Welt leben. Doch solange nicht erklärt ist, woher sie kommt – wann könnte diese Erklärung gelingen? –, ist die Umkehrfrage mehr als berechtigt: Was wäre, wenn es gar nichts gäbe? Vielleicht gäbe es noch mathematische Gewissheiten, wie dass die Zahl 7 eine Primzahl ist. Aber weder gäbe es jemanden, der das dächte, noch könnte sich diese numerische Eigenschaft irgendwo an etwas erproben. Dass es nichts gäbe, ist eine zutiefst traurige, abgründige, geradezu vernichtende Vorstellung. Von Glück können wir danken, dass es die Welt gibt. Deren Existenz – und damit die Nichtexistenz der Nichtexistenz der Welt – allerdings ist der Beweis, dass Affirmation oder Positivität eine basale Eigenschaft ist, welche die gesamte Schöpfung durchzieht.

Zu diesem Ergebnis kommt der amerikanische Wissenschaftsjournalist Jim Holt, der in Büchern und bei Zeitgenossen dieser letzten großen philosophischen Frage nachging. Eine befriedigende Antwort fand er schlussendlich nicht außer der bescheidenen Erkenntnis, dass Existenz positiver sei als Nichtexistenz. Das wäre eine Bestätigung der Affirmation, mithin der Welt selbst. Dass es Welt gibt, ist bereits eine Präferenz für Affirmation. Diese Sicht beantwortet natürlich nicht die entscheidende Frage: woher denn komme, was es gebe – wiewohl gewitzte Physiker süffisant bemerken, rechne man positive und negative Materie, positive und negative Energie zusammen, ergäbe das exakt null, so dass sich diese Frage erübrige. Die Welt wäre wie aufgeklappt zwischen einer Positiv- und einer Negativseite, doch wer oder was dieses Aufklappen auslöse und steuere, bleibt ein Rätsel. Der jeweilige absolute Betrag könnte ja so winzig ausfallen, dass von Welt nicht mehr sinnvoll die Rede sein könnte. Und so staunt man weiterhin, blickt man auf die Welt, nächtens gen Himmel und tagsüber auf das Leben: die Vielfalt der Menschen, Tiere und Pflanzen. Und dieses Staunen kann niemals wegtheoretisiert werden. So wenig wie der ekstatische Höhepunkt der lustvollen Selbsterfahrung.

Am Anfang der Urknall und am Ende der Orgasmus? In gewisser Weise ist das so. Doch alle Esoterik, jedes voreilige Kurzschließen vom ganz Großen und dem Kleinen, Kurzen und Privaten ist zu vermeiden. Es lässt sich auch rational beschreiben. Es kann mathematisch gezeigt werden, dass Chaos in Ordnung umschlagen muss. Unordnung wird von Attraktoren in Gruppen gegliedert. So sind später unsere Galaxien entstanden. Und wenn habitable Planeten im günstigen Abstand zu Energielieferanten stehen, kommt auch eines Tages so etwas wie Biochemie in Gang. Das Zauberwort heißt Selbstorganisation. Systeme stabilisieren sich selbst, nämlich durch ihre eigenen Potentiale, und werden mit der Zeit immer komplexer. Es sei denn, sie kollabieren, sterben also ab. Die biologische Zelle ist ein Musterbeispiel für Selbstorganisation; sie enthält den genetischen Bauplan zum permanenten Selbsterhalt, zur Vervielfältigung und zur Weiterentwicklung, ohne dass eine äußere Macht einwirkte.

Physiker bieten sogar eine Erklärung an, warum der unwahrscheinliche Fall eingetreten ist, dass unser Universum exakt die Eigenschaften aufweist, die Leben über Milliarden von Jahren stabil halten und somit denkende Menschen ermöglichen – eine Erklärung für das sogenannte anthropische Prinzip. Nach der – ihrerseits unfasslich abstrakten – Stringtheorie gibt es 10 hoch 500 mögliche Welten (eine unvorstellbar große Zahl), die in der unendlichen Weite der Ewigkeit alle ausprobiert werden. Ab und zu entstehen lebensgünstige Welten wie die unsrige. Tröstlich. Der Physiker Max Tegmark unterscheidet in seinem äußerst instruktiven Buch *Unser mathematisches Universum. Auf der Suche nach dem Wesen der Wirklichkeit* (2015) vier Welthorizonte, die immer größer und fundamentaler werden. Das für uns einsehbare Universum, dasjenige jenseits des Ereignishorizonts, die Gesamtheit aller möglichen Welten und schließlich die Welt aller mathematischen und logischen Gesetze und Zahlenverhältnisse, die in den realen Universen wirken.

Damit das alles so geschieht, wie es offenbar geschieht, muss ein Prinzip wirken, das Platon das Prinzip des Guten genannt hat: dass zumindest langfristig Produktivität mehr belohnt wird als Destruktivität, Ordnung mehr als Unordnung, Vernunft mehr als Irrationalität, Arbeit mehr als Faulheit, Intelligenz mehr als Dummheit. Auch das sogenannte rekonstruktivistische Judentum, das nicht der Existenz Gottes bedarf, denkt so. Es kommt immer zum Besseren. Zumindest langfristig, über die Katastrophen hinweg, ohne die es gleichfalls nicht geht. Dieses Prinzip kann Wille zum Leben heißen oder schlicht Selbstorganisation. Jedenfalls ist dieses Prinzip ein Prinzip der Affirmation.

Der Orgasmus ist nun die Affirmation dieses Prinzips. Er ist somit die Affirmation der Affirmation. Hier kommt das vorbehaltlose, nicht hinterfragte und nicht hinterfragbare

Ja zur Geltung, es gelangt in die Welt, für einen kurzen Augenblick wird es Ereignis.

Das berühmteste »Ja« der Literaturgeschichte stammt von Joyce, am Ende seines *Ulysses*: »... er soll doch nochmal fragen ja und dann hat er mich gefragt ob ich will ja sag ja meine Bergblume und ich hab ihm zuerst die Arme um den Hals gelegt und ihn zu mir niedergezogen dass er meine Brüste fühlen konnte wie sie dufteten ja und das Herz ging ihm wie verrückt und ich hab ja gesagt ja ich will Ja.« Das letzte Ja steht auch im englischen Original mit der Majuskel. Entgegen einer dekonstruktivistischen Literaturwissenschaft endet der berühmteste Roman des 20. Jahrhunderts nicht mit einem Nein. Keine Distanz, keine Ambivalenz, keine Rückversicherung, keine Dialektik. Es gehört nicht viel Fantasie dazu, Molly Blooms Ja als den Beginn eines Liebesverkehrs mit abschließendem Orgasmus zu deuten – oder als diesen selbst.

Auch ein Nein müsste im Übrigen logisch mit einem Ja bekräftigt werden: »Ja, in der Tat, ich will das nicht.« »Nein, ich will das« hingegen wäre selbstwidersprüchlich. Es ist ein wenig wie die kluge Einsicht von Spinoza, dass die Wahrheit das Maß der Unwahrheit sei, so wie das Licht allererst Dunkelheit erkennbar mache. Ein Ja ist die Bestätigung des Nein. Ein Nein kann von sich aus kein Ja hervorbringen. Insofern gibt es eine logische Präferenz für die Affirmation. Damit wird die Negation nicht herabgesetzt. Sie ist gleichwichtig, aber offenbar nicht gleichursprünglich. Es muss auch erst Welt geben, um das Nichts überhaupt ins Spiel zu bringen. Hat die basale Affirmation erst einmal eingesetzt, wird die Negation rasch funktional, nämlich für alle weitere Differenzierung. Auch das hat

Spinoza auf den Punkt gebracht: »omnis determinatio est negatio« – jede Bestimmung ist eine Verneinung, nämlich dessen, was eine Sache nicht ist.

Die Kulturwissenschaften haben inzwischen die intellektuelle Deutungshoheit übernommen. Früher war es die Soziologie. Die vulgäre Variante sagte: Alles ist gesellschaftlich, heute heißt es: Alles ist kulturell. Beides wird falsch, wird die Position verallgemeinert. Gerade bei der Frage nach der Sexualität und den Geschlechtern spielen biologische und evolutionäre Aspekte eine derart große Rolle, dass die Frage lautet: Inwiefern, in welchem Maße ist alles sozial oder kulturell? Denn dass immer alles *auch* gesellschaftlich ist, bestreiten selbst Biologen nicht. Auf dieses »auch« kommt es an. Vom bedeutendsten Gesellschaftstheoretiker, Niklas Luhmann, lässt sich lernen, dass ein jedes Ding drei Seiten hat: eine soziale, eine sachliche und eine zeitliche. Die zeitliche drückt sich in Geschichte und Evolution aus, die soziale in der kulturellen Dimension. Die Sachfrage ist aber die eigentlich schwierige. Die Klärung von Sachfragen lässt sich nicht durch die Beteuerung erledigen, alles sei diskursiv, soziale Konvention, Rollenspiel oder verursacht vom bösen Kapitalismus. Dieses weitverbreitete Denken ist unterkomplex und führt in der Sache nicht weiter. Die Lösung – und das ist äußerst anstrengend – liegt in der Vermittlung von sozialen, kulturellen, ideologischen *und* biologischen, evolutionären Dimensionen. Immerhin unterscheidet die englische Sprache zwischen »sex« und »gender«, das erste betrifft das biologische Geschlecht, das zweite die kulturell-gesellschaftliche Wirklichkeit.

Zu behaupten, Sexualität und Geschlechtlichkeit seien

ausschließlich soziale Konstrukte, ist zu billig. Es musste vielleicht einmal gesagt werden, aber heute wissen wir: Sie bilden eine biopsychosoziale Plastik. In dieser wirken eine evolutionäre Logik, biologische Sachverhalte, soziale Schemata, politische Kräfte, psychische Dispositionen und diskursive Verständigungen ineinander. Gerade Simone de Beauvoir war sich dieses Mehrfachcharakters bewusst. Die Sache ist so unfasslich kompliziert, dass das Bedürfnis nach Vereinfachung zwar verständlich, aber zugleich fatal wird. Die Max-Planck-Gesellschaft könnte hierfür ein interdisziplinäres Großinstitut mit Biologen und Evolutionsstatistikern, Sozial- und Kulturwissenschaftlern, mit Ethnologen und Anthropologen, mit Sprachforschern und Kunstexperten gründen.

Der Satz, etwas sei ein soziales oder diskursives Konstrukt, ist entweder trivial – schließlich stammt, was wir sagen, nicht von Ameisen oder Gott persönlich –, oder er wird nichttrivial verstanden, und dann wird es rasch brisant. Der Satz wird in die Diskussion gebracht, um auf die Veränderbarkeit beispielsweise der Geschlechterrollen hinzuweisen. Das ist im Prinzip richtig, könnte aber von konservativer oder reaktionärer Seite gleichfalls benutzt werden, um neuere Praktiken der Liberalität wie die »Ehe für alle« wieder abzuschaffen. Die Neurechten kopieren inzwischen exakt die einst fortschrittlichen Argumentationsmuster linker Kulturwissenschaftler.

Es wird gesagt, Männlichkeit und Weiblichkeit gebe es gar nicht, sie seien Konstrukte. Nun, dann existieren sie eben als Konstrukte, und man könnte frech entgegnen: Na und? Gemeint ist, dass solche Phänomene sich ändern, nicht selbstverständlich sind und keinen natürlichen

Gesetzen *ausschließlich* gehorchen. So ist, was wir unter »dem« Mann oder »der« Weiblichkeit verstehen, extrem kulturell vermittelt. Das heißt aber nicht, dass es das zur Gänze wäre. Es gibt biologische Unterschiede, die berücksichtigt werden müssen. Da das ausgesprochen schwierig ist, wird es meist unterschätzt oder gleich ganz außen vor gelassen. Zum Glück ist die Praxis meist weiter als die Theorie.

Bei meinen Untersuchungen zu unserem Thema ist mir aufgefallen, dass sich von Naturwissenschaftlern, sofern diese nicht blind für soziale Aspekte sind, mehr lernen lässt als von Kulturwissenschaftlern, die in der Regel Biologie und Evolutionstheorie ignorieren und sich auf die naturwissenschaftliche Seite aus unterschiedlichen Gründen nicht einlassen wollen. So stehen Autoren wie Desmond Morris oder E. O. Wilson unter dem Verdacht, das menschliche Leben biologischen Gesetzen zu unterwerfen. Das ist aber ein Vorurteil, welches die Lektüre ihrer Bücher widerlegt. Die Abtrennung der modernen Philosophie von den Naturwissenschaften, ihre »Vergeisteswissenschaftlichung«, wie der Philosoph Vittorio Hösle sie nennt, ist nicht produktiv.

Die Evolution ist so wirkmächtig, dass sie bis in das gesellschaftliche Leben einer globalisierten Menschheit eingreift. Wer dies kulturalistisch verleugnet, handelt töricht, denn er hat nichts mehr, womit er gegensteuern könnte. Der Witz ist ja, dass die Naturevolution in eine Gesellschaftsevolution übergegangen ist, in welcher die Freiheitsgrade menschlichen Handelns immer größer werden, bis hin zu dem, was heute Sozialtechnologie genannt wird, die Planung und Steuerung von Gesellschaften. Insofern ist das weite Feld der Sexualität und der Geschlechtlichkeit selbst ein Gebiet der Gestaltung geworden. Genau das geschieht auch mit dem, worüber die freien Zivilgesellschaften diskutieren und was sie erkämpfen – und es geschieht auch in Ansätzen in unfreien Gesellschaften, kraft der Beharrlichkeit vor allem der Frauen. Wir sind zwar das Ergebnis einer List der Gene, aber gerade die Genetik und mehr noch die Epigenetik ermöglichen uns, damit »vernünftig« umzugehen.

Bereits vor der modernen Biologie und der Evolutionstheorie fragten die Philosophen nach den Kräften, welche die Natur antreiben, so Kant, Schelling und Hegel. Die Natur erhält sich, sie steigert sich, sie expandiert. Dabei scheint sie weder eines Gottes noch des willensbegabten Menschen zu bedürfen. Nietzsche brachte das Lebensprinzip mit etwas martialischen Worten in *Also sprach Zarathustra* auf den Punkt: »Wo ich Lebendiges fand, da fand ich Willen zur Macht.« Ein unbegrenztes, unaufhörliches Streben, ein Trieb aus sich heraus – in moderner Terminologie: Selbstorganisation. Heute beschreibt die ausgewachsene Evolutionswissenschaft im Einzelnen die Prinzipien und Schritte – bis zu den Menschen mit ihrer besonderen Dauersexualität und ihrem existentiellen Nacktsein. Menschen, für die Sexualität weit mehr als Fortpflanzung ist. In dieser biopsychosozialen Plastik wird der Orgasmus zu einem der Ziel- und Höhepunkte, zu einem der zentralen Attraktionsknoten für unser Handeln, Erleben und der Selbstverständigung, privat wie öffentlich.

Dass der Orgasmus nicht nur affirmativ ist, sondern das in der Natur obwaltende Prinzip der Affirmation seinerseits affirmiert, möge aber nicht zu voreiligem Optimismus führen. Denn das doppelte Prinzip der Affirmation muss mindestens zweimal eingeschränkt und problematisiert werden. Die erste Einschränkung betrifft die »asiatische« Sicht auf die Dinge.

Affirmation wird problematisch nämlich in der Esoterik, wenn fernöstliche Denkweisen über das Verhältnis von Mann und Frau übernommen werden, die bekanntlich gänzlich bipolar sind. Yin und Yang, Aktivität und Passivität, Geben und Nehmen. Dass die beiden Geschlechter unterschiedlich und wesensmäßig andersartig sind, wird in der dortigen Literatur wie selbstverständlich vorausgesetzt und trifft natürlich frontal auf die im Westen betriebene Dekonstruktion des Geschlechterverhältnisses. Die Befürworter alternativer Denkweisen geraten damit in ein Dilemma: Sie verehren die asiatische Praxis, müssten sie aber als soziales Konstrukt unter Verdacht stellen. Die Frage ist: Lässt sich solches Männer- und Frauenbild von jener Praxis trennen?

Tantra ist ein Komplex östlicher Philosophie, Religion und einer Praxis, um sogenannte höhere Bewusstseinsstufen zu erlangen. Hierzulande eher bekannt als Neotantra, verbreitet durch das Gedankengut des indischen Gurus Bhagwan Shree Raineesh, in späteren Jahren Osho genannt, der in den 1970er Jahren viele aus dem Westen anlockte, die spirituell vorankommen wollten, auch den Autor eines späteren erotischen Romans, Peter Sloterdijk. Unter dem Namen Swami D. Peter war er aktiv und bekundete einmal, das meiste dessen, was unter spiritueller Sexualität verstanden wurde, sei »nichts anderes als eine öde Rammelei« gewesen. Was im Westen unter Tantra läuft, ist ein schwer trennbares Gemisch aus allem Möglichen zwischen Scharlatanerie und Sexualtherapie. Ein Lehrvideo empfiehlt, das Liebesspiel auf mehrere Stunden auszudehnen und auf das Ambiente – Licht, Temperatur, Raumgröße, Düfte, Getränke und Früchte – zu achten. Verteilt auf sieben Nächte, in der ersten sieht man sich an, in der zweiten berührt man einander, in der dritten wird liebkost und so weiter, und erst in der letzten wird der Akt vollzogen und entsprechend genossen. Freilich wenig Ausbeute für einen einwöchigen Liebesurlaub.

Bei der seriösen Tantrapraxis geht es interessanterweise gar nicht um den optimalen Orgasmus, sondern um dessen Vermeidung zugunsten immer höherer Energiestufen (Shakras), zu denen ein eingespieltes, miteinander harmonierendes Paar durch die Synchronisierung ihrer Körper gelangen kann. Was heißt, dass der Mann gerade nicht ejakuliert und somit aus dem Geschehen aussteigt, sondern auf dem Niveau kurz vor dem *point of no return* sich zurückhält und entsprechend die nächste Stufe erklimmt. Osho hält entsprechend – welche Überraschung – den Orgasmus für Energieverschwendung, ja Vergeudung von Leben. Wenn Tantra so zu verstehen ist, verlassen wir das Thema dieses Buchs, sprich den Ort des Orgasmus in unserem – hoffentlich guten – Leben. Und bewegen uns in einem anderen Kulturkreis, der sich freilich nicht so einfach auf die Bedingungen eines »okzidentalen Rationalismus« übertragen lassen. Daher ist Tantra hierzulande eher ein touristisches Importangebot, das sich schwerlich mit all seinen kulturellen Konsequenzen in unser modernes Leben integrieren lässt.

Jedoch soll, so heißt es in der Tantra-Lehre, der Augenblick der überpersönlichen Verschmelzung der beiden Körper mit der kosmischen Energie eine ekstatische Erfahrung von vielleicht 15 Minuten verheißen. Und das ist keine Kleinigkeit. Meister, so steht es im daoistischen Kanon Daozang, sollen es auf mehrere Stunden gebracht haben. Wir im Westen spüren, dass uns etwas abgeht, und verlangen danach. Es ist aber einer zukünftigen Weltgemeinschaft vorbehalten, die beiden Modelle: unser hedonistisches und das »asiatische« spirituelle zusammenzubringen.

Die zweite Einschränkung der Affirmation betrifft den Komplex Ethik und Recht. Der Orgasmus heute ist eine ethische Aufgabe, auch wo er solistisch erreicht wird. Die ganze Tragweite wird ersichtlich, wenn mehrere beteiligt sind. Es sei nochmals die Kantische Frage angesprochen, wie wir damit umgehen, dass der jeweils andere auch Mittel zum eigenen Zweck ist. Da dies für beide Partner gilt, entsteht eine Verantwortungsminigemeinschaft, die der heute propagierten Coolness entgegensteht. Ein liberaler Rabbiner sagte einmal zu jungen Leuten, die ihn fragten, ob Sex vor der Ehe erlaubt sei: »Wer miteinander schläft, *ist* verheiratet.« Jüdische Weisheit bringt das Verhältnis gegenseitigen Respekts, die Achtung und Anteilnahme, ja das Zusammen-Leben so einfach und klar auf den Punkt. Somit ist der gemeinsam erlebte Orgasmus ein Prüfstein für die zwischenmenschliche Kommunikationsfähigkeit. Was bedeutet der und die andere mir, ich ihr und ihm, was bedeutet uns die Gemeinsamkeit?

Wir sind eben keine Bonobos. Wir haben auch etwas von Schimpansen und somit von Mördern. Wir sind beides: altruistisch und egoistisch zugleich. Dass wir selbstsüchtig *und* liebesfähig sind, gibt uns einen evolutionären Vorteil. Eine Flower-Power-Gesellschaft verödete an sich selbst. So bleiben uns die ungezählten Komplikationen nicht erspart. Simone de Beauvoir hat sich eigens für eine »Moral der Doppelsinnigkeit« ausgesprochen: Dem Menschen bleibt nichts anderes übrig, als das konfliktäre Verhältnis zwischen seinem unmäßigen Freiheitsstreben und einer Sittlichkeit, die alle betrifft, besonnen zu regeln.

Wie kann eine Sexualethik ohne Sexualmoral auskommen und doch rückgebunden sein an die Moral zwischenmenschlicher Beziehungen? Die Schutzrechte wie bei der Pädophilie, der Kinderheirat und der Vergewaltigung in der Ehe sind relativ rasch konsensfähig. Schwieriger wird es beim Umgang mit extremen Masochisten, die freiwillig auf Persönlichkeitsrechte verzichten. Die Abtreibung wird regelmäßig zum Schauplatz religiöser Grundsatzfragen. Und das Machotum ist ebenso unangenehm wie die raffinierteste Femme fatale gefährlich.

Hier, in der Ethik, wird aus der Affirmation, die in der Sexualität mit den Größen Besitz, Verführung, Verlobung, Treue, Offenheit so stark ist und im Orgasmus, diesem kurzen, aber mächtigen Ja, ihre kraftvolle Bestätigung findet, rasch etwas zutiefst Schwieriges, Ambivalentes, Doppelsinniges, das ohne Kritik und Dialektik weder zu denken noch zu leben ist. Die komplizierte Aufgabe lautet: Wir müssen die Sexualität ethisch denken, dürfen sie aber nicht moralisch bewerten.

Kategorien

In den Kapiteln über die Künste haben wir bei Wagner den idealtypisch männlichen und den idealtypisch weiblichen Höhepunkt kennengelernt, und zwar in seinem Zeitverlauf und den darin geformten Erregungs- und Entspannungskurven. Die Belletristik und die Lyrik hatten uns einiges an poetischen Wesensbeschreibungen angeboten, insgesamt aber eher enttäuscht; vielleicht erfahren wir mehr von den »normalen« Frauen und Männern (so im nächsten Kapitel). Unsere Analyse mehrerer Filme mit expliziten sexuellen Darstellungen hat ergeben, dass es für den Mann nur ein Danach zu geben scheint: schmerzerfüllte Verzerrung. Während die Frau mindestens vier Bilder aufweisen kann: Freude, Liebe, Genuss und metaphysische Hilflosigkeit. Wir werden daher sowohl den Orgasmus im Allgemeinen wie die beiden geschlechtsspezifischen Ausprägungen betrachten. Im Einzelnen geht es um diese Kategorien: Zweck, Gefühl, Erlebnis, Logik, Liebe, Erfahrung, Zeit, Musikalität, »Kleiner Tod« und die Mann-Frau-Differenz.

Zwecke für den Orgasmus jenseits der Fortpflanzung gibt es viele: Abbau sexueller Erregung, Förderung der Gesundheit, Bestätigung der Vitalkräfte, das Erleben der eigenen Geschlechtlichkeit, die Teilhabe an der Schönheit des Lebens, ein besonderer Zugang zum eigenen Ich, die Reinigung der Seele, die spirituelle Verbindung mit etwas weitaus Größerem, die Einbettung in ein Gesamtkonzept für das gute Leben – und schließlich Kommunikation, ein wechselseitiges »Erkennen«.

Für ein Erlebnisphänomen oder eine Erlebnisqualität

hat die Philosophie den Begriff »Quale« (Plural: Qualia) eingeführt. Er bezeichnet etwas, was nur existiert in der Selbstwahrnehmung eines Erlebnisses, wenn dieses für den Betreffenden auch wirklich bekannt ist. Er bezeichnet das Sich-Anfühlen von etwas. Die Farbe Rot beispielsweise ist für einen Blinden schlicht nicht zu verstehen, auch wenn ihm alles über sie erzählt würde. Rot existiert nicht »an sich«, sondern nur für uns Menschen. Wer wirklich hundertprozentig asexuell ist, kennt die Emotion Begehren nicht. Was nun ein Orgasmus ist, kann wissenschaftlich nach allen Seiten beschrieben werden. So lesen wir beispielsweise in der *Biologie des Begehrens* von Jean-Didier Vincent: »Reduktionistisch betrachtet, ist der Orgasmus eine Spielart des epileptischen Reflexes. Sobald sensorische Afferenzen und aktivierende Einflüsse zerebralen Ursprungs eine bestimmte Entladungsschwelle erreichen, kommt es zu synchronen, selbsttätigen Entladungen in Neuronen des Septums, des Mandelkörpers und der Thalamuskerne.«

Wie er sich anfühlt, muss freilich erlebt werden. Insofern ist der Orgasmus ein Quale. Wer ihn niemals erfahren hat, wird ihn auch über eine sachliche Darstellung nicht kennenlernen. Das Erlebnis ist somit immer rückgebunden an konkrete Orgasmusereignisse bei konkreten Individuen. Eine andere Frage ist, welche Sprache für dieses Erlebnis geeignet, wie über es zu sprechen sei. Das kann ganz hilflos geschehen (so bei Pubertierenden, die sich zum ersten Mal austauschen) oder gekonnt. Aber gerade weil er sich nur in subjektiven Körpern abspielt und die Erlebnisseite nicht von außen protokolliert werden kann, sind die Beschreibungen, die uns die Kunst, die Literatur, die Probanden geben, so unentbehrlich. Die Qualia der Liebe und Sexualität lassen sich nur indirekt erschließen.

Der Orgasmus ist ein Cocktail verschiedener Emotionen auf verdichtetem Raum, sprich in einem kleinen Zeitfenster. Das macht seine Einzigartigkeit aus. Er ist nicht gleichzusetzen mit dem überwältigenden Gefühl eines Siegs, der in einem bestimmten Augenblick überraschend hereinbricht. Nähert sich der Orgasmus, wissen wir, was kommt, denn er ist uns bekannt. Bildet nun der Orgasmus eine eigene Emotion aus? Die Emotionspsychologie kennt dergleichen nicht, nur Steigerungen der Freude wie das Hochgefühl und die Euphorie.

Die mit dem Orgasmus verbundenen Gefühle sind unterschiedliche und folgen der Hierarchie zwischen allgemein und besonders. Häufig ist der Höhepunkt nichts als ein Ausdruck eines Instinkts und eines körperlichen Reflexes; er antwortet auf einen *Trieb*, der entladen wird. Das kann so harmlos sein wie Harnlassen und so kriminell wie bei einer Vergewaltigung. *Affektiv* geht der Orgasmus auf das Begehren, Gier, Begierde, Geilheit, Wollust, Spaß-haben-Wollen, Lebenslust. *Emotional* wird er, wenn Verliebtheit im Spiel ist. *Gefühle* im engeren Sinne sind adressierte Sentiments, die sich bewusst auf etwas oder jemanden beziehen, so das Liebesgefühl für jemanden Bestimmtes. Hier kommt eine über lange Zeit gewachsene Verbundenheit mit einem konkreten Menschen ins Spiel.

Unter den Basisemotionen gibt es nur eine einzige, die positiv, weltzugewandt ist: Freude. Die anderen gehören der Schutzfunktion zu, so Angst, Hass, Ekel und Traurigkeit. Im Orgasmus wird die Basisemotion Freude gesteigert. Sie wird Euphorie, ja mitunter Ekstase. Diese lässt sich nur metaphorisch umschreiben: »Himmelserfahrung« nennen Literaten sie, das »Ozeanische« Freud. Der sexuelle Höhepunkt erreicht ein Glücksgefühl, für das die deutsche Sprache das schöne Wort »Glückseligkeit« erfand. Ein Paradox aus Ruhe sowie Entspanntheit und höchster Intensität sowie Präsenz. Es ist weit mehr als ein bloßes Innengefühl, das Außen wird geradezu ins Innen hereingeholt.

»Glückselig« ist ein schwer zu übersetzendes Wort. Das englische »happy« wäre zu banal. Das französische »bienheureux« sagt nur »sehr glücklich«; das trifft es nicht. (Ähnlich steigern das Italienische: »felicissimo«, das Spanische: »muy feliz« und das Litauische: »labai laimingas«.) Das englische »blissfull« kommt der Glückseligkeit nahe, da »bliss« Freude, Entzücken, Seligkeit und Wonne bedeutet. Genau dieses Ineinander von Glück, Freude, Erregtheit (Entzücken), aber gleichzeitig auch Ruhe (Seligkeit) und Wärme (Wonne) wird mit diesem wunderbaren Wort erfasst. Seligkeit meint die Harmonie der Seelenkräfte, die Ausgewogenheit der meist widerstrebenden Seelenbestandteile, einen inneren Frieden. Glückseligkeit ist somit ein dialektisches Gefühl, das Erregtheit (Entzücken) und Entspanntheit (Seligkeit) gleichermaßen umfasst. Das Danach des Orgasmus bietet dieses Gefühl, diese Vereinigung von Erleichterung, Belohnung, Zufriedenheit, ja Frieden mit der Welt und wohliger Wärme. Mimisch gibt es hierfür nur einen Ausdruck: das sanfte Lächeln.

Der Orgasmus bildet unterschiedliche Erlebnistypen aus. Am häufigsten dürfte die Erleichterung von Spannungen und Beschwerden genannt werden. Eng verwandt damit ist das reinigende Herausschleudern von Ingrimm, Groll, Wut, Schmach, Frustration, eines erlebten Unrechts, das die Welt einem angetan hat. Wir erleben, so wir zu zweit sind, die Gewissheit der Liebe zum Partner. Uns zeigt die lebhafte Motorik, dass unsere eigene Vitalität (und in gewisser Weise Gesundheit) in Ordnung ist. Manche erleben einen Zugang zur eigenen Kreativität. Erlebt wird auch die Freude, ja eine namenlose, fassungslose Freude, verbunden mit dem Staunen darüber, wie überwältigend der Orgasmus doch diesmal wieder und wieder von neuem war: ein Ankommen in der Zentriertheit des Lebens und damit das Gefühl einer Seinsgewissheit. Wir erleben unsere Fähigkeit des Handelns, des Machens, des Zupackens, den Ausdruck des Willens und der Zeugungsfähigkeit. Immer auch spielt die Erfahrung von Transzendenz – und des »Göttlichen« bei religiösen oder der Spiritualität verpflichteten Menschen – mit hinein. In intellektueller Einstellung mag man auch den Höhepunkt einer Selbstbeobachtung unterziehen, etwa um ihn besser beschreiben zu können. Das wäre freilich ein Orgasmus zweiter Ordnung. Viel typischer ist der unwillkürliche Schrei, viel angemessener die Exklamation »Wie schön!«, die beide vom Umschlag der Spannung in die Glückseligkeit zeugen.

Die innere Logik des Orgasmus folgt den drei zeitlichen Stufen mit dem Davor und dem Danach. Für eine glückende Klimax bedarf es erstens einer richtigen Einstellung. Der eigene Körper beziehungsweise der des Partners sollte mit Liebe und einem positiven Selbstverhältnis, sprich mit Eigen-Liebe im ungeteilten Sinne betrachtet werden. Der Orgasmus selbst sollte nicht als Triebabfuhr, sondern in radikal hedonistischer Einstellung als ein Eigen-Geschenk angestrebt werden. Zweitens sollte sich die Anbahnung ausreichend Zeit nehmen. Das Sich-Zeit-Lassen ist der Schlüssel. Im Zeitverlauf geht es um ein geschicktes Aufbauen, wobei von fernöstlichen Praktiken gelernt werden kann, sofern diese nicht ganz auf die Überwindung des Orgasmus zielen. Üben, allein oder zu zweit, hilft. Da der Höhepunkt ein unwillkürliches Geschehen ist und im Augenblick seiner Explosion nicht gestaltet werden kann, sind die vorbereitenden, indirekten Methoden notwendig. Drittens ist er voll und ganz zu akzeptieren, ohne moralische Skrupel anzunehmen. Im bewussten Nach-Erleben wird sich seiner erfreut, ohne Schamhaftigkeit, aber auch ohne Triumphgefühl.

Eine eigene Kategorie bildet die Liebe zu einem anderen Menschen. Es ist ein großer Unterschied, ob der Orgasmus allein beziehungsweise mit einem nicht wirklich nahen Menschen erlebt wird oder mit jemandem, den mann oder frau zutiefst liebt. Das ist der Liebesorgasmus und darin, besonders intensiv, der Versöhnungsorgasmus. Liebe ist für den französischen Philosophen Alain Badiou ein doppeltes Leben, nämlich eines zu zweit: »Was ist die Welt, wenn man sie zu zweit und nicht alleine erfährt?« Das trifft es genau. Fehlt Liebe, wird auch der vorgeblich beste Sex häufig als leer, schal, flach und episodisch empfunden. Liebe ist eben mehr als eine Funktion der Kinderaufzucht. Sie muss auch gemacht, sprich partnerschaftlich verwirklicht werden (»fare l'amore«). Hier und nur hier entsteht extreme Nähe zwischen zwei Menschen, die bis zu einer Art glücklicher Distanzlosigkeit führen kann. Der Duorgasmus ist, um es nochmals zu sagen, hier das Beste, was erreicht werden kann.

Die Erfahrungen, die mit dem Höhepunkt gemacht werden können, sind von Person zu Person, von Kulturkreis zu Kulturkreis und auch von Geschlecht zu Geschlecht unterschiedliche und hängen von der jeweiligen Lebenserfahrung, der »metaphysischen« Einstellung zum Leben, der Fantasie und der emotionalen Differenziertheit ab. Erfahrungen sind den Erlebnissen benachbart. Während das Erlebnis sich auf den spezifischen Zeitpunkt des Erlebens bezieht, meint der Begriff Erfahrung den Ertrag und die Bereicherung für das weitere Leben, die aus dem Erlebten gezogen werden. Orgasmische Erfahrungen sind solche, die fast nur der Orgasmus bietet. »Fast«, weil nicht ausgeschlossen werden kann, dass sie sich auch in anderen Situationen – etwa künstlerischen oder religiösen, sportlichen oder im Mentaltraining – einstellen. Aber der Orgasmus ist für sie ein besonders geeigneter Ort. Man könnte meinen, die Evolution hat das, ohne es zu ahnen, mit verursacht.

Die Vielseitigkeit des Orgasmus ist erstaunlich. Erfahren werden Freiheit, Transzendenz, Ekstase, ein Aus-sich-Heraustreten, ja Unendlichkeit. Die Aufhebung der Zeit – etwas, was eigentlich nicht möglich ist – wird für den schönsten Augenblick erfahren. Erfahren wird die Kreatürlichkeit, mithin das eigene Leben, die Gesundheit, die eigene vollumfängliche Sexualität. Wir erfahren unsere Kreativität, die Möglichkeit, Kinder zu zeugen oder Zugang zu unserer Intuition zu erlangen. Von besonderem Gewicht sind die Einheitserfahrungen, wie die von innen und außen, von Körper und Seele, von Ich und Du, des Individuums und der Welt – diese »Einheiten« werden uns in den beiden letzten Kapiteln beschäftigen. Schließlich erfahren wir das Prinzip der Affirmation und damit die Affirmation unserer eigenen »Natürlichkeit« mit allen Rückbezügen bis tief in die Naturgeschichte und unsere eigene Tierheit hinein. Und der Intellektuelle kann dem Orgasmus einen Sinn geben: Wir erfahren etwas, was nur durch ihn und sonst nichts erfahren werden kann, seine *Qualitas*.

Die Sexualität kennt ihre eigene Zeitlichkeit. Das lässt sich an verschiedenen Beobachtungen zeigen. Wie lange dauert gefühlt ein Orgasmus? Antwort: einen Augenblick und die Ewigkeit. Befragt danach, wie lange es dauert, bis es dem Mann kommt, überschätzt das männliche Geschlecht die Zeit um das Doppelte. Von George Steiner stammt der unnachahmliche Satz: »Liebe auf Italienisch zu machen heißt zu wissen, dass gewisse Tage 25 Stunden dauern.« Wie lange währt ein Augenblick, ergo eine Zeit, die wir nicht unwillkürlich unterteilen? Psychologen nennen drei Sekunden. Es gibt aber Ausnahmen, wenn buchstäblich das Herz stehen bleibt, es einem den Atem verschlägt. Das passiert in Schocksituationen des Alltags, kann aber auch von Zeitkünsten wie der Musik oder dem Film ausgelöst werden.

Der Augenblick des Orgasmus dauert länger als drei Sekunden und wird doch ungeteilt erlebt. Für diesen Moment spielt die Einteilung der Zeit in ihre drei Modi (Vergangenheit, Gegenwart, Zukunft) keine Rolle. Das meint die Rede davon, die Zeit stünde still. Hier öffnet sich eine Ahnung der Ewigkeit, einer Außerzeitlichkeit. Aber der Orgasmus ist kurz und nur eine extrem flüchtige Episode in unserem Leben. Im Film *Shortbus*, dessen New Yorker Freizügigkeit ein Gegengewicht zum amerikanischen Konservativismus setzen wollte, erfährt man dieses: Der Sklave fragt seine Domina, wie der Orgasmus sei: »Es ist, als stünde die Zeit still.« »Und, bist Du danach traurig?« »Ja, weil die Zeit nicht stillsteht.« Ontologisch ist der Orgasmus ein Schnitt der Lebenszeit in ein Davor und ein Danach. Er ist eine Interruption. Ein »Kleiner Tod«, nämlich der Vergangenheit, deren Spannungen aufgelöst werden; aber auch eine kleine Wiedergeburt, nämlich dessen, was nun, in aller Frische, folgen möge.

Hier berührt sich der sexuelle Höhepunkt mit der Musik, die ohnehin in vielem den sexuellen Akten gleicht. Die Liebe ist »as sweet and musical as bright Apollo's lute, strung with his hair« – »so süß und musikalisch wie des berühmten Apollo Laute, bespannt mit seinem Haar«, heißt es in Shakespeares *Liebes Leid und Lust* (IV, 3). Wer wahrhaft musiziert, ist mit der Musik identisch, geht ganz in ihr auf, folgt ihr gleichsam willenlos, unbewusst, unkontrolliert, lässt sie geschehen und ist doch dabei gänzlich präsent. Er liebt in diesem Augenblick die Musik, gibt sich ihr vorbehaltlos hin. Zugleich ist die Musik emotionaler (weil unbegrifflich) als die Schauspielerei und geistvoller als der Tanz, der ohnehin nicht ohne Musik auskommt. Wer somit innig musiziert, depersonalisiert sich und verschmilzt mit einem Anderen. Ohnehin ist die Musik von allen Künsten die erotischste, da sie Seele, Geist und den Körper gleichermaßen affiziert. Und es ist die Musik, die, wie wir gesehen haben, den Orgasmus am besten abzubilden versteht und nacherlebbar macht.

So verwundert es nicht, dass Musikinstrumente selber erotisch konnotiert wurden. Das junge Mädchen umklammert mit den Schenkeln das Cello, als umfinge es den

Liebhaber. Mozart nennt in den anzüglichen Bäslebriefen seine Cousine »Violoncellchen«. Im 17. Jahrhundert finden sich auf vielen holländischen Gemälden Paare beim Stimmen von Instrumenten – eine bildliche Umschreibung des Pettings. Man Rays berühmte verfremdete Fotografie *Le Violon d'Ingres* von 1924 zeigt einen weiblichen Rückenakt; auf den Fotoabzug hatte er die beiden F-Schalllöcher der Saiteninstrumente gemalt, so dass man nun ein Cello sieht. *Violoncello* benennt im italienischen Jugendjargon das weibliche Gesäß, *contrabbasso*, wenn es üppig ausfällt.

Dass die Rede vom »Kleinen Tod«, der im französischen *petite mort* genannt wird, mehrere Bedeutungen anspricht, sei hier zusammengefasst. Neben der Unterbrechung der Lebenszeit, der Interruption der fließenden Zeit in ein Davor und Danach, gibt es noch mindestens drei weitere Bedeutungen. Der Orgasmus, dieser ultimative, affirmative Beweis des Lebensprinzips, berührt sich zugleich mit dem Todestrieb, und zwar im leisen Wunsch, für immer einzuschlafen, weil nichts Kommendes mehr diesen glückseligen Augenblick übertreffen könnte. Ist mann oder frau zu zweit, spräche man vom Liebestod, genau von dem, was Wagners Tristan und Isolde herbeisingen. In Hölderlins Ode *An die Parzen* heißt es: »Einmal lebt ich, wie Götter, und mehr bedarfs nicht.« Der Orgasmus ist aber auch eine Funktion der Zeugung neuen Lebens und fungiert daher bei der Staffelübergabe zur nächsten Generation. Die Eltern treten ein wenig ab. Schließlich folgt die Metapher des Todes der momentanen Bewusstseinseintrübung, dem Kontrollverlust, ja der Aussetzung des wachen Ichs beim Höhepunkt.

Den Kleinen Tod beschreibt Anaïs Nin in *Das Delta der*

Venus: »eine Wunde aus Ekstase und Verzückung, die ihren Körper wie ein Blitzstrahl traf und sie dann fallen ließ, stöhnend, Opfer einer allzu großen Wonne, einer Wonne, die wie ein kleiner Tod war, ein gleißender kleiner Tod, wie ihn keine Droge, kein Alkohol verursachen konnte, sondern nur zwei sich liebende Körper, die einander zutiefst verfallen waren, die sich liebten mit jedem Atom und jeder Zelle und jedem Nerv und jedem Gedanken.«

Die Differenz von Mann und Frau schließlich gehört zu den kontroversesten Streitpunkten der gesellschaftlichen Debatte. Sie wurde inzwischen zu einem planetarischen Großdiskurs. Sich über Differenzen Gedanken zu machen, ist keine Form der Diskriminierung. Es ist auch keine Definition oder eine normative Zuschreibung, wenn Beobachtungen mit Vorsicht reflektiert werden. Wären Mann und Frau nicht verschieden, sondern nur die je einzelnen Menschen unterschiedliche, die Menschheit somit in Milliarden von Monaden versprengte, würde sich der gesamte zwischengeschlechtliche Komplex, der weit mehr ist als nur das komplizierte Liebesleben, auf einen Schlag erheblich vereinfachen, fast langweilig werden. Riesige Kultursegmente würden in sich zusammenfallen. Die Welt würde »kontra-sexuell«. Die Nichtidentität der Geschlechter ist somit ein Segen, und das hatte die Evolution auch gewollt. Seien wir froh, dass die Natur nicht drei Geschlechtstypen vorgesehen hat. Die Verhältnisse würden sich um das Vielfache komplizieren.

Was bedeutet diese Differenz indessen strukturell? Bis heute ist sie weitgehend *Asymmetrie*. Weil Frauen unterdrückt werden und sich ihre jahrtausendalte Unterdrückung sozialgenetisch verfestigt hat. Sollte das eines Tages gänzlich verschwunden sein, wäre die Differenz nicht aufgehoben, im Gegenteil: Sie käme allererst unverstellt, sozusagen in aller Wahrheit, ans Licht. Ist die Differenz eine *Komplementarität*? Ja, aber nicht ganz. Die in diesem Buch zusammengestellten Stereotype der Standarderzählung zeugen davon. Auch das »asiatische« Denken betont sie. Andererseits geht die Komplementarität nicht auf. Die Frau ist mehr, als was dem Manne fehlt, und umgekehrt. Beide Seiten sind nicht die Funktion der jeweils anderen »Hälfte«. Ist die Differenz ein *Chiasmus*, eine Überkreuzbeziehung? Hat also, um mit C. G. Jung zu sprechen, der Mann eine Anima und die Frau einen Animus, somit Anteile des jeweils anderen Geschlechts? Es spricht viel dafür, im anderen Geschlecht Gemeinsamkeiten zu erkennen. C. G. Jungs Sicht wird nicht allgemein geteilt, andererseits können Mann und Frau schwerlich gänzlich verschieden sein.

Ihre beider Differenz ist eine irreduzible Differenz. Frau und Mann haben jeweils Eigenschaften, die sich nicht als Spiegelschrift des anderen Geschlechts interpretieren lassen. Es gibt somit ein spezifisch Weibliches und ein spezifisch Männliches. Nur sind das keine definierbare Größen und schon gar keine, aus denen sich Normen ableiten lassen. Es wäre ein naturalistischer Fehlschluss, gemäß einer angenommenen »Natur« des Weiblichen und Männlichen unsere Gesellschaft zu planen. Das Rechtssystem wird entsprechend immer geschlechtsneutraler und bezieht sich auf Menschen schlechthin.

Der männliche Orgasmus ist dem Wesen nach Erleichterung, Entkräftung, Ausstoßen von Energie, Ermattung, ein Zusammenbrechen, er bedarf der großen Anstrengung zuvor. Dazu passt seine freudlose Darstellung in den Filmen, den pornografischen ebenso wie den mehr oder weniger expliziten Spielfilmen. Der Mann fällt in eine Art Vorab-Tod und kann einem, aus der Außenperspektive, leidtun. Der ihn gerade erlebt – soll es heißen: durchmacht? –, wird gegen eine solche Deutung protestieren. Aber sein Höhepunkt ist nicht zu vergleichen mit dem weiblichen Pendant.

Er ist vor allem kurz. Marcel Proust beschreibt ihn *Im Schatten junger Mädchenblüte* folgendermaßen: »[Es] strömte genau so wie ein paar Schweißtropfen, die die Anstrengung einem entlockt, meine Lust aus mir, ohne dass ich auch nur Zeit gehabt hätte, sie richtig auszukosten.« Henry Miller verkürzt es in *Sexus*: »... schneller, schneller. Oh, ah, sss, bum, peng!« Vielleicht ist das der Grund, warum Ernest Hemingway in *Wem die Stunde schlägt* zu dieser melancholischen, ja deprimierenden Einschätzung kommt: »Für ihn war es ein dunkler Weg, der nach Nirgendwo führte und weiter nach Nirgendwo und abermals weiter nach Nirgendwo und noch einmal nach Nirgendwo, immer und ewig nach Nirgendwo, schwer auf den Ellbogen in die Erde gekrampft nach Nirgendwo, dunkel, ohne Ende nach Nirgendwo, hangend immer und alle Zeit nach dem bewusstlosen Nirgendwo, diesmal und immer für ewig nach Nirgendwo, unerträglich jetzt, immer wieder und immer nach Nirgendwo, unerträglich jetzt aufwärts, aufwärts, aufwärts und ins Nirgendwo, plötzlich, versengend, umfassend, und alles Nirgendwo ist dahin, und die Zeit steht still.«

Hildegard von Bingen näherte sich ihren Themen für

die damalige Zeit ausgesprochen unvoreingenommen. So auch der menschlichen Sexualität, die sie, die Nonne, in nie dagewesener Offenheit darlegte. »Die Lust des Mannes ist mit dem Feuer zu vergleichen, das bald verlöscht, bald aufloht; denn das Feuer, das andauernd brennt, würde allzu viel verzehren ... Die Lust des Weibes ist mit der Sonne zu vergleichen, die einschmeichelnd, linde und beständig die Erde mit ihrer Wärme durchgießt, so dass sie Früchte hervorbringt.« (*Wisse die Wege*)

Der weibliche Orgasmus geschieht, er kommt, wie ein Geschenk, nicht als Erarbeitetes. Daher ist er unzuverlässig, aber zugleich multipel im doppelten Sinne: Er kommt öfters und ist polymorph. Er ist biologisch überflüssig, und doch existiert er. Alle Funktionsbeschreibungen waren bisher nicht befriedigend. Die einzige Antwort auf diesen sonderbaren Befund ist: Der weibliche Orgasmus ist Selbstzweck, reiner Genuss, pure Freude, das Leben selbst. Er muss sich nicht, wie der männliche, etwas beweisen. Er darf einfach sein und sich diesem Sein überlassen.

Hier zeigt sich der tiefere Sinn des berühmten Spruchs: Alle Tiere sind nach dem Koitus traurig, mit dem Zusatz, dass, neben dem Hahn, die Frau eine Ausnahme bildet. Denn diese ist hellwach und will nicht wegdösen. Das Standardnarrativ besagt, dass sie Nähe sucht, schmusen und kuscheln, das Sein der Zweiheit ausschöpfen möchte. Offenbar ist *ihr* Orgasmus nicht einfach ein Kollaps höchster körperlicher Anspannung, sondern ein Sprungbrett für eine gesteigerte Aufmerksamkeit. Daher kann Charlotte Roche in ihren *Schoßgebeten* schreiben, dass sie nach dem Höhepunkt am liebsten aufspringe und sich in allerlei Aktivitäten stürze.

Aus diesem Befund ergibt sich die Notwendigkeit einer doppelten Emanzipation. Die Emanzipation der Frau, der Frauen und damit in eins auch ihres Orgasmus wurde bereits ausführlich erörtert. Nun gesellt sich überraschend als eine zweite Notwendigkeit hinzu, dass der männliche Orgasmus sich aus seiner freudlos-animalischen Funktionalität befreie, was, so scheint es, nur möglich ist, wenn er sich dem weiblichen annähert. Der männliche Orgasmus, das ist unser Postulat, ist zu feminisieren. Geschähe das, wäre auch der Frauenemanzipation geholfen. Insofern ist die doppelte Emanzipation eine. (Freilich können wir kaum etwas über den Weg dorthin wissen, da er von Männern erst gegangen werden muss.) Vielleicht lässt sich sagen: Sie ist die Emanzipation des Orgasmus selbst, der bisher noch nicht ist, was er sein könnte und – das ist das Normative daran – sein sollte. Ein gängiges Narrativ besagt, der Mann besitze mehr Schaffenskräfte als die Frau, die aber der Ort der Weisheit und der sinnlichen Freuden sei. Wenn es sich tatsächlich so verhält und sich auch zukünftig nicht wesentlich ändern sollte, stellt sich die Frage, wie beide Pole zu einer partnerschaftlichen Mitte finden können. Kreativität, Klugheit und Freudenfülle – das hört ja jede und jeder gerne. Wie sie dann indes zusammenkommen, ist eine Frage an den Menschen insgesamt, jenseits der geschlechtlichen Differenzierung. Wie sich dabei die jeweiligen Stärken und Potentiale auf die Geschlechter genau verteilen, wird die Zukunft, und nur die Zukunft, zeigen.

Ach, wäre es doch wie bei vielen Tieren. Einmal im Jahr der fortpflanzungsnotwendige Austausch von Körpersekreten, und das war's. Wie ruhig unser Leben wäre. Keine Konflikte, kein Kummer, kein Gesprächsstoff, keine Liebesfilme, keine Schmonzetten, keine Lieder, keine Aktfotografie, keine Pornografie, keine Politikerskandale, kein Zwist zwischen den Nachbarn, kein sexueller Missbrauch, kein Silikon, kein Viagra. Keine Sublimation im Sinne von Sigmund Freud. Kein Phallozentrismus. Auch dieses Buch nicht. Das Leben wäre langweilig, aber wer sagt, dass es kurzweilig sein müsse? Wir wüssten es nicht besser. Und trotzdem werden wir sehen: Dass der Erotikstress von der Evolution eingeplant wurde und sich zu Recht auf Gesellschaft und Kultur ausdehnt, beschert uns eine Vielfalt aller möglichen Praktiken. Und genau das ist Leben.

Nach Helen Fisher besitzt das menschliche Gehirn offenbar drei verschiedene und voneinander unabhängige neuronale Zentren für Sexualität. Das eine steuert das Begehren, die schiere Lust auf jemanden, die Wollust; das andere ist für die Verliebtheit, die romantischen Gefühle, die berühmten Schmetterlinge im Bauch verantwortlich; das dritte wiederum sichert eine tiefe Bindung an den Anderen. Wenn es gut läuft, agieren diese drei Zentren in der richtigen Reihenfolge: Ist man verliebt, begehrt man, und das ausführliche Intimleben mündet in eine langanhaltende Bindung. Es kann aber auch anders kommen: Bindung, tiefe Liebe, aber die Lust ist verflogen; oder die fessellose Lüsternheit auf jemanden, mit dem sich kaum ein Wort wechseln lässt. Oder eine Verliebtheit, die rasch abklingt und zu Ende geht, ohne dass daraus mehr wird.

Bei den Bibern ist es einfacher: Sie binden sich und bleiben zusammen, bis sie sterben. Dass nun das menschliche Gehirn drei Zentren ausgeprägt hat, bietet den Vorteil ganz unterschiedlicher Konstellationen; der Mensch ist flexibler und deswegen auch kreativer. Zugleich wird es komplizierter, und nicht nur, wenn ein beruflich erfolgreicher Mann, der seine Frau und die Familie mit ganzem Herzen liebt, doch nicht umhin kann, sich auf seine attraktive jüngere Kollegin einzulassen. Obwohl nur Wollust und es nicht um Verliebtheit oder gar eine angestrebte Bindung geht, kann dieses Abenteuer alle Beteiligten emotional und sozial ruinieren. Diese Konflikte sind es, die unser Leben bereichern, wovon die Kulturgeschichte und die Kunst erzählen und woran die Therapeuten prächtig verdienen.

Der Psychologe John Alan Lee unterscheidet sechs Typen von Liebe, die Fisher auf ihr dreistufiges Modell zurückführt. *Eros* steht für die leidenschaftliche, sexuelle, lebenspralle Liebe und ist eine Kombination aus Lust und romantischer Liebe. *Manie* ist obsessiv, eifersüchtig, besitzergreifend, mit extremen Schwankungen. Sie ist Ausdruck starker Verliebtheit, die einem fast den Verstand zu rauben versteht. *Ludus* ist die tändelnde, flirtende Liebe, Liebelei und Ausdruck von Lust ohne tiefere Gefühle. *Storge* ist die freundschaftliche Liebe mit einem tiefen Verständnis füreinander; Fisher zufolge eine Form der Bindung. *Agape*, was im Neuen Testament die göttliche Liebe bedeutet, ist für Lee die altruistische Liebe mit einem Hang zur Aufopferung; für Fisher Bindung mit Pflichtbewusstsein. *Pragma* bezeichnet die Liebe aus Vernunftgründen zwischen Menschen, die sich mögen, aber nicht wirklich lieben; nach Fisher daher keine ihrer drei Grundformen.

André Comte-Sponville bringt noch die *Philia* ins Spiel, Freundschaftsliebe, die der Storge ähnelt. Ist der Orgasmus ein Liebesorgasmus, so kann er unterschieden werden: der erotische, manische, verspielte, freundschaftliche, fürsorgliche, der »vernünftige«. Jeder und jede mag davon etwas kennen, auch die Misch- und Übergangsformen.

Die Philosophie der Liebe von Comte-Sponville unterscheidet drei Phänomene oder Stufen: *Eros*, *Philia* und *Agape*. *Eros* ist das Thema in Platons *Gastmahl*, die *Philia* bei Aristoteles, die *Agape* im Neuen Testament. Eros ist fundamental für unsere Existenz insgesamt, denn bezeichnet werden ein Mangel, den wir empfinden, und deswegen ein Streben, eine Sehnsucht, eine Begierde, um etwas zu erlangen, was uns fehlt, ermangelt. Das kann ein Mensch sein, aber auch ein Gegenstand, eine Fähigkeit, ein Wissen. Bei der *Philia* und der *Agape* wird der sinnlich-körperliche Aspekt fortschreitend unwichtig. Lässt sich diese Dreistufigkeit auf den Orgasmus übertragen? Immerhin lassen sich Qualitätsunterschiede festhalten. Ist nur der Körper beteiligt oder auch das Gefühl und damit der ganze Leib? Ist der Höhepunkt nur ein motorisches Geschehen, oder spielen die Hormone ihre ganze Kraft aus, und sind Blicke, Sinne und der Geist aktiv? Ist der Orgasmus nur Ausdruck eines Instinkts oder eines Begehrens und von Liebe? Läuft er einfach ab, oder wird er bewusst erlebt? Ist er Erleichterung oder Erfahrung und Erkenntnis? Dient er lediglich der Fortpflanzung, oder geht es um mehr? Zielt er nur auf das Vergnügen und den Genuss der Schönheit oder auch auf Wahrheit, ja auf Gerechtigkeit? So können wir einen Triebabfuhr-, einen Sinnen-, einen Genuss-, einen Liebes-, einen Ekstase-, einen spirituellen, einen Transzendenz-, einen Selbsterfahrungs- und einen Kreativitätsorgasmus unterscheiden.

Suchen wir nun den höchsten der hohen Stufen beim schönsten schönsten Augenblick. Drei Orgasmustypen stehen dabei außer Konkurrenz. Erstens der Konsum von Drogen, bei dem künstliche Wirkstoffe dem Körper zugeführt werden, um die Erlebnisse zu intensivieren und zu verändern. Da der Drogenorgasmus nicht Thema dieses Buchs ist, sei wenigstens der Künstler und Schriftsteller Henri Michaux mit dem Buch über Meskalinexperimente (*Turbulenz im Unendlichen*) zitiert. »Was denn? Dass es nicht so sehr auf die Vision ankommt, sondern auf die als Verräterin über mich gekommene Trance, die mich emporhebt und sich steigert, sich steigert, sich steigert und mich drängt und voranstößt kopfüber in eine Wonne, in eine nicht körperliche, nicht örtlich bedingte, sondern innere, wesenhafte, in mir zentral aufstrahlende Wonne, die mich hinreißt, mich einfängt, mich berauscht, mich umwirft, mich zersetzt, mich auflöst, in einer überschwänglichen Entzückung, ungehemmt, ohne Gegengewicht, ohne Kritik, ohne irgendeine Möglichkeit, eine allesverschlingende, symphonische Lüsternheit, deren schamlose Panoramen dennoch nichts anderes sind als die Bestätigung und Illustration des vielfältigen, unerhörten zerebralen Orgasmus, der mich ohne Unterlass gefangen hält.« Bildreich beschrieben, aber nicht alltagstauglich.

Die andere Stufe außer Konkurrenz ist der spirituelle Höhepunkt in jenen asiatischen Traditionen, welche die Sexualität als Mittel zum Zwecke der Erleuchtung betrachten und die sexuellen Anteile im engeren Sinne am liebsten kleinhalten. Da die Ziele der asiatischen Techniken andere sind, als was der Westen vom Orgasmus erwartet, gibt es zwei Möglichkeiten. Man übernimmt das ganze Leben aus dem fernen Osten, was aber hierzulande fast unmöglich ist. Oder wenigstens die Perspektive der Erleuchtung, so weit es geht. Im Tantra wird die sexuelle Praxis als Pfad der Erleuchtung verstanden, der zur Erweiterung des Bewusstseins und der Kontrolle des Körpers führt. Die zu erreichende Ekstase bedarf der Geduld, des Vertrauens, der Präsenz, des Mitgefühls und der Klarheit. Sie braucht viel Zeit und Ruhe, Übung und ein Wissen um die Stufenleiter.

Das Vorspiel wird so ausgedehnt, dass im übertragenden Sinne der Orgasmus vielleicht drei Stunden dauert. Energie wird aufgebaut – »Chi« –, im Tantra durch die sukzessive Aktivierung der sieben Chakras, der sieben Energiezentren im Körper; im Tao werden neun Stufen im Vorspiel erklommen. Das geschieht grundsätzlich mit einem Partner in möglichst perfekter Harmonie, mithin Synchronisation. Dadurch sollen beide zu einer perfekten Einheit verschmelzen und eine Verbindung zwischen Mensch und Gott beziehungsweise dem Kosmos erreicht werden. Für Westler eine verführerische, aber zumeist kaum nachvollziehbare Vorstellung. Sie wäre in der Tat die vielleicht allerhöchste Stufe überhaupt. Verallgemeinerbar ist sie wohl so wenig wie die feste Überzeugung religiöser Menschen, Gott existiere. Manche Taomeister benötigen Jahre, ihren Schülern die nötigen Sexualtechniken beizubringen. Einfach, wie viele für Esoterik empfängliche Menschen meinen, ist es somit nicht.

Den dritten, freilich hypothetischen Typus außer Konkurrenz beschreibt Michel de Montaigne, der sich schon früh darüber wunderte, warum wir Menschen über Sexuelles nicht nicht schamhaft sprechen können, in seinen *Essais* (II. Buch, *Nichts genießen wir in seiner Reinheit*): den Dauerorgasmus. Unmissverständlich macht Montaigne deutlich, dass er eine Qual wäre: »Wenn ich mir einen Menschen aller wünschenswerten Wonnen übervoll vorstelle, indem etwa seine Glieder für immer von einem Sinnenrausch gleich dem des Gipfels des Zeugungsakts ergriffen wären, sehe ich ihn unter der Last seines Glücks zusammenbrechen, da gänzlich außerstande, eine so reine, umfassende und fortwährende Wollust zu ertragen.« Lust wird zur Last, aus Wonne wird Wehe, um mit Wagner zusprechen. Es wurde berichtet, eine Frau musste in die Klinik eingeliefert werden, weil auch nach vier Stunden wegen einer neurologischen Schleife die Krämpfe nicht aufhörten. Der Dauerorgasmus wird zu einem sexuellen Tinnitus. (Und ist als seltene Krankheit sogar klassifiziert, als PSAS, »Persistent sexual arousal syndrome«.)

Die Stufenleiter des »regulären« Orgasmus lässt sich wie folgt fassen. Er ist erstens und zunächst Triebbefriedigung und sonst nichts, ein körperliches Faktum. Genau das hat Quentin Tarantino in der zitierten Episode aus *Jackie Brown* gezeigt. Entspannung nach kurzer Zeit, danach ist Ruhe. Der Höhepunkt ist nichts Besonderes. Oder er wird zweitens bewusst genossen. Genuss ist der Ansatz, mit dem Comte-Sponville die sexuellen Praktiken beschreibt; der Orgasmus ist darin gleichsam der Augenblick der größten Belohnung. Drittens ist er die Realisierung von Liebe. Dann ist er Kommunikation, das In-die-Welt-Setzen von Liebe: »Liebe-Machen«. Insbesondere der Lebensphilosoph Wilhelm Schmid betont diese Perspektive. Viertens wird der Orgasmus unter seiner Sinn- und Bedeutungsdimension gesehen, dementsprechend unter den Aspekten Erlebnis, Erfahrung, Erkenntnis. Dabei geht es um das Erkennen des Anderen im biblischen Sinne ebenso wie den weiten Assoziationsraum, der mit dem Höhepunkt in Verbindung gebracht wird. Fünftens wird er in ein ausgereiftes Konzept des guten Lebens integriert. Dann zeigt sich nämlich, dass er nicht einfach nur ein Kleiner Tod ist, sondern vielmehr und umgekehrt zum ganz großen Leben zählt.

Diese Stufenleiter beschreibt Intensitäts- und Universalitätsgrade, ist aber nicht moralisch gemeint. Jeder und jede muss wissen, was sie oder er vom Leben erwartet. Manche wollen spielen oder genießen, andere erfahren, lieben, erkennen oder ein gutes Leben führen. Außerdem umfasst die Lebensspanne aktiver Sexualität viele Jahrzehnte, möglichst bis zum Tod. So sind die Stufen weniger in dem Sinne zu verstehen, dass stetig nach oben gegangen und der höchsten Stufe emsig entgegengearbeitet wird – darin träfen sich Platonismus und Tantrismus –, sondern dass zwischen den Stufen frei und lustvoll hin- und hergesprungen werden kann. Die Stufenleiter gleicht einer Klaviatur, auf der es musikalisch zugeht. Die Akkorde, die Rhythmen, die Läufe, die Repetitionen, die Höhepunkte, die schnellen, die langsamen Tempi bilden eine kraftvolle, lebendige Symphonie.

Versuchen wir uns an einer qualitativen Verbesserung des schönsten der schönen Augenblicke. Das Geheimnis um den Orgasmus liegt nicht in seinem kurzen Dasein, sondern im Danach. Was auf ihn folgt. Was geschieht, wenn er, kurz und episodisch, wie er ist, vorüber ist? Die Wissenschaft nennt das die Rückbildungsphase, der Körper kehrt zu seinem Zustand vor der Erregung zurück. Das ist aber nur die biologische Seite und sagt nichts darüber aus, was wir Menschen daraus machen, wie wir diese Zeit erleben und gestalten. Der Schlüssel zum Verständnis des Orgasmus liegt in diesen wenigen Minuten. Im schlimmsten, erbärmlichen Fall dreht man sich – mehr mann als frau – einfach weg und döst ein. Viele Frauen, die sich nach Nähe sehnen, beklagen das Versagen des Mannes. Das Wort Miteinander-Schlafen bekommt so eine neue Bedeutung: Zumindest einer schläft.

Die Frage ist sonach, wie die vier Stufen im Modell von Masters und Johnson von uns aktiv und bewusst gestaltet werden. Die Erregungsphase ist ein Spiel, das Vorspiel, bei dem niemand weiß, wie weit es geht. Das Ziel ist die nächste Phase, der Vorgang kann aber auch abgebrochen werden. In der Pubertät gibt es dafür das sogenannte Necking. Herumfummeln, Knutschen, Grapschen, Unter-die-Wäsche-Gehen – mehr nicht. Die Plateauphase ist das, was wir »vögeln« nennen, oder wie die vielfältigen Verben für die Kopulation heißen mögen, in allen Varianten: manuell, oral, vaginal und anal. Sie ist ebenfalls ein Spiel, aber das voll entfaltete Liebesspiel. Es möge nicht enden. Denn »alle Lust will Ewigkeit, will tiefe, tiefe Ewigkeit« heißt es bei Nietzsche. Streng logisch betrachtet, würde der Orgasmus nur stören, zumindest auf der männlichen Seite.

Er möge hinausgezögert werden. Je älter die Partner, desto besser verstehen beide sich darauf. Im tantrischen Sex, wie wir gesehen haben, geht es sogar ausschließlich darum, den Orgasmus so lange zu verzögern, bis er gar nicht mehr erreicht wird. Aus dem Vierstufenmodell wird ein Dreistufenmodell – nicht jedermanns und jederfrau Sache. So schön er auch sein mag, die Zeit vor und nach dem Orgasmus, die Vorfreude und das Nachglühen, sind noch schöner. Doch ohne ihn geht es nicht. Daher müssen wir unterscheiden zwischen dem Orgasmus im engeren Sinne, den wenigen Sekunden, die Masters und Johnson Orgasmusphase nennen, und im weiteren Sinne.

Hier ist zu unterscheiden: a) der letzte Abschnitt der Plateauphase, das raffinierte Austesten des *point of no return*, der immer wieder im letzten Augenblick umgangen wird; b) eben dieser *point of no return*, das Kommenlassen, die Gewissheit, dass nun genau das Unausweichliche eintreten wird; c) der Orgasmus selbst im engeren Sinne; und schließlich d) die Kreativitätsphase, wie ich sie nennen möchte, das, was wir nun aus dem bisher Erlebten machen. Das wäre ein anderes Vierphasenmodell. Ich nenne es das Vierphasenmodell der sexuellen Kreativität.

Phase b und c scheinen unwillkürliche Vorgänge zu sein, die der Körper bestimmt, nicht wir. Aber das trifft die Sache nicht ganz. Der Umschlagspunkt am *point of no return* ist entscheidend. Wie lassen wir es kommen? Wann lassen wir los? Wie tief geht die Entspannung, wie weit können wir unseren Willen hintanstellen und uns der Passivität überlassen? Es ist paradox: Je weniger wir wollen, desto sicherer kommt, was wir wollen: ein tiefer, langer, intensiver, unbeschreiblicher, einmaliger, überwältigender Orgasmus. Von der Tagesform abgesehen, kann man hier durchaus üben – über Jahre hinweg. Wobei beständige Partner mehr helfen als Gelegenheitsbekanntschaften. Die stetige Verfeinerung des Liebesakts bewahrt so auch vor dem sogenannten Coolidge-Effekt, dem Überdruss am immer selben Partner.

Das Phasenmodell der sexuellen Kreativität kann potenziert werden. Der Mann müsste relativ rasch wieder zu Kräften kommen, das Liebespiel von neuem ansetzen, so dass die vier Phasen nur einen Teil eines mehrfachen Vorgangs bilden. Das Wort Liebesnacht erhielte die richtige Bedeutung, denn eine Nacht dauert mehrere Stunden. Die Frau wiederum würde längere und vor allem mehrere Höhepunkte erleben.

Ein Hinweis auf die Plateauphase, das Kopulieren: Unsere Neuzeit ist so fixiert auf den Orgasmus – er wird geradezu zu einem Zwang–, dass aus dem Blick gerät, dass ein ausgedehntes Liebesspiel, vielleicht mit Unterbrechung für die Konversation, voll erfüllend und befriedigend sein kann, ohne dass der Höhepunkt erreicht wird oder sich einstellt. Die längste Liebesszene der Literaturgeschichte, die mehr als hundert Seiten in Péter Nádas' *Parallelgeschichten*, sind entsprechend durchzogen von Exkursen, Unterhaltungen und Erinnerungssequenzen. Unsere Orgasmusindustrie reduziert unnötigerweise den schönsten Augenblick auf den Orgasmus im engeren Sinne.

Das Danach zählt. Hier kann der Höhepunkt zum Gesamtkunstwerk werden. Möglichst nach einem Ganzkörperorgasmus, der den Leib für einen kurzen Augenblick in die Schwerelosigkeit hebt und ihn zum Fliegen bringt. Die sexuelle Funktion ist eben nicht nur, wie Osho meint, eine

Vergeudung, sondern auch Reinigung, Gesundung, Ausstoß von Aggressionen und Frustrationen, eine Befreiung von Stress und Sorgen. Im höchsten Punkt setzt ein sanftes Lächeln ein, eine Mimik der Glückseligkeit, die Weichheit der Stimme. Vor allem wenn in der Zweisamkeit jeder nicht nur an sich denkt, sondern sich um den anderen kümmert und auf diese Weise Doppeltes zurückerhält.

Reine Lust als Selbstzweck, ohne weitere Absicht, ist letztlich anonym und kann problemlos erreicht werden im Darkroom, einem Swingerclub, bei Tinder, einer rituellen Orgie oder beim Besuch von Callboys oder Prostituierten. Dagegen erhebt Anaïs Nin in ihren Tagebüchern Einspruch: »Nur der gemeinsame Pulsschlag von Herz und Sexus kann wahre Ekstase schaffen.« Der Duorgasmus, auch Eupareunie genannt, ist eine der höchsten Stufen und wurde bereits 1926 von Theodoor Hendrik van der Velde in seinem Buch *Die vollkommene Ehe,* damals einer Pionierleistung der Sexualaufklärung von enzyklopädischer Genauigkeit und entsprechend von der katholischen Kirche verboten, zum Ziel einer guten, gelingenden Partnerschaft erklärt. Er schreibt über die »ideale Vergattung«: »Bei einem normalen, ›gesunden‹ Coitus soll der beiderseitige Orgasmus unbedingt annähernd gleichzeitig eintreten, d. h. normalerweise fängt die Ejakulation beim Mann an und die Lustlösung setzt beim Weibe sofort darauf ein.« Diese exakte Synchronisierung ist freilich schwierig zu erlangen. Sie geschieht per Zufall, oder wenn ein Paar sich sehr gut kennt und das Liebesspiel zu perfektionieren versteht. Geschieht der Duorgasmus aber als Zufall, kommt er unerwartet, ist er ein Widerfahrnis und insofern fast noch beglückender.

Wie beschreiben »normale« Menschen ohne wissenschaftliches oder schriftstellerisches Geschick ihre Höhepunkte? Der Schwulenratgeber von Micha Schulze und Christian Scheuss unterscheidet vier Erlebnisformen: Vulkan, Welle, Sturm und Achterbahn. Ein Mann, offenbar ein guter Beobachter und Liebhaber, schreibt im Internet: »Ich erlebe im Wesentlichen drei unterschiedliche Arten von Orgasmen. Der bei der Masturbation quillt hoch und führt, wenn ich ihn denn zulasse, zu einer scharfen Entladung, bei der mir im wahrsten Sinne des Wortes Hören und Sehen vergeht. Danach pfeift und zischt es mir noch eine Weile in den Ohren, mein ganzer Kreislauf scheint in Aufruhr zu sein, und es dauert einen Moment, bis ich wieder richtig sehen kann. Es kann mir dabei auch durchaus schwindlig werden. Nach diesem Orgasmus bin ich physisch erschöpft, und mein Penis ist hypersensibel. Es dauert manchmal ein paar Tage, bis ich wieder Lust habe. Die zweite Art erlebe ich beim Geschlechtsverkehr. Und wenn er gut wird, dann rollt er kilometerweit an. Das ist erst eine leichte Andeutung, die dann immer intensiver wird. Und wenn es endlich kommt, kann ich nicht tief genug in meine Frau eindringen. Ich bewege mich dann kaum noch, und es ist mehr ein beglückendes Zucken und Verströmen als eine Explosion. Da ist auch viel Verliebtheit dabei. Danach muss ich lachen, freue mich und will mit meiner Frau schmusen. Und am nächsten Morgen könnte ich gleich noch einmal. Die dritte Art erreiche ich beim oralen Verkehr. Das ist eine ganz milde Form von Orgasmus, bei der ich eigentlich die zärtlichsten Empfindungen und auch eine Art Dankbarkeit habe. Und dieser Orgasmus lässt mich durchaus aufgelegt sein für mehr, sofort.«

Dieser Mann spricht neben den körperlichen Reaktionen auch von Zärtlichkeit und Dankbarkeit. Aber es sind die Frauen, die im großen Stil Erlebnisassoziationen beschreiben. Marion Schneider und Linda Troeller haben einen Interviewband zum diesem Thema zusammengestellt, mit 30 Frauen unterschiedlichen Alters, aus allen möglichen Ländern, mit verschiedener sexueller Orientierung und unterschiedlichem soziokulturellem Hintergrund. Gefragt wurde nach dem ersten und dem stärksten Orgasmus, nach den Fantasien sowie danach, was er für die Zukunft und die Gesellschaft bedeute. Obwohl literarisch ungeübt, sind diese Frauen erstaunlich beredter als die Schriftsteller und Schriftstellerinnen. Wer etwas über das Erleben des Orgasmus, des weiblichen, erfahren will, wird hier fündiger als in der Belletristik. In Form eines Exzerpts sei zusammengestellt, was die Frauen sagen.

»Widerhallender Raum, unermesslicher Ozean, Zugang zu etwas, das viel größer ist als man selbst ... der Wildnis, der Welt, den Dingen nahe zu sein ... Ich-sterbe-jetzt-und-hier ... Raubtier ... Stärke, mit der man leben will ... Fülle, Glut, Schrei ... größtmögliches Vergnügen. Wir können uns nichts vorstellen, was mehr Freude bringt. ... tiefer Friede ... Zurückgeben an den Anderen ... absolute Erfüllung ... spiritueller Orgasmus = Öffnen des Körpers zum Lenken der kosmischen Energie ... Sich-eins-mit-der-Natur-Fühlen ... Göttliches ... Erlösung, Freiheit ... kurzes Loslassen moralischer Vorstellungen ... Entspannung, Schlaf, Glück ... Singen ... irgendwohin in den Weltraum ... schamfrei ... Die hohen göttlichen, lichtvollen Essenzen und tiefsten göttlichen, finsteren Essenzen verschmelzen beim Orgasmus miteinander. Vergangenheit, Gegenwart und Zukunft verschmelzen miteinander. ... ultimatives Vergnügen und das Zusammenschmelzen – oder In-Verbindung-Kommen – mit dem Ursprung allen Seins ... Öffnung ... Lächeln.«

Zwei Narrative fallen auf: die Religiosität beziehungsweise Spiritualität des Orgasmus und die Erfahrung von Einheit. Die Religiosität ist hier entweder wörtlich die Rückbindung an Gott oder, weniger theistisch, an das Sein, das Mysterium der Existenz der Welt überhaupt. (Hier kann von seiner Spiritualität gesprochen werden.) Jenes Sein, das eine Evolution in Gang setzt, an deren Ende etwas so Sonderbares wie die Erlebniswirklichkeit des Orgasmus steht, der, wir betonten es, bei der Frau biologisch nicht wirklich notwendig ist. Im Orgasmus erfährt der Mensch eine Zirkularität, der er nicht entrinnen kann. Er ist nämlich ein Produkt dieser Evolution und damit des Seins. Aber wie durch ein Wurmloch wird er für einen kurzen Augenblick zu diesem Ursprungsgeschehen geschickt und kann dadurch dessen teilhaftig werden.

Für Mystiker, religiöse Ekstatiker, Spiritualisten, Esoteriker ist der Orgasmus eine Manifestation für die Sprachlosigkeit des Unendlichen. Doch ist das Unendliche ein heikles Thema. Es war für Kant ein Problem, das uns nur Schwierigkeiten bringt und dem wir aus dem Weg gehen sollten. Der Mathematiker Georg Cantor konnte zeigen, dass es nicht nur die Unendlichkeit gibt, sondern unendlich viele Unendlichkeiten, was den Kantischen Rat, sich fernzuhalten, bekräftigt. Bei Hegel, der das Ganze zu denken versuchte, ist das Unendliche gleichsam der Hintergrund allen Seins. Sein Credo: Das Sein ist immer ein Werden. Und so können wir vielleicht einen Kompromiss eingehen zwischen Kant und Cantor auf der einen Seite und

Hegel auf der anderen. Das Unendliche, nach Luhmann dafür verantwortlich, dass Gesellschaften ein Religionssystem (und auch Aberglaube, Esoterik, Astrologie und anderes) überhaupt ausbilden, ist etwas, das wir nicht fliehen können, da es uns immer einholt, das aber zu groß ist, als dass wir an ihm in einer Dauerekstase teilhaben könnten. So geschieht der Kontakt in jeweils kurzen Augenblicken, in den sexuellen Ekstasen, die immer wieder von neuem aufgesucht werden.

Der Orgasmus ist einer der bedeutendsten Endpunkte der Evolution, die sich über Fortpflanzung am Leben erhält. Insofern ist er, wird in den größten Dimensionen gedacht, auch eine Folge des Urknalls und seiner Energetik. Freilich wird dieser – oder diese Energie – nicht, wie Wilhelm Reich es meinte, direkt erlebt. Vielmehr lässt die Evolution diejenigen, die im Sinnesrausch den Gipfel erklimmen, für einen kurzen Augenblick an dieser evolutionären Strategie teilhaben. Er oder sie wird gleichsam in die evolutionäre Logik hineingehoben und kann sich genau hier und jetzt ihrer versichern. Insofern, aber nur mit dieser Einschränkung, können wir davon sprechen, was Esoteriker und Vertreter asiatischer Praktiken immer behaupten, dass wir nämlich uns mit dem All der Welt verbinden.

Es ist erstaunlich, wie vielfältig jene Frauen ihre Erlebnisse beschreiben, übrigens ausnahmslos mit positiven Attributen. Sie sprechen von Natur, Physis, Kosmos, erwähnen ein ozeanisches Gefühl, Mystik, Musik, die Fülle des Lebens, Seligkeit, Gelassenheit, Akzeptanz dessen, was ist. Freiheit, Nichtmoralität, die Fähigkeit zum beredten Schweigen. Kurz: Das gesamte Leben kommt in seinen schönsten Augenblicken auf wunderbare Weise zusammen.

Und wieder wird die Einheitserfahrung unterstrichen. Frau verschmilzt mit dem Außen, dem Anderen, der Natur, dem Kosmos. Die Gegensätze fallen ineinander, eine *coincidentia oppositorum.*

In der Sexualität amalgamieren die drei Bereiche, aus denen der Mensch besteht: Geist, Seele und Körper, zum Leibganzen. Hier geschieht etwas, was nur in performativen Künsten (Schauspiel, Tanz, Musizieren) oder bestimmten kunstvollen Formen der Körperertüchtigung möglich scheint. Wobei beim sexuellen Akt etwas hinzutritt, was auch Musik und Sport nicht zu leisten vermögen: nämlich der Orgasmus, dieser evolutionär so unwahrscheinliche und für uns gerade deswegen so erhebende Augenblick der Augenblicke.

Das selige Leben

Der *schönste* schönste Augenblick wird erreicht, wenn all das, was wir bisher betrachtet haben, zusammenkommt. Der Orgasmus ist tief, intensiv und körperlich kraftvoll; er ist ausdauernd, gut vorbereitet und glüht heftig nach; ist partnerschaftlich liebevoll; »kosmisch« im Erleben und beflügelt die Kreativität. Er verschmilzt Körper, Seele und Geist zu einer leiblichen Einheit. Solch ein schönster schönster Augenblick ist selten. Und das ist gut so. Zu häufig, und er entwertete sich selbst.

Der schönste schönste Augenblick ist eine Ingredienz des seligen Lebens. Dass er einfach nicht fehlen sollte, wäre eine schwache Formel. Ohne ihn ist das Leben vielleicht ein gutes, aber kein seliges.

Ein gutes Leben führt, wer das, was das Leben bietet, voll ausschöpft; die eigenen Ziele verwirklicht; nicht fremdbestimmt ist; und am Ende auf dem Sterbebett ruhig und zufrieden einschläft. Dazu gehört viel: Wohlstand, Bildung, Gesundheit, das berühmte Glück in der Liebe, Frieden. Oder negativ ausgedrückt: das Fehlen von Traumata. Ein gutes Leben ist ein Leben in Freiheit. Diese »privatistische« Sicht bedarf allerdings der Ergänzung: Solche Freiheit muss sich stets und prinzipiell an der Freiheit der anderen bewähren. Insofern impliziert die Idee des guten Lebens, dass alle, und nicht nur einige, eines zu führen in der Lage sind.

Damit wird das Thema Leben eminent politisch und geschichtlich. Leben ist keine Privatsache. Oder besser formuliert: Das individuelle Leben wird erst dann zu einer veritablen Privatsache, wenn die Felder Politik, Ethik und Gesellschaftsevolution entsprechende sind. Insofern werden wir nochmals Themen aufgreifen, die wir bereits behandelt haben: Emanzipation, sexuelle Differenz, die »kommende Demokratie«, die messianische Perspektive. Wir fragen nach dem »wahren« Ort des Orgasmus.

Erototope sind Orte erfüllter Sexualität. Diese sind nicht zu verwechseln mit öffentlichen Häusern und ihrem Sexualmanagement. Sondern Orte der individuellen Existenz und Erfahrung. Sie setzen Intimität voraus. Raum für die Geheimnisse der Erotik, die Verwunderung, die Verzauberung. Dort wo sich die Geschlechter anziehen, einander begehren, in Besitz nehmen, frei sind, sich vereinigen, aber auch trennen. Nur in geschützten Zeiten und Räume sind Orgasmotope, mithin Situationen für vollumfängliche schönste Augenblicke möglich.

Der Zukunftsforscher Matthias Horx hat in seinem Buch *Future Love* unzählige Spielarten der Liebe in der Gegenwart und der zu erwartenden Zukunft beschrieben und formt das Phänomen des »Ghosting«, den abrupten Abbruch jeglicher Kommunikation in einer Partnerschaft, medientheoretisch um: »Das Verschwinden aus dem elektronischen Netz, wenn man eine Beziehung satthat. Plötzlich ist man aus allen Kanälen nicht mehr erreichbar.« Allein, es sollte doch heißen: »wenn man eine Beziehung eingeht«. Dann würde für eine gewisse Zeit eine gesellschaftsfreie Zone geschaffen, abseits der sozialen Medien, die nichts angeht, was jemand im Privaten, Intimen, Persönlichsten tut. Kein Tuscheln, keine Neugierde der Freunde und Nachbarn, keine Rückkoppelung, keine gut gemeinten Ratschläge. Sondern das Abenteuer, das schiere Vergnügen, dass wenigstens einmal im Leben etwas geheim bleibt.

Das bedeutet eine Rückgewinnung der Privatheit, die Rettung des Geheimnisses, ohne das es keine Erotik gibt, ein subtiler Diskurs der Andeutungen, eine Ächtung der Simulationen (Photoshop-Schönheiten), die Kultivierung des guten Geschmacks (gegen die pseudoliberale, kommerzielle Freizügigkeit der Regenbogenpresse). Eine erneut aufflammende Prüderie wäre dabei eine falsche Reaktionsbildung. Es geht, klassisch gesprochen, um die goldene Mitte. Insofern ist eine sexuelle Erziehung – »éducation sentimentale«, wie es bei Flaubert heißt – genauso wichtige wie die politische. Die Zivilgesellschaft bedarf eines umfassenden Begriffs von Bildung. Ein *Anything goes* im Gefühlsleben wäre fatal.

Früher wurde die »éducation sentimentale« Herzensbildung genannt. Erwachsenwerden heißt bekanntlich nicht nur, das eigene Leben zu organisieren und in der Gesellschaft den richtigen Ort zu finden, sondern auch die Konflikte zwischen den narzisstischen Ansprüchen auf das Ausleben der sexuellen Wünsche und den ethischen Anforderungen im Umgang mit den Mitmenschen zu lösen. In diesem Sinne ist der Orgasmus – sowohl quantitativ als auch qualitativ – in das Leben zu integrieren.

Das gute Leben ist, wenn auch bei jungen Hitzköpfen und alternden Ideologen verpönt, zentriert um das, was in Aristoteles' *Nicomachischer Ethik* die goldene Mitte genannt wird. Von jedem das rechte Maß. Extrempositionen, für die allerorten geworben wird, wie beispielswese Askese, Keuschheit, aber auch Polyamorie oder einvernehmlicher Sadomasochismus, sind nicht nur legitim, sondern in gewisser Weise unvermeidbar, um das gesamte Spektrum nach allen Seiten eines Kreises abzudecken. Erst zwischen den Extremen ist die Rede von einer Mitte sinnvoll. Diese Mitte pendelt sich ein, wenn man älter wird; aus ihr kann ausgebrochen werden, wenn etwas als versäumt erlebt wird. Diese Mitte ist nicht statisch, und sie ist mitnichten normativ. Sie ist einfach Ausdruck von Lebensklugheit.

Und so auch beim Orgasmus, wobei eine Obergrenze für die Häufigkeit fehlt. Wer ihn mehrmals täglich braucht, weil er oder sie viel Zeit hat, möge damit genauso glücklich werden wie jemand mit deutlich weniger. Die goldene Mitte ist somit nicht quantitativ, sondern qualitativ zu suchen. Statistiker rechnen mit weltweit 150 Millionen intimen Begegnungen pro Tag; zuzüglich der Masturbation erreichen wir über eine Viertelmilliarde orgasmusanstrebender Handlungen auf unserem Planeten. Männer kommen auf zwölf Orgasmusstunden in ihrem Leben, Frauen nur zwei (da viele ihn nicht kennen). Dieses Unrecht kann geändert werden. Auf der anderen Seite sollen Frauen bis zu 134 Mal pro Stunde orgasmieren können – kein Mann kann da mithalten. Welche Frequenz ist jedoch sinnvoll für ein gutes Leben? An Ratschlägen mangelt es nicht. Für Zarathustra, den antiken Griechen Solon und den Hinduismus zwischen drei und sechs Mal pro Monat; der Koran empfiehlt einmal die Woche, Luther, so wird kolportiert, zweimal. Der Talmud äußert sich am differenziertesten: einmal täglich bis einmal wöchentlich, je nach Beruf. Wieder einmal zeigt sich jüdische Weisheit.

Der letzte große Philosoph, der konsequent über das richtige Leben nachdachte, war Adorno. Er tat es *ex negativo*. »Es gibt kein richtiges Leben im falschen«, lautet einer seiner berühmtesten Sätze. Ist das Leben insgesamt – wegen der falschen Gesellschaft, gegen die es sich behaupten muss – beschädigt, helfe es auch nicht, ein richtiges sozialtherapeutisch anzuvisieren. Erst eine richtige Gesellschaft würde – gleichsam folgerichtig – auch ein richtiges Leben ermöglichen. Adorno entwickelte diesen Gedanken in der Zeit des Exils, als er in den USA überwinterte, während draußen, vor allem in Europa, der Wahnsinn tobte. Seit jener Zeit ist sicherlich vieles besser geworden, immerhin wurde auch Adorno gelesen. Doch die Frage bleibt, wie falsch eben unsere Gesellschaft sei und wie richtig denn umgekehrt das Leben sein könne. Immerhin, in der Sexualität hat die Gesellschaft ihren Falschheitsgrad merklich abgebaut.

Das erklärt aber nicht, warum nicht andere bedeutende Denker sich Gedanken über das richtige – oder wie Fichte es nannte: selige – Leben machen. Habermas ist ein politischer Philosoph, der sich erstaunlich zurückhält bei Fragen des Lebens, der Kultur, des Alltags und des In-der-Welt-Seins, um es mit Heidegger auszudrücken, der gleichfalls kaum Gedanken zum modernen Leben beisteuerte. Derrida, überhaupt die unzähligen französischen Intellektuellen seiner Generation, sind da viel ausführlicher. Wiewohl sie sich vornehm zurückhalten, wenn es wirklich konkret wird. Franzosen sind eher Weltmeister der feinen Lebensart, im *Savoir-vivre*, den Genüssen und Gelüsten.

Eine Philosophie, die zugleich eine Zukunftsvision artikuliert, hatte Adorno – wie mir scheint als letzter großer Philosoph, und das, weil er auch Soziologe war – vor Augen. Er spricht emphatisch von der befreiten Gesellschaft. Einer Weltgemeinschaft ohne Krieg und Hunger, ohne Missgunst und Zwietracht, um nochmals Maimonides zu zitieren. Eine kommende Demokratie, in der auch das Verhältnis der Geschlechter befriedet wäre. Ja, in der die Sexualität weltweit befreit wäre und dadurch allererst ihr »wahres« Gesicht zeigen könnte. Eine Zeit der »Wahrheit des Orgasmus«.

Diese Zeit wäre eine, in der das Prinzip der Affirmation zu seinem produktiven Recht gelänge. Roland Barthes beschreibt das Ja, die Affirmation, in *Fragmente einer Sprache der Liebe*: »Augenblick der Bejahung; für eine bestimmte Zeit hat es einen wirklichen Abschluss gegeben, einen *Umbruch*, ist etwas gelungen: ich habe Erfüllung erlebt (alle meine Begierden waren in der Erfülltheit ihrer Befriedigung aufgehoben): die Erfüllung existiert, und ich werde nicht eher ruhen, bis ich sie wiedererlebt habe«. In einer Zeit solcher Erfüllung wäre der Orgasmus täglich und deswegen, folgt man dem Talmud, der Beruf dergestalt, dass er das ermögliche. Wobei Qualität mehr zählt als Häufigkeit.

Bei Aristoteles *ist* das gute, tugendhaft geführte Leben die Glückseligkeit, »das vollkommene und selbstgenügsame Gut«, wie es in der *Nicomachischen Ethik* heißt. Aber selbst wenn – unwahrscheinlich genug – ein konstant glückliches Leben gelänge – und wir würden hinzufügen: ein nichtasketisches –, würden bestimmte Augenblicke als besondere hervorstechen. Daher ist Glückseligkeit für uns ein emphatisches Glücklichsein, das sich gerade im Orgasmus einstellt. Insofern können wir auf den Pessimismus von Freud antworten, der in *Das Unbehagen in der Kultur* schreibt: »Alle Einrichtungen des Alls widerstreben [dem Glück]; man möchte sagen, die Absicht, dass der Mensch ›glücklich‹ sei, ist im Plan der ›Schöpfung‹ nicht enthalten. Was man im strengsten Sinne Glück heißt, entspringt der eher plötzlichen Befriedigung hoch aufgestauter Bedürfnisse und ist seiner Natur nach nur als episodisches Phänomen möglich.« Freud beschreibt den Glücksmoment nach dem Bilde des Orgasmus. Er kannte aber nicht die Möglichkeiten, die wir heute haben, ein glückvolles Leben zu führen, gerade wenn wir die Sexualität auf eine kluge Weise in unserem gesamten Dasein austarieren. Dass wir das heute durchaus vermögen, verdanken wir unter anderem Freud höchstselbst.

Derrida spricht von kommender Demokratie, um zu betonen, dass das, was heute Demokratie heißt, selbst wo sie institutionalisiert ist, nur einen Anfang darstellt. Eine wahrhafte Demokratie wäre eine Versöhnung des Allgemeininteresses mit den individuellen Lebensentwürfen, jede und jeder wäre frei und würde sich auch genau so fühlen. Davon sind wir global weit entfernt, kennen aber immerhin das Ziel. Für die Sexualität lassen sich die ersten Forderungen stellen: die gänzliche Abschaffung aller Arten sexueller Gewalt, vor allem gegen Kinder und Frauen. Damit verschwänden die Traumata und somit auch unzählige Gewaltpotentiale der übrigen Art. Zweitens die vollkommene rechtliche und materielle Gleichstellung der Frauen. Drittens eine neue Ethik für den Umgang der Geschlechter untereinander.

Die französische Philosophin Luce Irigaray hat die sexuelle Differenz zu der alles entscheidenden Frage unserer Epoche erklärt. Wäre sie beantwortet, die Welt sähe in der Tat anders aus. Gelebter Umgang mit der sexuellen Diversität wäre eine Umwälzung des Denkens. Noch bleibt der Mann in der Herr-Knecht-Dialektik befangen. Es wird lange dauern, bis die Asymmetrie zwischen Mann und Frau aus dem sozialevolutionären Code gänzlich verschwunden sein wird. Um das zu erreichen, darf aber die Mann-Frau-Differenz nicht wegrationalisiert werden. Probleme werden nicht gelöst, indem sie verdrängt oder gar verleugnet werden. Judith Butler, vor allem bekannt als feministische Gender-Theoretikerin, hat Beiträge zu einer Politik des Performativen vorgelegt und unterstrichen, wie sehr Sprache verletzen kann. Im Anschluss an Butler können wir sagen, dass unsere Sprache »gereinigt« werden müsste, befreit von Hass, Demütigung, Diskriminierung, Verachtung, Macht und Herrschaft. Aber so, dass nicht hinterrücks eine Sprachzensur zweiten Grades sich einschliche. Das hätte beispielsweise emanzipatorische Auswirkungen auf unseren Umgang mit Minderheiten und für das Verhältnis der Geschlechter zueinander. Auch könnte ein Großteil der frauenerniedrigenden Pornografie verschwinden. In der Tat, eine »kommende Demokratie« (Derrida) wäre eine andere Kultur – der Gefühle, der Ausdrucksweisen, der Umgangsformen, des Miteinander-Sprechens. Sartre sagte über Simone de Beauvoir, er bewundere sie, denn sie habe die Intelligenz eines Mannes und die Sensibilität einer Frau. Übersetzt heißt das: Normalerweise besitzen Frauen nicht die Ausnahmeintelligenz, deren sich angeblich Männer erfreuen. Aus heutiger Sicht ein unfassliches Statement. Das würde kein Philosoph allen Ernstes mehr sagen. Insofern sind wir einen Schritt weiter. Zumindest in der öffentlichen Rede.

Anstatt, wie es sich bestimmte Fundamentalisten und Aktivisten unterschiedlicher Couleur erträumen, den Unterschied zwischen Frau und Mann in die Bedeutungslosigkeit versinken zu lassen, könnte die menschheitsgeschichtliche Profilierung der Geschlechter als Bereicherung empfunden werden. Sofern damit langfristig die Freiheit beider nicht eingeschränkt wird. Das ist einerseits eine geradezu triviale Forderung, da sie in der Menschenrechtserklärung eindeutig artikuliert ist. Andererseits ist sie, pragmatisch betrachtet, fast unmöglich. Doch mit Adorno und Derrida können wir überspitzt sagen, dass sich nur das Unmögliche lohnt. Dass es tatsächlich so etwas wie »weibliche Klugheit« gibt, ist ein Segen für alle. Dass der Mann in der Tat körperlich aggressiver ist, könnte in Zukunft durchaus bei bestimmten Aufgaben sinnvoll werden. Freilich wäre, angesichts der Dominanz des männlichen Prinzips allerorten, eine Demaskulinisierung der Männer hilfreicher als eine Maskulinisierung der Frauen.

Wem sollte ein indifferentes Einerlei dienen? Und doch ist eine Genderneutralitätsdoktrin im Vormarsch, wie das Beispiel der niederländischen Eisenbahn zeigt, die nun im öffentlichen Raum auf die charmante Unterscheidung zwischen »Damen und Herren« verzichtet, um die kleine Weder-Noch-Minderheit nicht zu verunsichern. Dabei sind mehr als 99 Prozent der deutschen Bevölkerung sogenannte Cis-Menschen, das heißt »sozialisierte« Frauen, die sich als biologische Frauen, und »sozialisierte« Männer, die sich als biologische Männer betrachten. Sollte sich die genderbezogene »Politische Korrektheit« in allen Belangen unserer Lebenswelt, bis hinein in unsere Denk- und Sprachformen, durchsetzen, drohen die beiden Geschlechter auf ein Neutrum zu schrumpfen; die Spannung entwiche wie die Luft aus einem Ballon; solche Korrektheit tötete alles Interessante ab; das Leben würde langweilig und damit auch prinzipiell unerotisch. Wie auch immer, auf Simone de Beauvoir können sich solche Eiferer nicht berufen.

In einer befreiten Gesellschaft wird die Frau Frau sein und der Mann Mann, freilich in einer Weise, die wir heute nicht zu antizipieren vermögen. Wie weit sie nicht nur heterosexuell sind, wird sich zeigen. Intellektuellenratschläge, die Frauen müssten erst lesbisch werden, um sich zu emanzipieren, oder, wie Foucault meinte, die Männer müssten ihr Schwulsein entdecken, helfen uns nicht und sind Relikte einer Zeit, da sich Intellektuelle maßlos überschätzten. Die Zivilgesellschaft selbst ist nun am Zuge, sich neue und bessere Erototope zu erobern.

Auch wenn der weibliche Orgasmus weiterhin nicht ganz verstanden ist, haben wir doch vieles über ihn kennengelernt. Er wird in der Kunst differenzierter beschrieben; Frauen erzählen assoziationsfreudiger als Männer über ihre Erlebnisse; er ist physiologisch komplexer, kommt, wenn er kommt, häufiger und dauert länger. Kurz: Er ist dem männlichen überlegen. Was könnte ein weiblicher Orgasmus von einem männlichen lernen? Wenig. Der männliche allerdings viel vom weiblichen. Daher wäre die Rede von der Maskulinisierung des Orgasmus nachgerade widersinnig. Umgekehrt ist seine Feminisierung die Aufgabe der Stunde. Darin liegt seine Befreiung.

In Analogie zu Simone de Beauvoirs berühmtem Buch ließe sich sagen: Es gibt den Orgasmus, und der ist männlich, und dann gibt es noch den anderen, den weiblichen. Das vorherrschende Bild ist die Präsenz und der Verlauf des männlichen; wie wir über ihn reden und denken, das Vorbild und Anschauungsobjekt ist der männliche. Aber genau das ist irreführend und kann geändert werden. Doch nicht nur im Sinne der Gleichberechtigung, wonach der weibliche dem männlichen Höhepunkt in nichts nachsteht. Sondern indem wir beide Phänotypen vergleichen. Material hat das Buch genügend zusammengestellt.

Das Wesen des Orgasmus ist weiblich, die weibliche Komponente ist sozusagen seine Wahrheit. Der männliche dient unmittelbar der Fortpflanzung und ist in der Regel identisch mit der Ejakulation. Er wird zielgerichtet erreicht und ist darin gänzlich unproblematisch, fast ein Reflex. Der biologische Sinn des weiblichen Orgasmus wird freilich bis heute nicht verstanden. Er ist deswegen als nichtfunktional zu bestimmen. Er hat keine Funktion, sondern ist Selbstzweck. Er dient einzig der Lust, dem Glück und der Freude der Frau. Und er ist multipler im dreifachen Sinne: Er dauert länger, kann mehrmals nacheinander erreicht werden und ist mit einer komplexen Psychologie verbunden. Er steht somit quantitativ höher als der männliche, aber auch qualitativ, da die Frau mit ihm mehr Bedeutung verbindet. So stark, dass dessen Ausbleiben für sie sogar kein Weltuntergang ist.

Dass der menschliche Orgasmus dem Wesen nach weiblich ist, verändert natürlich auch die Sicht auf den männlichen und sollte den Männern zu denken geben. Bislang sprachen wir von der Emanzipation der Frau und infolgedessen von der Emanzipation des weiblichen Orgasmus. Allein, auch der männliche bedarf der Befreiung. Und das geschieht über dessen behutsame Feminisierung. Der männliche Orgasmus sollte sich von den Vorstellungen von Macht, Stärke, Kraft, Potenz, Schnelligkeit und Linearität in gewissen Maße lösen. Er muss von seiner biologischen Funktion ein Stück weit befreit werden, um sich zu humanisieren und zu kultivieren.

Das ist nur möglich durch die konsequente Einbindung beider Orgasmen in das gute Leben. Frauen wissen darum womöglich von alters her, sie sind sich dessen bewusst, dass sie über etwas verfügen, was einzigartig ist: einen Lustspender ohne »Hintergedanken«. Aber auch Männer können dieses Wissen erlernen, indem sie umdenken. Darin eine Verweichlichung gleich Verweiblichung zu sehen, wäre Ausdruck falschen männlichen Stolzes. Die Emanzipation des Mannes von seiner geschichtlich und vielleicht auch biologisch aufgebürdeten Rolle kann nur er selbst leisten. Ansätze dazu sind bereits zu beobachten, vor allem bei Normabweichlern.

Wir können fragen, warum Lust, das System von Belohnung, ausgelöst von unseren Gedanken und Hormonen, so wirkmächtig ist. Es entstammt aus dem affirmativen Wesen der Evolution des Lebens. Wären wir nicht so motiviert, hätte das Sexuelle bei uns lediglich den Rang der Ernährung, wäre vieles einfacher, aber auch unsicherer. Weil wir bewusster sind als Tiere, sind unsere Erlebnisse auch intensiver. Die Lust ist somit kein Frevel oder Laster, wie Moralisten und Religionen immer wieder beteuern, sondern ein Lebenselixier. Wer die Unlust sucht, tut dies entweder nicht freiwillig oder um einer höheren Lust willen.

Damit das Leben auf die Lust – und nicht die Unlust oder die Indifferenz – ausgerichtet ist, hat das hormonell-emotionale System in uns Mechanismen ausgebildet, die genau das gewährleisten. Wer sich verliebt beziehungsweise begehrt, ist von seinen Hormonen weitaus mehr gesteuert, als es seinem – oder ihrem – Eigenbild vom jederzeit über den Willen herrschenden Subjekt lieb ist. Offenbar ist die erste Gefühlsunterscheidung bei Babys im Alter von drei Monaten die zwischen Unbehagen und Wohlbehagen. Das Kind unterscheidet zwischen dem, was ihm wohltut, und dem, was nicht. Das ist der elementare Ausdruck des Lebenserhaltungsprinzips. Was diesem dient, wird affirmiert, was nicht, vermieden.

Einheit zu erfahren, ist lustvoller, als mit der eigenen inneren Widersprüchlichkeit konfrontiert zu sein. Zuweilen möchte man Frieden erreichen. Insofern sorgt unser Belohnungssystem, vor allem mit dem Hormon Dopamin, für

Phasen relativer Befriedung unserer widerstrebenden Seelenkräfte. Einheit heißt, dass Differenzen verschwinden oder zur vernachlässigbaren Nebensache werden. Dass nun der voll erfüllte Höhepunkt ein mehrfaches Einheitserlebnis ist, darauf haben immer wieder die Erzählungen hingewiesen. Seine emphatische, komprimierte Zeitlichkeit ermöglicht offenbar die Erfahrung einer exklusiven Einheit, die auf anderen Wegen schwerlich zu erreichen ist.

Was die Einheit von zwei unterschiedlichen Dingen sei, ist eine der Grundfragen der Philosophie, aber bis heute nicht wirklich verstanden. Die Einheit von Wasserstoff und Sauerstoff ist der neue Stoff Wasser, mithin ein Drittes mit neuen Eigenschaften wie der überraschenden Anomalie, dass der feste Zustand leichter als der flüssige ist (was aus den beiden Ausgangsstoffen nicht abgeleitet werden kann). Werden 19 Atome Kohlenstoff mit 28 Atomen Wasserstoff und zwei Atomen Sauerstoff geschickt verbunden, entsteht Testosteron, ohne dessen Eigenschaften dieses Buch keinen Gegenstand hätte. Auch diese Einheit ist eine neue Qualität.

Die Einheit von Mann und Frau, die sich im Liebe-Machen verkörpert, ist aber nichts materiell Drittes. Denn in der »Zweierbeziehung« bleiben beide das, was sie sind, wie Lou Andreas-Salomé betont. Ihre Einheit ist somit keine neue Essenz, sondern ein Ereignis, das, stets aufs Neue, ein Potential aktualisiert. Das besagt die Rede, jemand verschmelze mit jemand Anderem. Es geschieht nicht wortwörtlich, wird aber, wenn es glückt, genau so erlebt. Einheit in diesem Zusammenhang ist ein Bewusstseinsvorgang. Das heißt aber auch, dass das Ich sich selber transzendiert. In der Zweisamkeit klammern sich die Liebenden aneinander, beißen sich mitunter fest, verkrallen sich, als gälte es, einen neuen – »dritten« – Körper zu bilden. Für die Zeit des erotischen Spiels wird die irreduzible Individualität – dass wir alle vereinzelte Wesen sind – einerseits gesteigert, sind wir doch hellwach und äußerst kreativ bei der Sache. Zugleich aber auch aufgehoben in einem außergewöhnlichen, außeralltäglichen, sprichwörtlich ekstatischen Zustand. Insofern kann Adorno es auf die Formel bringen: »Ein Stück sexueller Utopie ist es, nicht man selber zu sein ...: Negation des Ichprinzips.«

Der Orgasmus ist ein Existential. Heidegger bezeichnet in *Sein und Zeit* mit den Existentialien die Seinscharaktere des Daseins, das heißt der menschlichen Existenz, wobei negative Abstrakta wie Sorge und Angst vorherrschen, nicht aber die positiven wie das Lachen, die Freude, die Ironie und auch nicht das Begehren oder das Lieben. Seine defätistische, kulturapokalyptische und demokratieverachtende Philosophie hilft uns nicht. Wir erlauben uns daher, den Orgasmus diesen positiven Attributen hinzuzufügen. Denn er ist schlicht zu zentral für das Leben. Zunächst das Banalste: Jeder Mensch ist das Ergebnis zumindest eines männlichen Orgasmus. Der schönste Augenblick ist der Ort und Zeitpunkt des Zu-Sich-Kommens, des umfänglichsten Sich-selbst-Spürens, der Syntonie von Körper, Seele und Geist. Er ist die Nahtstelle zwischen Zeugen und Tod. Tiefer Ausdruck der eigenen Geschlechtlichkeit, der Kreatürlichkeit, Tierhaftigkeit und somit Lebendigkeit. Er ist – auch – Funktion eines Weltgeschehens in Form der Erfüllung einer evolutionären Aufgabe. Für einen kurzen Augenblick werden wir, Frauen wie Männer, dem Weltenschöpfer gleich und spüren eine Nähe zum Absoluten, zu Gott, dem Spiritus, Weltgesetz. Eine Ahnung des Unendlichen und damit Ewigen im Sinne eines Jenseits von Zeit keimt auf. Im Solorgasmus affirmiert sich der Mensch selbst, im Partnerorgasmus die Vereinigung mit dem und der Anderen.

Die Integration des Höhepunkts der Höhepunkte in das selige Leben ist im Übrigen ein wunderbarer Religionsersatz, da sich mit ihm ähnliche Erfahrungen von Unendlichkeit, Transzendenz und Berührung mit dem Weltganzen machen lassen. Fehlt dem überzeugten Atheisten, der nicht an Gott glaubt, nicht in die Kirche geht, weder von Horoskopen noch Quantenfeldern etwas hält, spirituellen Praktiken skeptisch gegenübersteht und stattdessen die Erkenntnisse der modernen Naturwissenschaften bemüht, um die Welt zu erklären, etwas, um ein erfülltes Leben zu führen? Esoterisch Angehauchte würden das bejahen. Aber dem ist nicht so. Denn es stehen ihm ganz andere Möglichkeiten offen, der Weite und Tiefe des Lebens nahe zu sein. André Comte-Sponville zählt in seinem Buch *Woran glaubt ein Atheist* mit dem Untertitel *Spiritualität ohne Gott* diese Möglichkeiten auf: Bekenntnis zu Vernunft, Freiheit, Menschlichkeit, Moral, Kunst, Erkenntnis, Aufklärung – dafür braucht es keine Religion und keinen Gott. Er kann eine Als-ob-Einstellung einnehmen, wie viele nichtreligiöse Juden, die sich weiterhin als auserwähltes Volk betrachten, obwohl sie dafür paradoxerweise Gott nicht brauchen. Er partizipiert an religiösen Phänomenen, ohne eigens religiös zu sein. Es gibt ja nichttheistische Religionen, die streng genommen nicht Religion, sondern Praxis genannt werden müssten, so den Konfuzianismus und den Buddhismus (dem aber die Wiedergeburt zentral ist, die bekanntlich eine Glaubenssache ist). Gott und Religion helfen nur scheinbar, das Mysterium des Seins zu begreifen.

Eine erfüllte Sexualität – und darin der schönste Augenblick – setzt Freiheit voraus. Freiheit wiederum setzt eine Gesellschaft voraus, in der nicht nur die Rechte liberale sind, sondern jeglicher Autoritarismus der Vergangenheit angehört. Gleich ob er religiösen, ideologischen oder politischen Ursprungs ist. Ein »autoritärer Charakter«, verstanden als einer, der auf Autorität hört und ihr willfährig folgt, ist auch sexuell unfrei. Eine freie Gesellschaft müsste schließlich das Problem des Kapitalismus lösen, der zwar wirtschaftlich erfolgreich ist, aber dazu tendiert, das Leben insgesamt in eine Ware zu verwandeln. Eva Illouz hat den *Gefühlen in Zeiten des Kapitalismus* ein Buch gewidmet. Dem Druck des »emotionalen Kapitalismus« hinsichtlich Leistung und Konsum, Besitzstreben und Konkurrenzdenken kann sich eine libertinäre Sexualität nicht beugen. Andererseits sind Alternativen zum Kapitalismus, so religiös oder traditionell geprägte Gesellschaften, in Bezug auf sexuelle Liberalität rar; immerhin soll in der DDR, einer »sozialistischen« Gesellschaft, die Sexualität weniger unter pragmatischen Gesichtspunkten gelebt worden sein.

Orgasmotope können zu winzigen Zellen gesellschaftlichen Widerstands werden. Sofern das Ambiente, die psychische und geistige Einstellung zu einer liebevollen Identifikation mit etwas führt, was weder versteckt noch verheimlicht werden muss. Die Selbsterfahrungen und die vielfältigen kommunikativen Leistungen der Sexualität mit ihrer imposanten Symbolik münden in eine vollentwickelte Kultur der kreatürlichen Existenz.

Im Talmud findet sich eine geniale Stelle, welche die messianischen Tage beschreibt. Im Traktat Sanhedrin fragt ein Schüler den Meister, worauf sich die Worte »Es hat außer dir, o Gott, kein Auge geschaut« beziehen. Rabbi Jehošuá ben Levi antwortet: »Dies bezieht sich auf den seit den sechs Schöpfungstagen in seinen Trauben aufbewahrten Wein.« Übersetzt: In den messianischen Tagen werden wir den Wein trinken, der seit der Schöpfung für uns gereift sein wird. Ein schöneres, anmutigeres Bild lässt sich schwerlich ersinnen; und wir werden es nicht mehr erleben. Die Liebesgedichte indessen erzählen uns immer wieder von der Weinessüße der nächtlichen Umarmung. Wir schmecken etwas von dieser fortwährenden Reifung.

Das Hohe Lied spricht von *bet hajajin*, dem Haus des Weines: »Er brachte mich ins Haus des Weines, sein Blick auf mich ist Liebe.« Und später: »Dies ist deine Gestalt, sie gleicht der Dattelpalme, und deine Brüste gleichen Trauben. Ich sprach: ich will die Palme besteigen, Dattelrispen fassen, so seien mir deine Brüste wie Trauben von Wein, der Duft deiner Nase wie die Äpfel, dein Gaumen wie guter Wein – der meinem Freund glatt hinuntergeht, der Lippen von Schläfern zum Reden bringt.« Jeder Orgasmus ist eine Antizipation dieser messianischen Erfülltheit.

So kehren wir zu unserer Ausgangsfrage zurück: Warum gibt es den Orgasmus überhaupt? Die einfache Antwort lautet: Die List der Evolution belohnt die Tiere umso intensiver, je bewusster sie eine Ahnung davon erlangen, dass sie sich fortpflanzen müssen. Der Überlebenstrieb erfindet gleichsam das Prinzip der ultimativen Luststeigerung. Die nicht mehr einfache Antwort: Zugleich verselbständigt sich für uns Menschen die Klimax von ihrer ursprünglich biologischen Funktion und wird zu einem Kulturträger, ja einem Existential – mit einem beispiellosen Potential, das weit über Lust, Genuss und Belohnung hinausgeht. Das Dawkins'sche egoistische Gen sorgt scheinbar nur für seine eigene Ewigkeit, und doch treten später Gehirne auf den Plan, die so geniale Verrücktheiten wie Relativitäts- und Quantentheorien entwickeln. Und so ist es mit dem Orgasmus, der überraschend eine philosophische Würde erhält. Denn er wird zum Ort existentieller Freiheit und fundamentaler Einheitserfahrungen.

Dieses Buch verfolgt, das sei durchaus eingestanden, zwei normative Thesen, die einer liberalen Gesellschaft, die sich in Geschlechtsangelegenheiten nicht sagen zu lassen braucht, nichtsdestotrotz nahegebracht werden können. Die eine handelt vom Sitz des Orgasmus im Leben. Das Plädoyer für eine Kultivierung desselben dürfte deutlich geworden sein. Er soll doch mehr sein als eine instinktive Triebabfuhr. Er ist immerhin auch eine Krönung der Schöpfung. Die andere These spricht von der Priorität des Weiblichen am Orgasmus. Dieser ist seinem Wesen nach weiblich, und so sollte auch der männliche feminisiert werden. Eine Aufforderung, die vermutlich der einen Hälfte der Menschheit so sympathisch ist wie der anderen unheimlich.

Über beiden Thesen schwebt der Verdacht, ich hätte dem Orgasmus, nun mit einer Philosophie beschenkt, einen viel zu großen Raum gewährt, ihn theoretisch überladen, als wohne ihm – und vielleicht nur ihm – der Sinn des Lebens inne. Dieser Verdacht ist nicht unberechtigt. Dieses Buch, ohne in die Nähe eines Lebensratgebers zu geraten und ohne jeden religiösen Hintergrund, ist in der Tat ein Beitrag zu einer Philosophie des guten Lebens.

Allein, es ist auch deutlich geworden, dass der Orgasmus unter zwei unauflöslichen Mängeln leidet: Er ist relativ kurz, und er verbraucht sich in seinem eigenen Vollzug. Insofern ist er mitnichten eine Lösung für alles. Das Buch endet somit nicht mit einer Affirmation der Affirmation, ruft aber in Erinnerung, dass es Formen reiner Bejahung gibt und wir diese durchaus ersehnen, ja dass sie fundamental für das Leben sind. Der Orgasmus wird immer eine Episode in unserem Leben sein, die wir regelmäßig aufsuchen, entweder weil wir Erleichterung suchen oder weil wir uns die Chance nicht entgehen lassen, in eine Domäne von Erlebnis, Erfahrung und Erkenntnis vorzustoßen, die das übrige Leben nicht zu bieten vermag.

Literatur

(Werke der Belletristik, Filme und Musik sowie philosophische Klassiker werden nicht nachgewiesen.)

Abdel-Samad, Hamed: *Der islamische Faschismus. Eine Analyse,* München 2014

Adorno, Theodor W.: *Sexualtabus und Recht heute,* in: ders.: Gesammelte Schriften, Bd. 10.2, Frankfurt/M. 1997

Ahlers, Christoph Joseph: *Himmel auf Erden & Hölle im Kopf. Was Sexualität für uns bedeutet,* München 2015

Albertini, Francesca Yardenit: *Die Konzeption des Messias bei Maimonides und die frühmittelalterliche islamische Philosophie,* Berlin/New York 2009

Andreas-Salomé, Lou: *Die Erotik. Vier Aufsätze,* München 1979

Angier, Natalie: *Frau. Eine intime Geographie des weiblichen Körpers,* München 2002

Badiou, Alain: *Lob der Liebe,* Wien 2015[2]

Barthes, Roland: *Fragmente einer Sprache der Liebe,* Frankfurt/M. 1988

Beauvoir, Simone de: *Das andere Geschlecht. Sitte und Sexus der Frau,* Reinbek bei Hamburg 2016

–: *Für eine Moral der Doppelsinnigkeit,* in: dies.: *Soll man de Sade verbrennen? Drei Essays zur Moral des Existentialismus,* Reinbek bei Hamburg 2007

Bingen, Hildegard von: *Wisse die Wege. Ratschläge fürs Leben,* ausgewählt u. übers. v. Johannes Bühler, Frankfurt/M./Leipzig 2008

Blackmore, Susan: *Die Macht der Meme oder Die Evolution von Kultur und Geist,* Heidelberg 2000

Bondar, Carin: *Wilder Sex. Das Liebesleben der Tiere,* Darmstadt 2016

Bornemann, Ernest: *Sex im Volksmund. Der obszöne Wortschatz der Deutschen,* Berlin 2013

Buber, Martin: *Ich und Du,* Heidelberg 1997

Buskes, Chris: *Evolutionär denken. Darwins Einfluss auf unser Weltbild,* Darmstadt 2008

Butler, Judith: *Das Unbehagen der Geschlechter,* Frankfurt/M. 1991

–: *Die Macht der Geschlechternormen und die Grenzen des Menschlichen,* Frankfurt/M. 2011

–: *Haß spricht. Zur Politik des Performativen,* Berlin 2016

Centre Georges Pompidou (Hg.), *Le dernier Picasso 1953-1973,* Paris 1988

Comte-Sponville, André: *Liebe. Eine kleine Philosophie*, Zürich 2014
–: *Sex. Eine kleine Philosophie*, Zürich 2015
–: *Woran glaubt ein Atheist? Spiritualität ohne Gott*, Zürich 2008
Dawkins, Richard: *Das egoistische Gen*, Heidelberg 2008
de Waal, Frans/Lanting, Frans: *Bonobos. Die zärtlichen Menschenaffen*, Basel (et al.) 1997
Degen, Rolf: *Vom Höchsten der Gefühle. Wie der Mensch zum Orgasmus kommt*, Frankfurt/M. 2004
Eicher, Wolf: *Der Orgasmus der Frau. Informationen und Ratschläge*, München 1994
Fisher, Helen: *Warum wir lieben ... ... und wie wir besser lieben können*, München 2007
Fleck, Robert, *Die Mühl-Kommune. Freie Sexualität und Aktionismus. Geschichte eines Experiments*, Köln 2003
Foucault, Michel: *Sexualität und Wahrheit*, Bd. I-III, Frankfurt/M. 1977 ff.
Friday, Nancy: *Die sexuellen Phantasien der Frauen: eine umfassende Untersuchung über einen bisher verborgenen Bereich der weiblichen Erotik und Sexualität*, Bern 1980
Friedman, David M.: *A Mind of Its Own: A Cultural History of the Penis*, London 2002
Fuchs, Eduard: *Geschichte der erotischen Kunst*, 3 Bde., München [1908 ff.]
Haase-Hindenberg, Gerhard: *Die enthemmten Deutschen. Von der neuen Lust am Sex*, Reinbek bei Hamburg 2016
Helms, Dietrich/Phleps, Thomas (Hg.): *Thema Nr. 1. Sex und populäre Musik*, Bielefeld 2011
Holt, Jim: *Gibt es alles oder nichts. Eine philosophische Detektivgeschichte*, Reinbek bei Hamburg 2014
Horx, Matthias: *Future Love. Die Zukunft von Liebe, Sex und Familie*, München 2017
Illies, Christian: *The Evolution of Autonomous Beauty*, in: Hösle, Vittorio (Hg.), *The Many Faces of Beauty*, Notre Dame 2013
Illouz, Eva: *Die neue Liebesordnung. Frauen, Männer und »Shades of Grey«*, Berlin 2013
–: *Gefühle in Zeiten des Kapitalismus*, Frankfurt/M. 2007
–: *Warum Liebe weh tut*, Berlin 2011
Irigaray, Luce: *Ethik der sexuellen Differenz*, Frankfurt/M. 1991
Jong, Erica (Hg.): *Sugar in My Bowl. Real Women Write About Real Sex*, New York 2011
Kinsey, Alfred C. (et al.): *Das sexuelle Verhalten der Frau*, Frankfurt/M. 1970
–: *Das sexuelle Verhalten des Mannes*, Frankfurt/M. 1970
Komisaruk, Barry R. (et al.): *Orgasmus. Was Sie schon immer wissen wollten*, Bern 2012

Kreis, Guido: *Negative Dialektik des Unendlichen: Kant, Hegel, Cantor*, Berlin 2015

l'Amour LaLove, Patsy (Hg.): *Beißreflexe. Kritik an queerem Aktivismus, autoritären Sehnsüchten, Sprechverboten*, Berlin 2017

Laqueur, Thomas W.: *Die einsame Lust. Eine Kulturgeschichte der Selbstbefriedigung*, Berlin 2008

Lee, John Alan: *Colours of Love*, Toronto 1973

Lehmiller, Justin J.: *The Psychology of Human Sexuality*, Hoboken 2014

Lévinas, Emmanuel: *Totalität und Unendlichkeit. Versuch über die Exteriorität*, Freiburg/München 1987

Lüst, Dieter: *Quantenfische. Die String-Theorie und die Suche nach der Weltformel*, München 2014

Luhmann, Niklas: *Liebe als Passion. Zur Codierung von Intimität*, Frankfurt/M. 1988

Maines, Rachel P.: *The Technology of Orgasm. »Hysteria,« the Vibrator, and Women's Sexual Satisfaction*, Baltimore 1999

Mahnkopf, Claus-Steffen (Hg.): *Richard Wagner. Konstrukteur der Moderne*, Stuttgart 1999

–: *Von der messianischen Freiheit. Weltgesellschaft – Kunst – Musik*, Weilerswist 2016

Margolis, Jonathan: *O: The Intimate History of the Orgasm*, London 2003

Marshall, Donald S./Suggs, Robert C. (Hg.): *Human Sexual Behavior*, New Jersey 1971

Masters, William H./Johnson, Virginia E.: *Die sexuelle Reaktion*, Frankfurt/M. 1967

Masters, William H./Johnson, Virginia E./Kolodny, Robert C.: *Liebe und Sexualität*, Frankfurt/M./Berlin 1993

Meston, Cindy/Buss, Meston: *Why Women Have Sex: Understanding Sexual Motivations from Adventure to Revenge*, London 2009

Miller, Geoffrey F.: *Die sexuelle Evolution. Partnerwahl und die Entstehung des Geistes*, Heidelberg 2010

Michaux, Henri: *Turbulenz im Unendlichen*, Frankfurt/M. 1971

Morris, Desmond: *Der nackte Affe*, München/Zürich 1980

–: *Die nackte Eva. Der weibliche Körper im Wandel der Kulturen*, München 2004

Munk, Katharina (Hg.): *Taschenlehrbuch Biologie: Genetik*, Stuttgart 2010

Nansen & Piccard: *Zehntausend Jahre Sex*, Wals bei Salzburg 2016

Navai, Ramita: *Stadt der Lügen. Liebe, Sex und Tod in Teheran*, Zürich/Berlin 2016

Neret, Gilles: *erotica universalis. From Pompeii to Picasso*, Köln 2015

Neut, Dagmar van der: *Tierischer Sex. Liebeslektionen aus dem Tierreich*, Köln 2016

Neuweiler, Gerhard: *Und wir sind es doch – die Krone der Evolution*, Berlin 2008
Nitschke, Günter: *The Silent Orgasm. Liebe als Sprungbrett zur Selbsterkenntnis*, Köln 1995
Odent, Michel: *Die Natur des Orgasmus. Über elementare Erfahrungen*, München 2010
Omlin, Joseph A.: *Der Papyrus 55001 und seine Satirisch-erotischen Zeichnungen und Inschriften*, Torino 1973
Osho: *Sex – das missverstandene Geschenk. Sexualität, Liebe und höheres Bewusstsein*, München 2005
Paquot, Thierry: *Die Kunst des Mittagsschlafs*, Göttingen 2013
Poschenrieder, Beatrice: *Stöhnst du noch oder kommst du schon? Der sichere Weg zum Orgasmus*, Reinbek bei Hamburg 2006
Preciado, Beatriz: *Kontrasexuelles Manifest*, Berlin 2003
Reich, Wilhelm: *Die Funktion des Orgasmus. Sexualökonomische Grundprobleme der biologischen Energie*, Köln 2009
Ryan, Christoph/Jethá, Cacilda: *Sex – Die wahre Geschichte*, Stuttgart 2016
Schmid, Wilhelm: *Die Liebe neu erfinden*, Berlin 2010
–: *Sexout. Und die Kunst, neu anzufangen*, Berlin 2015
Schmidt-Atzert, Lothar (et al.): *Emotionspsychologie. Ein Lehrbuch*, Stuttgart 2014[2]
Schneider, Marion/Troeller, Linda: *Orgasmus. Gespräche mit Frauen und Fotografien*, Tübingen 2016
Schwikart, Georg: *Sexualität in den Weltreligionen*, Gütersloh 2001
Schulze, Micha/Scheuss, Christian: *Das Orgasmusbuch. Öfter und intensiver kommen*, Berlin 2007
Shusterman, Richard: *Körper-Bewusstsein. Für eine Philosophie der Somästhetik*, Hamburg 2012
Sigusch, Volkmar: *Sexualitäten. Eine kritische Theorie in 99 Fragmenten*, Frankfurt/M. 2013
Smolin, Lee: *Warum gibt es die Welt? Die Evolution des Kosmos*, München 1999
Staguhn, Gerhard: *Der Penis-Komplex. Eine Analyse: biologisch, geschichtlich, psychologisch, persönlich*, Springe 2017
Steinbach, Sybille: *Wie der Sex nach Deutschland kam. Der Kampf um Sittlichkeit und Anstand in der frühen Bundesrepublik*, München 2011
Steiner, George: *Meine ungeschriebenen Bücher*, München 2007
Sukel, Kayt: *Schmutzige Gedanken. Wie unser Gehirn Liebe, Sex und Partnerschaft beeinflusst*, Darmstadt 2013
Tegmark, Max: *Unser mathematisches Universum. Auf der Suche nach dem Wesen der Wirklichkeit*, Berlin 2015

Thiele, Johannes (Hg.): *Komm in meine Nacht. Die schönsten erotischen Gedichte*, München/Wien 2007

Tholey, Paul/Utrecht, Kaleb: *Schöpferisch träumen: wie Sie im Schlaf das Leben meistern; der Klartraum als Lebenshilfe*, Niedernhausen/Ts. 2008

Tömmel, Tatjana Noemi: *Wille und Passion. Der Liebesbegriff bei Heidegger und Arendt*, Berlin 2013

Velde, Theodoor Hendrik van de: *Die vollkommene Ehe. Eine Studie über ihre Physiologie und Technik*, Leipzig/Stuttgart 1926

Vincent, Jean-Didier: *Biologie des Begehrens. Wie Gefühle entstehen*, Reinbek bei Hamburg 1990

Williams, Florence: *Der Busen. Meisterwerk der Evolution*, München 2013

Wilson, E. O.: *Die soziale Eroberung der Erde. Eine biologische Geschichte des Menschen*, München 2013

Witt, Emily: *Future Sex. Wie wir heute lieben*, Berlin 2017

Zuffi, Stefano (Hg.): *Arte e erotismo*, Milano 2001

Zrzavý, Jan (et al.): *Evolution. Ein Lese-Lehrbuch*, Heidelberg 2014

suhrkamp taschenbücher
Eine Auswahl

Isabel Allende

- Das Geisterhaus. Roman. Übersetzt von Anneliese Botond. st 1676. 501 Seiten
- Mayas Tagebuch. Roman. Übersetzt von Svenja Becker. st 4444. 444 Seiten
- Die Insel unter dem Meer. Roman. Übersetzt von Svenja Becker. st 4290. 552 Seiten
- Inés meines Herzens. Roman. Übersetzt von Svenja Becker. st 4035. 394 Seiten
- Fortunas Tochter. Roman. Übersetzt von Lieselotte Kolanoske. Gebunden. st 4383. 705 Seiten
- Paula. Übersetzt von Lieselotte Kolanoske. st 2840. 496 Seiten
- Das Siegel der Tage. Roman. Übersetzt von Svenja Becker. st 4126. 409 Seiten

Maya Angelou

- Ich weiß, warum der gefangene Vogel singt. Übersetzt von Harry Oberländer. st 4897. 321 Seiten

Friedrich Ani

- Der namenlose Tag. Roman. st 4720. 298 Seiten
- Ermordung des Glücks. Ein Fall für Jakob Franck. Roman. st 4931. 316 Seiten

Gerbrand Bakker

- Oben ist es still. Roman. Übersetzt von Andreas Ecke. st 4142. 315 Seiten

NF 266 / 1 / 01.19

Joanna Bator

– Sandberg. Roman. Übersetzt von Esther Kinsky. st 4404. 492 Seiten
– Wolkenfern. Roman. Übersetzt von Esther Kinsky. st 4574. 499 Seiten

Jurek Becker

– Bronsteins Kinder. Roman. st 1517. 302 Seiten
– Jakob der Lügner. Roman. st 774. 288 Seiten

Louis Begley

– Lügen in Zeiten des Krieges. Roman. Übersetzt von Christa Krüger. st 2546. 223 Seiten. Großdruck: st 4092. 310 Seiten
– Ehrensachen. Roman. Übersetzt von Christa Krüger. st 3998. 444 Seiten
– Schmidts Einsicht. Roman. Übersetzt von Christa Krüger. st 4415. 415 Seiten

Thomas Bernhard

– Alte Meister. Komödie. st 1553. 310 Seiten
– Auslöschung. Ein Zerfall. st 1563. 651 Seiten
– Heldenplatz. st 2474. 176 Seiten
– Holzfällen. Eine Erregung. st 1523. 336 Seiten
– Städtebeschimpfungen. Herausgegeben von Raimund Fellinger. st 4074. 178 Seiten

Peter Bichsel

– Kindergeschichten. st 2642. 86 Seiten
– Über Gott und die Welt. Schriften zur Religion. Herausgegeben von Andreas Mauz. st 4154. 288 Seiten

Lily Brett

– Lola Bensky. Roman. Übersetzt von Brigitte Heinrich. st 4470. 302 Seiten

NF 266 / 2 / 01.19

– Chuzpe. Roman. Übersetzt von Melanie Walz. st 3922. 334 Seiten

Jaume Cabré
– Die Stimmen des Flusses. Roman. Übersetzt von Kirsten Brandt. st 4049. 666 Seiten

Truman Capote
– Die Grasharfe. Roman. Übersetzt von Annemarie Seidel und Friedrich Podszus. st 1796. 208 Seiten

Paul Celan
– Die Gedichte. Kommentierte Gesamtausgabe in einem Band. Herausgegeben und kommentiert von Barbara Wiedemann. st 3665. 1000 Seiten

Marguerite Duras
– Der Liebhaber. Übersetzt von Ilma Rakusa. st 4507. 143 Seiten

Hans Magnus Enzensberger
– Herrn Zetts Betrachtungen, oder Brosamen, die er fallen ließ, aufgelesen von seinen Zuhörern. st 4553. 226 Seiten
– Hammerstein oder Der Eigensinn. Eine deutsche Geschichte. st 4095. 378 Seiten
– Versuche über den Unfrieden. st 4626. 183 Seiten
– Gedichte 1950-2020. st 5013. 250 Seiten

Laura Esquivel
– Bittersüße Schokolade. Roman. Übersetzt von Petra Strien. st 2391 und it 4030. 278 Seiten

Elena Ferrante
– Meine geniale Freundin. Übersetzt von Karin Krieger. Roman. st 4930. 488 Seiten

NF 266 / 3 / 01.19

- Die Geschichte eines neuen Namens. Übersetzt von Karin Krieger. Roman. st 4952. 704 Seiten
- Die Geschichte der getrennten Wege. Übersetzt von Karin Krieger. Roman. st 4953. 640 Seiten

Candice Fox

- Hades. Thriller. Übersetzt von Anke Caroline Burger. Herausgegeben von Thomas Wörtche. st 4838. 341 Seiten
- Eden. Thriller. Übersetzt von Anke Caroline Burger. Herausgegeben von Thomas Wörtche. st 4861. 473 Seiten
- Fall. Thriller. Übersetzt von Anke Caroline Burger. Herausgegeben von Thomas Wörtche. st 4927. 470 Seiten

Philippe Grimbert

- Ein Geheimnis. Roman. Übersetzt von Holger Fock und Sabine Müller. st 3920. 154 Seiten

Peter Handke

- Immer noch Sturm. st 4323. 165 Seiten
- Mein Jahr in der Niemandsbucht. Ein Märchen aus den neuen Zeiten. st 3887. 628 Seiten
- Die morawische Nacht. Erzählung. st 4108. 560 Seiten
- Wunschloses Unglück. Erzählung. st 3287. 96 Seiten

Marie Hermanson

- Der Mann unter der Treppe. Roman. Übersetzt von Regine Elsässer. st 3875. 269 Seiten
- Muschelstrand. Roman. Übersetzt von Regine Elsässer. st 3390. 304 Seiten

Hermann Hesse

- Der Steppenwolf. Roman. st 175. 288 Seiten
- Siddhartha. Eine indische Dichtung. st 182. 128 Seiten
- Narziß und Goldmund. Erzählung. st 274. 320 Seiten

NF 266 / 4 / 01.19

– Mit der Reife wird man immer jünger. Betrachtungen und Gedichte über das Alter. st 3551. 192 Seiten

Reginald Hill

– Rache verjährt nicht. Roman. Übersetzt von Ulrike Wasel und Klaus Timmermann. st 4473. 683 Seiten

Uwe Johnson

– Jahrestage. Aus dem Leben von Gesine Cresspahl. 4 Bände. st 4455. 2150 Seiten

James Joyce

– Ulysses. Roman. Übersetzt von Hans Wollschläger. st 3816. 987 Seiten

Daniel Kehlmann

– Ich und Kaminski. Roman. st 3653. 174 Seiten

Sibylle Lewitscharoff

– Apostoloff. Roman. st 4180. 248 Seiten
– Blumenberg. Roman. st 4399. 220 Seiten
– Montgomery. Roman. st 4321. 346 Seiten

Nicolas Mahler

– Alice in Sussex. Frei nach Lewis Carroll und H.C. Artmann. Graphic Novel. st 4386. 143 Seiten
– Thomas Bernhard: Alte Meister. Komödie. Gezeichnet von Mahler. Graphic Novel. st 4579. 158 Seiten
– Der Mann ohne Eigenschaften. Nach Robert Musil. Graphic Novel. st 4483. 156 Seiten

Andreas Maier

– Das Haus. Roman. st 4416. 165 Seiten
– Onkel J. Heimatkunde. st 4261. 132 Seiten
– Bullau. Versuch über Natur. st 3947. 127 Seiten

NF 266 / 5 / 01.19

- Wäldchestag. Roman. st 3381. 315 Seiten
- Das Zimmer. Roman. st 4303. 203 Seiten

Adrian McKinty
- Der katholische Bulle. Roman. Übersetzt von Peter Torberg. st 4523. 384 Seiten

Robert Menasse
- Die Hauptstadt. Roman. st 4920. 459 Seiten
- Die Vertreibung aus der Hölle. st 4863. 729 Seiten

Patrick Modiano
- Eine Jugend. Roman. Übersetzt von Peter Handke. st 4615. 187 Seiten
- Die Gasse der dunklen Läden. Roman. Übersetzt von Gerhard Heller. st 4617. 160 Seiten
- Villa Triste. Roman. Übersetzt von Walter Schürenberg. st 4616. 142 Seiten

Cees Nooteboom
- Allerseelen. Roman. Übersetzt von Helga van Beuningen. st 3163. 440 Seiten
- Briefe an Poseidon. Übersetzt von Helga van Beuningen. st 4494. 224 Seiten
- Schiffstagebuch. Ein Buch von fernen Reisen. Übersetzt von Helga van Beuningen. st 4362. 283 Seiten

Amos Oz
- Eine Geschichte von Liebe und Finsternis. Roman. Übersetzt von Ruth Achlama. st 3788 und st 3968. 828 Seiten
- Judas. Roman. Übersetzt von Mirjam Pressler. st 4670. 331 Seiten
- Unter Freunden. Übersetzt von Mirjam Pressler. st 4509. 215 Seiten

NF 266 / 6 / 01.19

Andreas Pflüger

– Endgültig. Thriller. st 4770. 458 Seiten
– Niemals. Thriller. st 4940. 475 Seiten

Marcel Proust

– Auf der Suche nach der verlorenen Zeit. 3 Bände in Kassette. Übersetzt von Eva Rechel-Mertens. st 4830. 5200 Seiten

Ralf Rothmann

– Der Gott jenes Sommers. Roman. st 4959. 260 Seiten
– Im Frühling sterben. Roman. st 4680. 233 Seiten

Judith Schalansky

– Atlas der abgelegenen Inseln. Fünfzig Inseln, auf denen ich nie war und niemals sein werde. st 5002. 240 Seiten
– Blau steht dir nicht. Matrosenroman. st 4284. 139 Seiten
– Der Hals der Giraffe. Bildungsroman. st 4388. 222 Seiten

Andrzej Stasiuk

– Die Welt hinter Dukla. Roman. Übersetzt von Olaf Kühl. st 3391. 176 Seiten
– Hinter der Blechwand. Roman. Übersetzt von Renate Schmidgall. st 4405. 349 Seiten

Uwe Tellkamp

– Der Eisvogel. Roman. st 4161. 318 Seiten
– Der Turm. Geschichte aus einem versunkenen Land. Roman. st 4160. 976 Seiten

Hans-Ulrich Treichel

– Der Verlorene. Erzählung. st 3061. 176 Seiten

NF 266 / 7 / 01.19

Rose Tremain

- Der unausweichliche Tag. Roman. Übersetzt von Christel Dormagen. st 4403. 334 Seiten

Mario Vargas Llosa

- Das böse Mädchen. Roman. Übersetzt von Elke Wehr. st 3932. 395 Seiten
- Ein diskreter Held. Roman. Übersetzt von Thomas Brovot. st 4545. 380 Seiten

Martin Walser

- Ein fliehendes Pferd. Novelle. st 600. 160 Seiten

Don Winslow

- Die Sprache des Feuers. Übersetzt von Chris Hirte. st 4525. 418 Seiten
- Kings of Cool. Roman. Übersetzt von Conny Lösch. st 4488. 349 Seiten
- Tage der Toten. Kriminalroman. Übersetzt von Chris Hirte. st 4340. 689 Seiten

NF 266 / 8 / 01.19